DUMONT
RICHTIG WANDERN

Harz

Achim Schnütgen

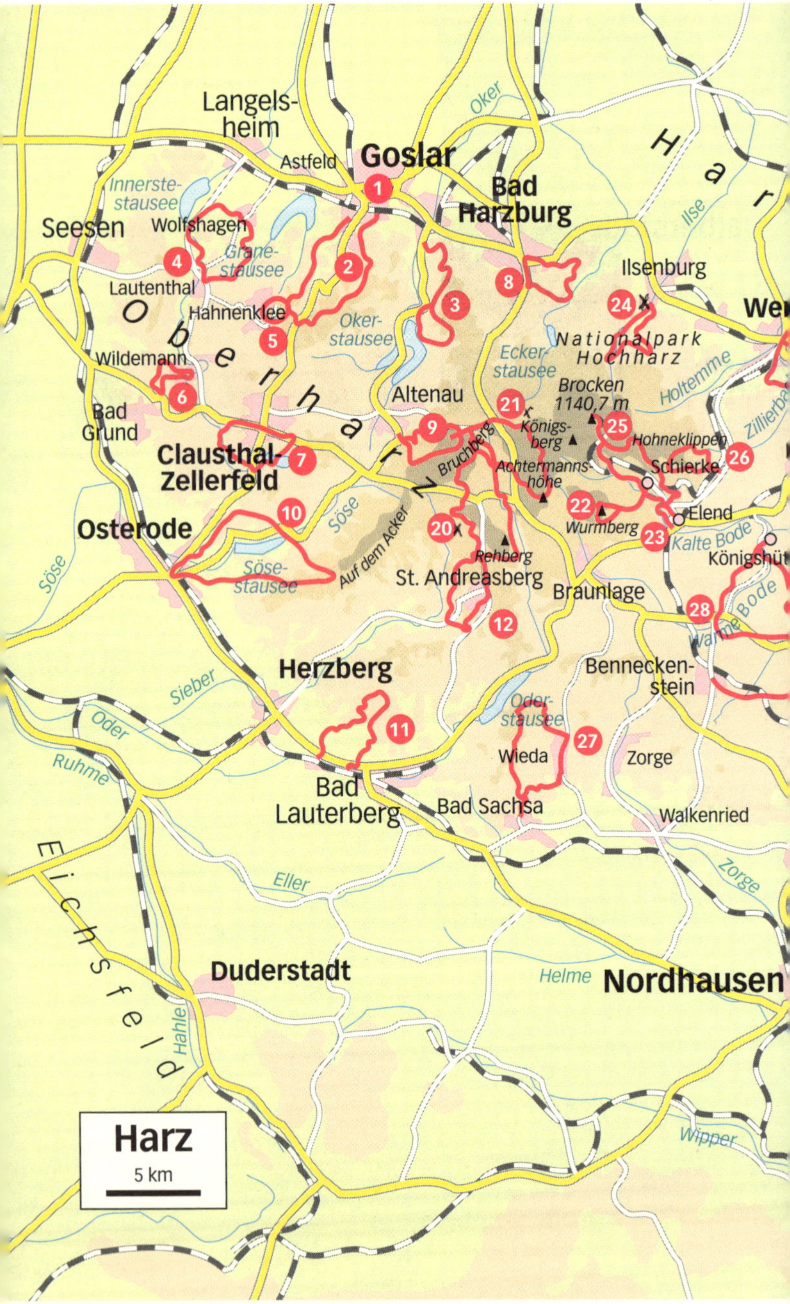

Langelsheim
Goslar
Astfeld
Bad Harzburg
Oker
Harz
Innerstestausee
Seesen
Wolfshagen
Granestausee
Ilse
Ilsenburg
Lautenthal
Hahnenklee
Okerstausee
Nationalpark Hochharz
Oberharz
Wildemann
Eckerstausee
Brocken 1140,7 m
Holtemme
Altenau
Bad Grund
Königsberg
Hohneklippen
Clausthal-Zellerfeld
Bruchberg
Achtermannshöhe
Schierke
Osterode
Söse
Elend
Wurmberg
Kalte Bode
Königshütte
Auf dem Acker
Rehberg
Sösestausee
St. Andreasberg
Braunlage
Warme Bode
Herzberg
Benneckenstein
Sieber
Oder
Oderstausee
Ruhme
Wieda
Zorge
Bad Lauterberg
Bad Sachsa
Walkenried
Eichsfeld
Eller
Zorge
Duderstadt
Helme
Nordhausen
Hahle
Wipper
Harz
5 km
1 2 3 4 5 6 7 8 9 10 11 12 20 21 22 23 24 25 26 27 28

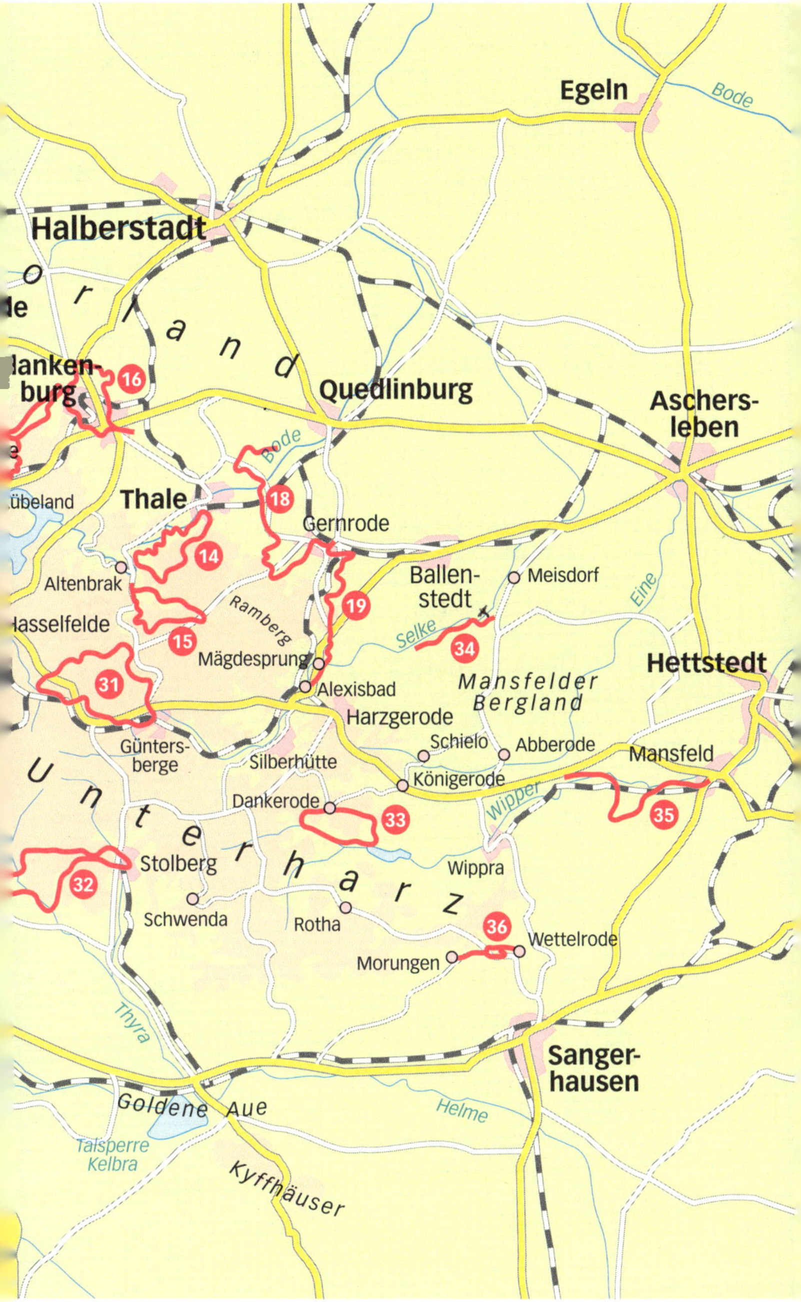

Egeln
Bode
Halberstadt
orland
Quedlinburg
Aschers-leben
Thale
Bode
Gernrode
Altenbrak
Ballen-stedt
Meisdorf
Eine
Ramberg
Selke
Mägdesprung
Alexisbad
Mansfelder Bergland
Hettstedt
Harzgerode
Günters-berge
Silberhütte
Schielo
Abberode
Königerode
Mansfeld
Dankerode
Wipper
Unterharz
Stolberg
Wippra
Schwenda
Rotha
Wettelrode
Morungen
Thyra
Sanger-hausen
Goldene Aue
Helme
Talsperre Kelbra
Kyffhäuser
16
18
14
19
15
34
31
33
35
32
36

Titelbild Hintergrund: Bad Grund
Titelvignette oben: Trollblume
Vignette 1. Reihe unten: Pferdegespann auf dem Marktplatz von Wernigerode
Vignetten 2. Reihe unten, links: das wildromantisches Bodetal; rechts: ein Zug der Harzer Schmalspurbahnen

Über den Autor: Dr. Achim Schnütgen, geb. 1936, studierte nach etwa zehn Jahren Gärtnertätigkeit Geologie, Mineralogie und Geophysik, promovierte 1973 über ein Thema der Eiszeitenforschung und ist seit 1974 am Geographischen Institut der Universität zu Köln beschäftigt. Seine Veröffentlichungen behandeln vor allem Fragen der Flußgeschichte, des Vulkanismus, der Reliefentwicklung und der Gesteinsverwitterung.

Die Deutsche Bibliothek –
CIP-Einheitsaufnahme:

Schnütgen, Achim
Harz/Achim Schnütgen.
Köln: DuMont, 1998
[DuMont Richtig Wandern]
ISBN 3-7701-3444-3

Druck u. buchbinderische Verarbeitung:
B.o.s.s Druck und Medien, Kleve

Printed in Germany ISBN 3-7701-3444-3

Inhalt

Natur und Kultur im Harz

Die Wanderungen

Oberharz

Hochharz

Unterharz

Wandern im Harz

Als nördlichstes deutsches Mittelgebirge bietet der Harz dem Besucher und Wanderer eine Fülle von Anreizen, seine abwechslungsreichen, manchmal auch geheimnisvollen Landschaften zu erkunden. Wer den Harz aufsucht, um sich durch das Wandern fit zu halten, der findet ungeahnte Möglichkeiten, über lange Anstiege seine Kondition zu stärken. Zu diesem Zweck muß er nicht gerade auf den höchsten Berg, den Brocken, steigen, auch von den Niederungen des Harzrandes gibt es viele Gelegenheiten, sich nicht nur in sportlicher Hinsicht auf die Höhe zu bringen. Der wandernde Naturfreund lernt in diesem Gebirge skurrile Felsgebilde und erregende Taleinschnitte kennen. Wer will, kann sogar die Baumgrenze unter sich lassen.

Wer im Harz Ruhe und Entspannung sucht, kann je nach Wunsch stundenlang durch hohe Buchenwälder wandeln, stille und geheimnisvolle Moorlandschaften auf sich wirken lassen, auf bequemen Wegen leise plätschernden Wasserläufen folgen oder blühende Wiesen genießen. Wem es an »Weitblick« mangelt, der kann sich auf mehreren herausragenden Bergen an einer guten Aussicht auf das Gebirge oder bis weit in das Vorland erfreuen. Besucher aus den Ballungsräumen begeben sich in den Harz, weil sie hier – trotz einiger Waldschäden – wesentlich bessere Umweltbedingungen antreffen als zu Hause. Wegen seiner dünnen Besiedlung und der ausgedehnten Wälder ist das Innere des Berglandes noch eine Oase der guten Luft.

Eine beträchtliche Attraktivität besitzen auch die Kulturlandschaften. In kaum einem anderen Mittelgebirge hat der Mensch durch die Anlage von Stauseen, Teichen und Grabensystemen die ursprüngliche Landschaft so einschneidend umgestaltet wie im Harz. Dennoch ist es abwechslungsreich und angenehm, dem Lauf der Sammelgräben zu folgen oder sich am Ufer eines vom Wald umgebenen Teiches auszuruhen. Dieses trifft vor allem für die Umgebung von Clausthal-Zellerfeld oder Hahnenklee zu. Das einzigartige System von Teichen und Gräben paßt sich in harmonischer Weise dem natürlichen Landschaftsbild an. In gleicher Weise fügen sich die Ortschaften am Gebirgsrand mit ihren kunstvoll verzierten Fachwerkhäusern in ihre Umgebung ein.

Neben diesen vielen Sehenswürdigkeiten gibt es häufig unbedeutend erscheinende Augenblicke, die man auf der Wanderschaft erlebt, die einfach schön, friedlich und beschaulich sind, wie zum Beispiel der Anblick aneinandergereihter schemenhafter Höhenrücken im Gegenlicht, einer Flußaue mit Weiden im zarten Grün des Frühjahres oder mit Ahornbäumen im leuchtend gelben Herbstlaub oder nur orangefarbene Vogelbeeren mit feinen Tau- oder Regentropfen.

Natur und Kultur im Harz

Die geographische Lage und Daten des Harzes

Wenn man eine Übersichtskarte von Deutschland betrachtet, dann ist es gleichgültig, welches Sachgebiet die Karte zum Thema hat, der etwa in der Mitte Deutschlands liegende Harz hebt sich immer inselartig von seiner Umgebung ab. Auf der geologischen Karte ist er als großer Körper mit Gesteinen aus dem Erdaltertum in jüngere eingebettet, auf einer Bodennutzungskarte tritt er als ein fast geschlossenes Waldgebiet innerhalb einer vorwiegend landwirtschaftlich genutzten Umgebung in Erscheinung, und auf einer physischen Karte zeigt die Farbgebung einen plötzlichen Wechsel zu größeren Höhen auf.

Seine fast elliptische Form bedeckt bei einer Länge von ca. 100 km zwischen Hettstedt im Osten und Seesen im Westen und einer größten Breite von 33 km zwischen Blankenburg im Norden und Walkenried im Süden eine Fläche von etwa 3000 km^2.

Die Geologen bezeichnen seine Form mit seitlichem Abfallen und plötzlichem Gesteinswechsel als »Horst«, als eine gehobene Scholle. Seine Konturen zeigen einen Verlauf von Südost nach Nordwest, und seine geologischen Strukturen, z. T. durch den Verlauf der Täler nachgezeichnet, verlaufen genau diagonal von Südwest nach Nordost.

Der Harz befindet sich auf dem Territorium der Bundesländer Niedersachsen, Sachsen-Anhalt und Thüringen. Seine höchste Erhebung ist der Brocken mit einer Höhe von 1142 m. Seine Flüsse entwässern zur Elbe und zur Weser. Soweit die »technischen« Daten des Harzes; nun geht es an seine Substanz.

Das Baumaterial – die Gesteine und ihre Geschichte

Es ist unmöglich, aber auch nicht nötig, sämtliche den Harz aufbauenden Gesteinsarten vorzustellen. Ein Wanderer tritt die anstehenden Gesteine ohnehin fast nur mit den Füßen. Dennoch sollte er an manchen Geländeanschnitten bei dem zutage tretenden Gestein etwas länger verweilen. Denn mancher, nicht immer attraktiv erscheinende Brocken oder das Baumaterial einer Felsgruppe haben eine spannende Geschichte zu erzählen.

In diesem Kapitel soll daher nur eine kleine gesteinskundliche Orientierungshilfe gegeben werden, damit man weiß, in welchem Milieu sich die großen Gesteinsgruppen gebildet haben und in welcher Abteilung des Untergrundes – erdgeschichtlich gesehen – man sich gerade befindet. Zu diesem Zweck soll erst einmal eine Art gesteinskundlicher »Kassensturz« gemacht werden, wobei das »Kleingeld« unter den Tisch fällt. In der Aufzählung der wichtigsten Gesteinsarten können wir uns weitgehend der Auffassung eines schon sehr kundigen Harzforschers aus dem 18. Jh. anschließen, der eine erste Gliederung der gesamten Harzgesteine durchführte und dabei das Urgebirge mit dem Granit, das Ganggebirge mit Tonschiefer, Trapp (= Hornfelse), Quarzfelsen (= Bruchbergquarzit), Grauwacken und Sandsteinen, das Kalkgebirge (Iberger Kalk und Kalk von Elbingerode) und das Flözgebirge (über dem Kupferschiefer) voneinander unterschied. Damit hatte er die wesentlichen Gesteinsarten erfaßt, wenn es auch heute für die übergeordneten Gruppen andere Bezeichnungen gibt.

Die Entstehungszeit fast aller im Harz anzutreffenden Gesteine kann weit in das Erdaltertum oder Paläozoikum zurückdatiert werden, also in eine Epoche vor 300 Millionen und mehr Jahren. Wir treffen im Harz zu einem großen Teil Gesteinsarten an, die in gleicher Ausbildung und mit gleichem Alter das Rheinische Schiefergebirge aufbauen. Sie sind die Bausteine des sog. Variscischen Gebirges, eines uralten, gefalteten Gebirgszuges in Mitteleuropa. Dazu gehören vor allem die Grauwacken, Sandsteine, Konglomerate, Quarzite, Kalkgesteine, Kieselschiefer und Schiefer als Vertreter der Sedimentgesteine, aus der Familie der Vulkanite Diabase und Keratophyre mit ihren Auswurfsprodukten und schließlich Tiefengesteine mit dem auffälligsten und vorherrschenden Vertreter, dem Granit. Als Übergangsgestein zwischen Granit und den Sedimentgesteinen soll noch der Hornfels herausgestellt werden. Letzterer fehlt im Rheinischen Schiefergebirge genauso wie der Granit.

In dieser Aufzählung sind nur die wichtigsten Gesteine des Harzes enthalten. Es kommen Bezeichnungen vor, die nicht jedem geläufig sind. Dazu einige kurze Erläuterungen.

SEDIMENTGESTEIN

Wenn auch der Granit häufig mit manchmal beeindruckenden Felsformen die Aufmerksamkeit auf sich zieht, so soll zuerst als typisches Harzgestein die **Grauwacke** herausgestellt werden. Harzer Bergleute gaben diesem harten und grünlichgrauen Sedimentgestein den Namen, der bereits im 18. Jh. auftauchte und in nahezu unveränderter Form mit gleicher Sinngebung in andere Sprachen aufgenommen wurde. Die meisten verstehen unter Grauwacke einen Sandstein, der aus einer Vielzahl verschiedenartiger Gesteinsbruchstücke unterschiedlicher Korngröße besteht. Seine Grundmasse enthält Glimmer und das farbgebende Tonmineral, den grünen Chlorit. Außerdem kommen neben Feldspatpartikeln Abscheidungen von weißlichem Kalziumkarbonat vor. Die Grauwacken sind typische Gesteine für die

Randzone eines ausgedehnten Meeresraumes. Als Abtragungsprodukte ehemaliger Landgebiete waren sie im küstennahen Bereich abgelagert worden, bevor sie als untermeerischer Suspensionsstrom vom Kontinentalabhang in die Tiefsee abglitten. Namensgebend war die Tanner Grauwacke an der Grenze vom Unter- zum Mittelharz. Die Grauwacken haben ein Alter zwischen 355 und 346 Millionen Jahren.

Konglomerate und **Sandsteine** gehören wie die Grauwacken zu den Sedimentgesteinen, die aus den Bruchstücken anderer Gesteine hervorgegangen sind. Ihre Bezeichnung bedingt eine vorherrschende Korngröße. So setzt sich ein Konglomerat im wesentlichen aus zugerundeten Bestandteilen mit einer Größe von mehr als 2 mm, den Geröllen, zusammen. Der feinkörnigere Sandstein ist ein verfestigter ursprünglicher Sand mit Partikeln zwischen 0,06 und 2 mm Durchmesser. Ihr Sedimentationsraum ist das Strombett eines fließenden Gewässers oder der Strandbereich.

Weitaus weniger häufig als die Grauwacke kommen im Harz die **Kalksteine** als Sedimente eines flachen Meeresraumes vor, der vor rund 370 Millionen Jahren existierte. Die Kalksteine sind aus Riffen und Überresten von Korallen, Kalkschalen etc. hervorgegangen. Heute findet man sie auf der Elbingeröder Hochfläche und in der Umgebung von Bad Grund (siehe S. 114).

In tieferen Bereichen des Meeres setzten sich die feinkörnigen Gesteine ab. Es sind die unter Druck verfestigten, auch als Dachschiefer verarbeiteten **Tonschiefer**. Die ältesten von ihnen entstanden vor rund 430 Millionen Jahren (Silur) und stehen im östlichen Unterharz an. Andere sind etwa 350 Millionen Jahre alt und haben etwa das gleiche Alter wie die Grauwacke (Devon/Karbon). Sie kommen in vielen Teilen des Harzes vor und können im Gelände häufig mit anderen Sedimentgesteinen wechseln.

Möglicherweise ein Gestein des Tiefseeraumes ist der kantig brechende, meist schwarze **Kieselschiefer** (Devon/Karbon). Er setzt sich aus winzig kleinen Kieselskeletten sogenannter Gittertierchen oder Radiolarien zusammen. 1 m Kieselschiefer kann eine Sedimentationsdauer von 1 Million Jahren repräsentieren. Ein schöner Kieselschiefer-Aufschluß befindet sich in Altenau (siehe S. 84). Der Kieselschiefer ist genauso wie der Quarzit ein gegenüber Verwitterung und Abtragung resistentes Gestein.

Das auffälligste Vorkommen eines **Quarzites** stellt der offensichtlich wegen der besonderen Härte seines Gesteins aus seiner Umgebung herausragende Acker-Bruchberg-Zug dar. Auch dieses Gestein ist bereits 357–345 Millionen Jahre alt. Ursprünglich war der Quarzit ein Sandstein, der durch ein nachträglich eingewandertes kieseliges Bindemittel verhärtete (siehe S. 96 u. 147f.).

Die beschriebenen Gesteine sind alle Sedimentgesteine, die sich im Bereich des Harzes zu manchmal mehr als 1000 m mächtigen Abfolgen in einem Meeresbecken ansammelten.

TIEFENGESTEINE

Völlig anderer Entstehung ist der **Granit.** Er ist das Produkt von erkalteten und unterschiedlich auskristallisierten Schmelzmassen, die vor rund 290 Millionen Jahren in die Erdkruste eindrangen. Seine Hauptbestandteile sind die meist gut auskristallisierten Minerale Feldspat, Quarz und Glimmer. Als Tiefengestein wird sich der Granit ursprünglich unter einer Bedeckung von mehr als 3000 m Sedimentgestein befunden haben. Diese Gesteinsdecke ist im Gebiet des Brockens, des Rambergs und des Okergranits dank Erosion sehr dünn oder auch völlig verschwunden. Dem Abtragungsprozeß verdanken wir an manchen Stellen des Harzes Einblick in die Abläufe normalerweise kaum vorstellbarer Prozesse des Aufdringens glühendheißer Schmelzen und der Veränderung der Kontaktgesteine unter der Einwirkung der Hitze in unzugänglicher Tiefe. Heute kann man sich die Produkte dieses Vorganges direkt ansehen. Unter dem Einfluß der hohen Temperaturen und des Druckes sind die ursprünglichen Sedimente in einen **Hornfels** umgewandelt. Noch heute kann man an mehreren Stellen im Hochharz feststellen, wo vor rund 290 Millionen Jahren die Kontaktzone der Schmelze mit der Grauwacke bestand. Bei genauer Betrachtung des Gesteins zeigt sich, daß trotz thermischer Überprägung die ursprüngliche Sedimentstruktur erhalten blieb. Die bekanntesten Aufschlüsse der Kontaktzone befinden sich auf der Achtermannshöhe, der Roßtrappe und am Osthang des Rehberges. Kein Geringerer als Goethe beschrieb den Hornfels am Rehberg folgendermaßen:

»Außer dem Vorstehenden verdient jenes merkwürdige Gestein noch einige Bemerkung. Was den Namen betrifft, den man ihm geben könnte, so wird er immer problematischer bleiben, besonders wenn man dasselbe an mehreren Stellen seines Vorkommens betrachtet. Auf der gegenwärtigen Tischplatte hat es ein porphyrartiges Ansehen, ähnelt aber doch der Grauwacke. Da wo es gangartig durch den Granit setzt oder in einzelnen parallelepipedischen (Parallelepiped = von drei Paaren paralleler Ebenen begrenzter Körper, z. B. Würfel) Massen darin gefunden wird, gleicht es vollkommen dem Bandjaspis.

Mir scheint, als wenn die auf dem Harz so weit verbreitete Masse des aus Ton und Kieselerde in ungleichen Verhältnissen bestehenden Gesteins durchaus damit verwandt sei, wie es auch unter der Form von Porphyr, Jaspis, Tonschiefer, Grauwacke, Hornstein und Kieselschiefer vorkommt.

Außer den beiden angezeigten Orten der Achtermannshöhe und dem Rehberger Graben, habe ich ein ähnliches an

Ein Einblick in den Aufbau des viele Millionen Jahre alten Untergrundes: die Quarzitklippe der Wolfswarte

der Roßtrappe, gleichfalls unmittelbar am Granit gefunden, ja mit demselben verwachsen; wie denn die Tischplatte zeigt, daß beide Steinarten gleichzeitiger Entstehung sind, ja daß beide Massen vor der Solideszenz (= Verfestigung) eine wechselseitige Anziehung aufeinander ausgeübt haben. Alles dieses macht zusammen das Gestein einer aufmerksamen Betrachtung wert als ein Übergangs-Vorkommen, welches auf eine unmittelbare Folge der Entstehung deutet.«

Für die genauere Betrachtung des Gesteins stand Goethe noch nicht das Mikroskop zur Verfügung. Seine makroskopischen Beobachtungen in bezug auf die Ähnlichkeit mit der Grauwacke hätte er bestätigt gefunden.

VULKANITE

Schließlich kommen im Harz noch Vertreter der großen Gesteinsfamilie der Vulkanite vor. Sie beschränken sich aber auf kleinere Vorkommen. Die ältesten sind die dunkelgrünen **Diabase** mit ihren dazugehörigen Tuffen, den **Schalsteinen,** die vor etwa 350 Millionen Jahren im untermeerischen Milieu aus basaltischen Schmelzen hervorgingen.

Heller und rötlich gefärbt sind die Vertreter des sauren Vulkanismus mit **Porphyrit** und **Felsitporphyr,** die als ehemalige Schlotfüllungen beispielsweise in der Gipfellage des Großen Knollens oder in den jüngeren Gesteinsabfolgen des Ilfelder Beckens mächtige Melaphyr- und Porphyritdecken hinterließen.

Die Erd- und Landschaftsgeschichte des Harzes

Der Harz steigt als das nördlichste deutsche Mittelgebirge wie ein riesiger Gesteinskörper vor allem im Westen schroff aus den ihn umgebenden Hügelländern auf, wobei gerade die steil geböschte Nordrandstufe eine markante Landschaftsgrenze bildet. Nach Osten geht das Gebirge ohne erkennbare morphologische Abgrenzung sanft abfallend in das Thüringer Becken und die Leipziger Tieflandsbucht über (s. Übersichtskarte). Am Südrand erhebt sich der Harz weniger auffällig aus seinem Umland als im Norden und Westen. Wenn man sich ihm vom Norden nähert, kann man aus der Ferne noch nicht erahnen, wie sehr die Oberfläche dieses Gebirgsklotzes von der Kraft des abfließenden Wassers, also von Bächen und Flüssen, gerade an den Rändern zerschnitten wurde. Erst auf den Höhen nimmt sein Profil flachere und glattere Formen an. Damit zeigt sich das Faszinierende am Harz. Im Zentrum befindet sich eine ruhige Landschaft mit fast sanften Formen, die zuweilen eher zum Wandeln als

Wildromantische Flußtäler tragen zum faszinierenden Landschaftscharakter des Harzes bei

zum Wandern anregt. Vereinzelt ragen aus der Hochflächenlandschaft Kuppen und Rücken heraus. Darüber erhebt sich, etwas aufgesetzt wirkend, das Brockenmassiv mit seinen Nachbarbergen.

Die Einteilung des Harzes in drei bzw. vier Einheiten erfolgt nach regionalgeologischen und morphologischen Gesichtspunkten. Es sind:

1. Der **Unterharz** im Osten mit dem Tanner Grauwackenzug als westliche Begrenzung, bestehend aus einer Hochflächenlandschaft, die von etwa 500 m NN im Westen auf etwa 300 m Höhe am Ostrand abfällt, wo er fast übergangslos in das Vorland abfällt. Einzelne tiefe Täler durchziehen die Hochfläche.
2. Der **Oberharz** im Nordwesten mit dem Acker-Bruchberg-Zug als östliche Begrenzung. Dieses Gebiet ist schon allein wegen seiner Höhenlage mit größten Höhen bis zu 800 m NN stärker gegliedert.
3. Der dazwischen gelegene **Mittelharz**, der morphologisch eine Mittlerrolle zwischen den beiden beschriebenen Harzteilen einnimmt. Er ist der höchste Teil des Harzes.
4. Wegen des besonderen Landschaftscharakters kann man den zum Mittelharz gehörenden **Hochharz** als Verbreitungsgebiet des Brockengranites gesondert behandeln. Er umfaßt dann wesentliche Teile des Nationalparks Hochharz, ist durchweg höher als 500 m gelegen und schließt als wesentlichen Bestandteil das bis zu 1142 m hohe Brockenmassiv ein.

Die Pflanzendecke, insbesondere der Wald und die Wiesen, verwehrt zwar häufig den Einblick in den geologischen Untergrund, doch wird der Wanderer z. B. in schluchtartigen Talabschnitten, durch Klippen, an Hängen, durch aufgelassene Steinbrüche oder Straßenanschnitte mit dem Innenleben dieses kleinen und überschaubaren Gebirges konfrontiert und neugierig gemacht, welche Entstehungsgeschichte das am Wege angetroffene Gestein hat oder wie die unerbittlich und unaufhörlich wirkenden Werkzeuge der Abtragung Klippen, Felsburgen etc. als Skulpturen der Landschaft herausgearbeitet haben.

Um den geologischen Werdegang zu verstehen, ist ein Ausflug in die tiefe Vergangenheit des mittel- bis nordeuropäischen Raums notwendig.

ERDALTERTUM

MEERESRAUM

Ursprünglich existierte vor über 400 Millionen Jahren im Raum des Harzes ein Meeresgebiet, das zu einem riesigen Meeresbecken gehörte, das sich in seiner Längserstreckung über mehr als 1000 km von Cornwall an der Südwestspitze Englands über die Normandie, die Ardennen, das Rheinische Schiefergebirge und den Harz bis in das Gebiet der norddeutschen Tiefebene mit dem Flechtinger Höhenzug ausbreitete. Die Anfänge dieses Meeresbeckens liegen fast unvorstellbar weit zurück, nämlich über 450 Millionen Jahre. Zeugnisse aus dieser Zeit sind Tonschiefer, die man vor allem im Osten des

Harzes in der Umgebung von Wippra in Augenschein nehmen kann. Eine deutlichere Abgrenzung des Meeresraumes gegen das Festland erfolgte vor etwa 400 Millionen Jahren. Im Süden ragte als Festlands-Schwelle die sog. **Alemannisch-Böhmische Insel** auf, von der nach Norden gerichtete Flüsse Gesteinsschutt in das Meeresbecken einbrachten. Die sich zur **Mitteldeutschen Schwelle** entwickelnde Insel erstreckte sich vom Saarland über Thüringen und Sachsen bis Böhmen. Das Gebiet des Harzes war zur damaligen Zeit also keineswegs festländischer Natur, sondern Meeresgebiet, wie es u.a. auch Fossilien belegen. Dieser Zustand dauerte etwa 150 Millionen Jahre an. Man kann sich vorstellen, daß die ziemlich einheitlich dicken, tonig-sandigen Sedimentabfolgen im Laufe der Zeit große Mächtigkeiten erreichten. An ihrem Aufbau beteiligten sich riesige, untermeerisch ausgebrochene Lavamassen unterschiedlicher Natur, denn die gewaltigen, das Meeresbecken auffüllenden Sedimentmassen beanspruchten und belasteten die Erdkrusten so sehr, daß an Schwächestellen und -zonen Schmelzmassen aufdrangen und vorerst unter der Meeresoberfläche zum Ausbruch kamen. Von dieser Aktivität zeugen beispielsweise die Diabas-Vorkommen bei St. Andreasberg und in der Umgebung Elbingerodes. Im Raum Elbingerode-Rübeland sammelten sich 500–1000 m mächtige vulkanische Massen an. Sie begünstigten als untermeerische Schwellen die Ansiedlung von riffbildenden Korallen und Algen. Damit liefen bereits vor über 300 Millionen Jahren gleichartige geologische Prozesse ab, wie wir sie heute noch in der Südsee an den Vulkaninseln mit den Korallenriffen beobachten können. Der Meeresboden senkte sich nur so langsam, daß das Wachstum der riffbildenden Korallen und Algen damit Schritt halten konnte. An den steilen Flanken des Sedimenttroges rutschten mächtige, aber immer noch verformbare Gesteinsserien dem Gefälle folgend in die Tiefe. Aus solchen Rutschmassen, wie sie noch heute vor den Flußmündungen, wie beispielsweise vor dem Mississippi-Delta, in den tieferen Meeresraum abgleiten, entstanden die Grauwacken und in tieferen Bereichen auch Tonschiefer.

GEBIRGSBILDUNG

Im Unterkarbon und zu Beginn des Oberkarbons (345–275 Millionen Jahre) setzte ein Prozeß ein, der als Gebirgsbildung bezeichnet wird. Damit endete die marine Phase des Harzraumes. Die im Meeresraum abgelagerten Sedimente wurden zusammengeschoben, gefaltet, gehoben und erschienen schließlich als Landmassen über der damaligen Meeresoberfläche. An vielen Stellen des Harzes kann das Ergebnis dieses durch seitlichen Druck (Streß) auf die Gesteine ausgeübten Prozesses beobachtet werden. Zusammengefaltete Serien der Tanner Grauwacke trifft man in aufgelassenen Steinbrüchen im Odertal, Falten in Schiefern im Wippertal (siehe S. 215) oder im spröden Kieselschiefer in Altenau an.

Während der Auffaltung drangen gleichzeitig aus der Tiefe granitische Schmelzmassen in die höheren Stockwerke der Erdkruste ein und erstarrten umhüllt von mächtigen Sedimentgesteinsabfolgen zu den Granitkörpern des Brockens, des Okertales und des Ramberges. Sie veränderten die Verhältnisse im tieferen Untergrund völlig. Von den Tiefengesteinskörpern ausgehende Vererzungen bildeten die Grundlage einer im frühen Mittelalter beginnenden bergbaulichen Aktivität.

ENDE DER VERLANDUNG

Man geht davon aus, daß das gesamte Harzgebiet gegen Ende der Karbonzeit verlandet war. Die mit der Verlandung einsetzende Abtragung muß in der anschließenden erdgeschichtlichen Epoche, dem Rotliegenden, so wirksam gewesen sein, daß der eingeebnete »Urharz« von dem aus dem Norden vorstoßenden Zechsteinmeer überflutet wurde.

Über das Schicksal des Harzes im Erdmittelalter ist nur wenig bekannt, da aus dieser Zeit keine Sedimente existieren, die uns darüber Auskunft geben könnten. Sie sind sicher inzwischen abgetragen. Da sie aber den Harz zu einem großen Teil umsäumen und im Gebiet des Harzes etwa die gleichen Verhältnisse herrschten wie in seinem jetzigen Vorland, muß auch eine Bedeckung mit triassischen Sedimenten (Buntsandstein, Muschelkalk, Keuper) als wahrscheinlich angesehen werden. Danach hob sich das Gesamtgebiet bis zur Gegenwart. Es ist ziemlich sicher, daß spätestens seit der Kreidezeit ein jüngerer »Urharz« existierte.

Die den Harz aufbauenden Gesteine sind somit meistens über 300 Millionen Jahre alt. Sein Ursprung als Mittelgebirge reicht bei weitem nicht so weit in die Erdgeschichte zurück. Man liegt durchaus nicht falsch, wenn man die Anfänge der »Landschaftsgestaltung« mit der Ausbildung des jüngeren »Urharzes« in das ausgehende Erdmittelalter, also in eine Zeit vor rund 100 Millionen Jahren stellt. Denn bis zum Beginn des Tertiärs vor rund 65 Millionen Jahren hatte sich der Harz um einige hundert Meter herausgehoben. Dabei wurden im nördlichen Vorland die Gesteinsschichten steil gestellt und bildeten eine Aufrichtungszone, die heute in auffälliger Weise beispielsweise als Teufelsmauer (siehe S. 135) mit fast senkrecht stehenden Schichten im Harzvorland zwischen Blankenburg und Thale in Erscheinung tritt. Mit der Heraushebung setzte eine verstärkte Abtragung ein, die schließlich den zeitweise existierenden Urharz fast völlig einebnete. Man muß davon ausgehen, daß noch in der Kreidezeit der ursprünglich von einer etwa 3000 m mächtigen Sedimentdecke bedeckte Brockengranit freigelegt worden ist.

Daß im Raum des Harzes starke Kräfte der Heraushebung gewirkt haben, kann auch ein geologischer Laie nachvollziehen, denn mit den Graniten des Brocken-Massivs und des Ramberges stehen an der Oberfläche bis in eine Höhe von über 1100 m NN Tiefengesteine an.

Wie muß man sich nun die Landschaft des Harzes vor etwa 50 Millionen Jahren vorstellen? Es war ein sehr flachwelliges Land, das sich aus den Gesteinen des Grundgebirges aufbaute und aus dem einzelne Bergkuppen, beispielsweise der heutige Brocken, der Ramberg und der Auerberg, herausragten. Die Flüsse hatten aufgrund der fast ebenen Landschaft den Charakter von Tieflandflüssen. Sie pendelten in Schlingenform über die Ebenen, d. h. sie mäandrierten. So schlängelte sich beispielsweise die Bode zu Beginn des Tertiärs durch das Grundgebirgstiefland wie heutzutage der Rhein in der Niederrheinischen Bucht mit den für Flachlandflüsse typischen Windungen. Als sich der Harz im späteren Tertiär weiter heraushob, verließ die Bode ihr Tal nicht, sondern sie schnitt sich, mit der Hebung Schritt haltend, mit ihren Windungen in den Untergrund ein. Heute verläuft der Fluß weiter in Schlingenform in einem mehr als 100 m tiefen Tal.

ABTRAGUNG

Mindestens seit dem Beginn des Tertiärs vor 65 Millionen Jahren existiert der Harz als Landmasse. Diese war anfangs einem tropisch feuchten Klima mit den von ihm gesteuerten Verwitterungs- und Formungsprozessen ausgesetzt. Einzelne Felspartien blieben von dem Angriff des intensiven Gesteinszersatzes verschont und »schwammen« als frische Blöcke, auch Matratzen oder Wollsäcke genannt, in der manchmal über 20 m mächtigen Verwitterungsdecke. Felspartien mit Stapeln dieser Blöcke tauchten in einer zu dieser Zeit fast ebenen Landschaft auf.

Der Landschaftscharakter änderte sich erst mit dem Ende des Tertiärs und der zum Beginn des Eiszeitalters einsetzenden Klimaverschlechterung. Eine verstärkte Hebung veranlaßte die Flüsse, sich stärker in den Untergrund einzuschneiden und damit die engen Täler auszubilden. Im Eiszeitalter, dem Pleistozän, war der Harz mit Sicherheit zweimal vergletschert, wobei sich ein Plateaugletscher uhrglasförmig über das gesamte Gebiet des Hoch- und Oberharzes westlich des Brockens wölbte. Tal- oder Ausflußgletscher griffen soweit in die Täler nach Norden vor, daß sich vor dem Eckertal die Eismassen im Vorland ausbreiteten. Davor überfuhren in der drittletzten Eiszeit, der Elster-Eiszeit, die nordischen Eismassen auf ihrem Weg nach Süden in das Gebiet der Goldenen Aue und das Thüringer Becken den Unterharz. Der Oberharz hingegen blieb eisfrei.

In den letzten 10 000 Jahren fand morphologische Feinarbeit statt. In den Kalk- und Gipsgebieten wirkte verstärkt der Prozeß der Verkarstung (Rübeland, Umgebung Bad Lauterberg, Iberg, siehe S. 112ff.). Starke Niederschläge vor 7500 bis 4500 Jahren (Atlantikum) förderten in den Hochlagen die Ausbildung von Hochmooren mit Torfmächtigkeiten bis zu 5 m (siehe S. 153).

Die ursprüngliche Harzlandschaft mit den Hochflächen, Flachmuldentälern, Klippen und Kuppen als Relikten alter

Beeindruckendes Zeugnis der Verkarstung: Tropfsteinhöhle im Iberg

Landschaften, den jungen tiefen Tälern, mit den Spuren der Vergletscherung und Verkarstung erfuhr schließlich zumindest partiell eine Umgestaltung durch den Menschen, die sich nicht immer vorteilhaft auswirkte.

Die Vegetation

Schon ein flüchtiger Blick auf eine Wanderkarte macht deutlich, welche Vegetationsform im Harz vorherrscht: Es ist der

WALD

in Grün dargestellte Wald. In dieser Hinsicht ist der Harz ein »grünes« Gebirge, denn nur in der Umgebung von Ortschaften als Zentren von Rodungsinseln wird diese Uniformität unterbrochen. Damit existiert der Harz noch weitgehend in seiner ursprünglichen Bedeutung als »Bergwald«, denn das bedeutet das mittelhochdeutsche *hart,* von dem »Harz« abgeleitet wurde. Klima und Bodenverhältnisse sind die Hauptgründe, warum der Harz im Laufe der Geschichte Waldland geblieben ist.

Allerdings ist die Palette der im Harz anzutreffenden Baumarten vielfältiger als in manchen anderen Mittelgebirgen.

Es ist schwierig, ein Verteilungsschema für die Pflanzenwelt oder eher für die Bewaldung zu finden, das die Verbreitung verschiedener Waldtypen erfaßt und erklärt. Es gibt nur wenige deutsche Mittelgebirge, die von der Basis bis zum höchsten Punkt eine Höhendifferenz von mehr als 800 m aufweisen. Das bedeutet für den Harz als nördlichstes Mittelgebirge, daß der Aufbau der Pflanzengesellschaften und die forstwirtschaftliche Nutzung deutliche Vertikalstrukturen aufweisen. Im Harz können fünf verschiedene, quasinatürliche (nach Erkenntnissen, die bis 1500 zurückreichen) Zonen gegeneinander abgegrenzt werden, die zwar in erster Linie für die Wälder im Nationalpark Harz unterschieden werden, aber mit kleinen Abweichungen auch für die restlichen Harzgebiete gelten können.

LAUBWALD

1) Buchen-/Eichenwälder

In den Rand- und Tallagen stocken von der Basis bei etwa 300 m NN bis zu einer Höhe von etwa 450 m Buchenwälder mit Eichen. Im ausgehenden Mittelalter war dieser Waldtyp weit verbreitet, auch wegen seiner Funktion als Tierfutter-Lieferant.

2) Buchenwälder

Die mittleren Lagen bis zu einer Höhe von 700 m NN sind den Buchenwäldern vorbehalten. Dies ist zugleich auch das Gebiet der Hochflächenlandschaft. Bis zu seiner bergbaulichen Erschließung war der Harz in dieser Region von ausge-

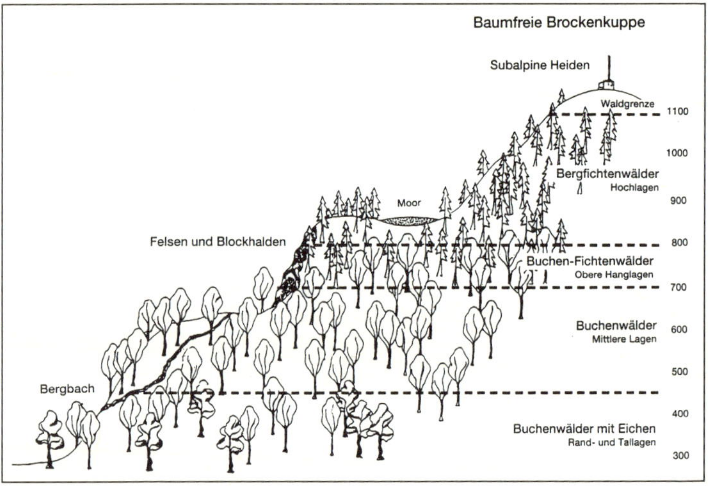

Vegetationsprofil vom Harzrand bis zur Brockenkuppe (nach: Broschüre Nationalpark Harz, Herausgeber: Gesellschaft zur Förderung des Nationalparks Harz e. V.)

dehnten Buchenwäldern bedeckt, so daß nach den natürlichen Standortbedingungen und der Verbreitung die Buche und nicht die Fichte der Baum des Harzes ist. Heutzutage existieren von den ausgedehnten Buchenwäldern nur noch Restbestände.

In einem bodensauren Buchenwald bestimmt die Rotbuche mit ihren glatten, grauen, hochaufragenden Stämmen das Erscheinungsbild. Obgleich sie sich mit rücksichtslosen Methoden – durch vollständige Beschattung und Durchdringung des Bodens mit Flachwurzeln – ausbreitet, kann man sich dem besonderen Reiz, der von einem Buchenwald ausgeht, nicht entziehen. Der nur von den hellen, glatten Stämmen eingenommene Raum wirkt auf den Betrachter beruhigend wie das Innere einer gotischen Kathedrale. Wegen des geringen Lichtangebots im Sommer haben die meisten Begleitpflanzen ihre Vegetationszeit im Frühling. Die bekanntesten sind das Buschwindröschen *(Anemone nemorosa)*, das Maiglöckchen *(Convallaria majalis)* und der nicht allein aus botanischen Gründen beachtete Waldmeister *(Asperula odorata)*.

Der Buchenwald auf Kalkuntergrund birgt, insbesondere in den südlichen und westlichen Randlagen des Harzes, in der Krautschicht zum Teil sehr dekorative Pflanzen, die ein höheres Nährstoffangebot voraussetzen. Zu den schönsten Waldblumen gehört die Türkenbundlilie *(Lilium martagon)*. Auch die interessante Blütenform der Akelei *(Aquilegia vulgaris)* wird dem aufmerksamen Wanderer sofort auffallen. Mehr in der bodennahen Krautschicht versteckt ist das unscheinbare und anmutige Leberblümchen *(Hepatica nobilis)*. Der giftige Seidelbast *(Daphne mezereum)* lockt als Halbstrauch mit seinen lila Blüten im Frühjahr und den leuchtend roten Beeren im Spätsommer den Betrachter an. Geheimnisvoll erscheint die Blüte des Gelben Eisenhuts *(Aconitum vulparia)*.

Ein großer Teil der im Buchenwald in der Krautschicht wachsenden Pflanzen ist geschützt, vereinzelt sogar streng geschützt. Auf tiefgründigem Boden, besonders in Auenwäldern, erblüht im späten Frühjahr mit einem dichten weißen Blütenteppich der früher auch als Küchenkraut geschätzte Bärlauch (*Allium ursinum*, vgl. S. 128). Nach der Blüte bleibt von ihm später nur noch ein penetranter Lauchgeruch zurück. Deutlich früher erblüht der mit seinen krautigen Blättern auffallende Gefleckte Aronstab *(Arum maculatum)*. Seine Blüte ist eine hinterlistige Insektenfalle.

Gar nicht so selten sind in der Buchenwaldzone kleinflächige, eingesprengte Areale mit anderen Laubbaumarten, wie beispielsweise der Eiche, dem Ahorn oder der Birke zu beobachten.

MISCHWALD

3) Buchen-/Fichten-Mischwälder

Die oberen Hanglagen zwischen 700 und 800 m NN sind im Brockengebiet den Buchen-Fichtenwäldern vorbehalten. Als die beiden beherrschenden Baumarten sind die Laub abwerfende Rotbuche und die immergrüne Fichte oder Rottanne zwei ungleiche Partner. Diese Mischform bildete sich in den Harzer Wäldern in vorgeschichtlicher Zeit zwischen den reinen Buchenwäldern in den tieferen Lagen und den Bergfichtenwäldern aus.

Beide Baumarten ergänzen sich in diesen Beständen gut. Mit ihren Wurzeln erschließen sie unterschiedlich tiefe Bodenhorizonte. Außerdem verbessert die winterkahle Buche mit ihrem Laubfall im Herbst durch Humusanreicherung den Boden und gibt dem Gesamtbestand mehr Sicherheit gegen Stammwürfe (wie z. B. bei den Sturmschäden im Herbst 1971 zu beobachten war). Mikroklimatisch ungünstigere Stellen werden von der robusteren Fichte eingenommen.

Zwei Zuwanderer im Harz

Der Fingerhut und die Zwergbirke

Der Fingerhut gehört zu den Pflanzen, die Waldränder und Kahlschläge besiedeln. Eine totale Veränderung in der Zusammensetzung der Krautschicht setzt dann ein, wenn durch einen Kahlschlag, eine Methode, die nach der forstwirtschaftlichen Umstrukturierung des Waldes nicht mehr zur Anwendung kommen soll, die Flächen plötzlich einem viel stärkeren Lichteinfall ausgesetzt sind. Mit purpurfarbenen Blüten leuchtet neben den Weidenröschen *(Epilobium angustifolium)* als wohl auffälligste Pflanze des Waldsaums und der Kahlschläge der Kalk meidende Rote Fingerhut *(Digitalis purpurea)* auf.

Er ist ein Zugereister. Als nacheiszeitlicher Neusiedler hat er sich von Nordwesten kommend und immer weiter nach Osten vordringend erst in geschichtlicher Zeit im Harz niedergelassen und muß etwa an der Wende vom 16. zum 17. Jh. den Harz erreicht haben. Der namhafte Arzt und Botaniker Johannes Thal aus Stolberg, der 1577 das erste vollständige Pflanzenverzeichnis des Harzes verfaßte, hat den Fingerhut in seinem Werk nicht berücksichtigt, obwohl er heute im Brockengebiet weit verbreitet ist. Zur Zeit seiner Einbürgerung herrschten durch die fortgeschrittene Entwaldung für die Einbürgerung der Licht liebenden Pflanze günstige Bedingungen für seine Ausbreitung.

Bedeutung erlangte der Fingerhut als Arzneipflanze für die Behandlung von Herzerkrankungen. Bereits im Mittelalter war in Irland bekannt, daß mit dem Fingerhut Geschwülste und auch Magen- und Darmleiden behandelt werden konnten. Oft aber führte die aus ihm hergestellte Arznei wegen willkürlich gewählter Dosierungen zu Vergiftungserscheinungen oder sogar zum Tod. Erst in diesem Jahrhundert wurde die anregende Wirkung der vor allem in den Blättern enthaltenen Digitalisglykoside auf die Herzmuskeltätigkeit entdeckt. Im Jahre 1903 wurde in einem Arzneimittelwerk in Wernigerode das erste auf den Wirkstoffen des Fingerhuts basierende Herzmittel hergestellt. Den hohen Bedarf an Blättern stellten Kräutersammler in den Harzwäldern sicher. Erst in späteren Jahren nahm die Anzucht des Fingerhutes als Arznei- und Kulturpflanze größere Ausmaße an. Digitalis-Präparate werden auch heute noch in der modernen Medizin verschrieben und verabreicht.

Er siedelt sich gerne an Waldwegen und auf Kahlschlägen an: der Fingerhut

Ein weiterer Einwanderer, den wir auf den Höhen der Hohneklippen antreffen, hat ein in der Farbe bescheidenes Auftreten und hält sich auch in der Größe zurück. Es ist die 20–70 cm hohe Zwerg- oder Polarbirke *(Betula nana)*. Als das Eiszeitalter vor 10 000 Jahren ausklang, war sie eine der ersten Baum- oder besser Straucharten, die sich in Mooren und Bergheiden ausbreitete. Heute ist die Birke mit ihren kleinen rundlichen Blättern nur noch in den Hochmooren Norddeutschlands und in den Gebirgen anzutreffen. So auch in den Moorgebieten des Harzes.

Heute ist diese Höhenlage, abgesehen von kleineren Resten, fast nur noch den aufgeforsteten Fichten vorbehalten. Unter natürlichen Bedingungen war die Fichte vormals erst über 800 m NN bestandsbildend. In dieser Mischwaldzone wird man auch den einen oder anderen Bergahorn antreffen.

NADELWALD

4) Fichtenwälder

In den Hochlagen zwischen 800 m NN und der natürlichen Waldgrenze am Brocken bei 1100 m NN wachsen die Bergfichten-Wälder. Dies ist zugleich auch die Zone der Harzmoore. Bis in das ausgehende Mittelalter hinein wuchs dieser Waldtyp erst ab 700 bis 800 m Höhe. Das Auftreten der

Fichte in tieferen Lagen ist forstwirtschaftlich bedingt. Bei genauer Betrachtung fällt auf, daß trotz der Vorherrschaft dieses Nadelgehölzes die Wälder nicht eintönig strukturiert sind. Fichtenbestände auf sauren und nährstoffarmen Böden sind reich an Moosen und Flechten. Dafür fehlen vor allem Blütenpflanzen und Farne. Es sind ausgedehnte, nur kleinflächig von offener Moor-, Zwergstrauch- oder Felsvegetation durchsetzte Waldareale. Je nach Feinerdegehalt, Blockreichtum, Humusform sowie Verwitterungstiefe der Durchwurzelungszone können fünf verschiedene Einheiten des Bergfichtenwaldes unterschieden werden.

Nicht zuletzt befindet sich in den Fichtenwäldern auch eine ganze Reihe seltener, erdgeschichtlich interessanter und leider überall in Deutschland in ihrem Bestand gefährdeter Pflanzen. Am interessantesten dürfte die nur 20 –70 cm hoch werdende Zwergbirke *(Betula nana)* als Relikt aus der letzten Eiszeit sein (siehe S. 25). Noch niedriger und genauso selten sind die auf stärker vermoorten Standorten anzutreffende Rosmarinheide *(Andromeda polifolia)* und die Rasenbinse *(Trichophorum cespitosum)*.

In vielen Fichtenbeständen ist eine Entwicklung zu erkennen, die den Phasen urwaldartiger Fichtenwälder ähnelt. Daher bieten die Wälder dieser Zone gute Möglichkeiten, das ungestörte Aufwachsen und den Fortbestand naturnaher Fichtenbestände auf unterschiedlichen Standorten zu studieren. Allein aus diesem Grunde dürfen gerade im Brockengebiet die Bergfichten-Wälder nur über die vorgezeichneten Wanderwege betreten werden.

Inzwischen ist der Harz in diesen Höhen größten Belastungen durch Schadstoff-Immissionen ausgesetzt. Von vorherrschenden Westwinden werden aus den Ballungsräumen Schadstoffe als Haushalts-, Industrie- und Kraftfahrzeugemissionen eingeweht, so daß diese die Bäume direkt über die Blätter oder Nadeln oder indirekt über den Boden schädigen.

WALDSTERBEN

Erst in den letzten 15 Jahren fällt immer mehr auf, daß die Fichtenwälder im Harz in den Höhenlagen auch nicht mehr vom Waldsterben verschont bleiben. Auf dem Acker, dem Bruchberg oder auch im Umfeld von Torfhaus haben die Kahlflächen schon vereinzelt ein erschreckendes Ausmaß angenommen. Gefördert wird das Verschwinden des Waldes durch eine größere Anfälligkeit der kranken Bäume gegenüber Windbruch. Bereits an zwei Dritteln aller Fichten wurden Schäden festgestellt. Kaum ein Baum mit einem Alter von mehr als 60 Jahren kann noch als gesund bezeichnet werden.

Da die Schädigungen duch die Luftverschmutzung zugleich zu einer Schwächung der Bäume führten, nahm der Schädlingsbefall immer größere Ausmaße an. Geschädigte Fichtenbestände zeigen einen starken Befall mit Borkenkäfern. Bereits gegen Ende des 18. Jh. hatte die Erhaltung des Fichtenforstes auf Kosten der Laubgehölze eine 20 Jahre dauernde Massenvermehrung bei den Borkenkäfern bewirkt, so daß 300 km^2 Wald vernichtet wurden. Diese verheerende forstwirtschaftliche Katastrophe ging als »Große Wurmtrocknis« in die Geschichte des Harzwaldes ein.

Besonders in den hohen, ausgesetzten Gipfel- oder Kammlagen haben die Stürme ein leichtes Spiel, ganze Flächen freizufegen. Verursacher dieses sich immer stärker ausbreitenden Unheils ist nach dem bisherigen Kenntnisstand die zunehmende Luftverschmutzung (saure Niederschläge) in den empfindlich reagierenden Räumen der Kampfzone (Höhen um 800–900 m). Als Maßnahme gegen diese Ausfälle sieht ein Walderneuerungsprogramm eine Aufforstung von naturnahen Waldformen in dieser Höhenlage mit der »Harzfichte« und in den tieferen Regionen mit Buchen-Fichten-Mischwäldern oder Laubmischwäldern vor.

Auf dem Boden der Fichtenwälder leuchten im späten Frühjahr als weiße Punkte die Blüten des Wald-Sauerklees *(Oxalis acetosella)*, des Europäischen Siebensterns *(Trientalis europaea)*, des Schattenblümchens *(Maianthemum bifolium)* und später des Harzer Labkrautes *(Galium sp.)* auf. Zahlreich sind in diesem Waldtyp auch die Farne vertreten. In oft großen Polstern bedeckt als Moosart das Goldene Frauenhaar *(Polytrichum commune)* den feuchten Waldboden.

MATTENREGION

5) Subalpine Heide

Über 1100 m NN hinaus begibt man sich in die Region subalpiner Bergheiden der Brockengipfelfläche. Die alpinen Matten der Brockenkuppe mit der Brocken-Anemone *(Pulsatilla alba)* und dem Alpenhabichtskraut *(Hieracium)* als hervorzuhebende Arten sind nur noch in Resten erhalten.

WIESEN

Bergwiesen

Bei einer Beschreibung der Vegetation oder besser der Pflanzendecke des Harzes dürfen die bunten Bergwiesen nicht ausgelassen werden. Während ihrer Blütezeit zwischen Mai und Juni kann man regelrecht auf botanische Entdeckungsreisen gehen. Bekannt sind die Wiesen um die alten Bergstädte, vor allem um St. Andreasberg. Zum Ausruhen laden die Wiesenlandschaften auf der Elbingeröder Hochfläche ein. Überrascht wird der botanisch Interessierte

Frühsommerlicher Blütenteppich: Bergwiese in der Umgebung von Hohegeiß

vom Artenreichtum der Wiesen in der Umgebung von Tanne sein. Einen »Weitblick« vermitteln die ausgedehnten Wiesen bei Stiege, Straßfeld oder Neudorf.

Die Wiesen sind gekennzeichnet durch eine Vielzahl von Kräutern, unter denen mit seinen blauvioletten Blüten und dem Kopf eines Storchs ähnelnden Blütenständen der Wiesen-Storchschnabel *(Geranium pratense)* und mit seinen rosa kolbenförmigen Blüten und zungenförmigen Blättern, als »Otternzungen« ein heute wieder beliebtes Wildgemüse, der Wiesen- oder Schlangen-Knöterich *(Polygonum bistorta)* am ehesten auffallen. Unter dem Einfluß des Menschen verwandeln sich im Mai manche Wiesen in riesige gelbe Farbtupfer in der Landschaft. Dann blüht der als Futterpflanze geschätzte Gemeine oder Wiesen-Löwenzahn.

Auf den feuchteren Standorten in Talauen (Einzugsgebiet der Rappbode, der Warmen Bode und der Zorge) blüht Anfang Juni mit intensiv gelben kugelförmigen Blüten die geschützte Trollblume *(Trollius europaeus),* nicht selten vergesellschaftet mit verschiedenen Knabenkräutern *(Orchis)* oder in Hanglagen mit der vom Weidevieh gemiedenen giftigen Herbstzeitlosen *(Colchicum autumnale).* Ungewöhnlich groß sind ihre im Frühjahr erscheinenden Fruchtkapseln. Ein auf den Wiesen weitverbreitetes Doldengewächs ist die stark würzig duftende, als Arznei- und Gemüsepflanze geschätzte Bärwurz *(Meum athamanticum),* die im Bayerischen Wald eine für den Genießer von Kräuterschnäpsen nicht zu unterschätzende Bedeutung erlangt hat.

Das Schicksal des Harzwaldes im Laufe der Geschichte

WALDGESCHICHTE

Im frühen Mittelalter waren die Wälder beliebtes Jagdgebiet der Könige und Landesherren. Sie waren Bannforst, also ein ursprünglich herrenloses Wald- und Jagdland, das die Könige zu ihrem Sondereigentum erklärten.

Die Funktion des Waldes änderte sich nach den ersten Erzfunden und der anschließenden Ausbeutung der Lagerstätten. Plötzlich wurde das Waldgebiet »Harz« für das zwischen dem 10. und 14. Jh. aufblühende Bergbau- und Hüttenwesen als Holzlieferant interessant. Damit war das Ende des Naturwaldes hereingebrochen. Die Buchenwälder mußten für die Herstellung von Holzkohle und für das Feuersetzen in den Gruben herhalten. Eichen wurden zu Bauholz verarbeitet. Das Fichtenholz benötigten die Bergleute für den Ausbau der Gruben.

Der Bestand des Harzer Waldes war von nun an auf Gedeih und Verderb vom Bergbau abhängig. Blühte der Bergbau, war es mit der Blüte des Waldes vorbei. Die zur Holzkohlegewinnung vorgenommene Abholzung nahm zeitweise solche Ausmaße an, daß die Buchenbestände nicht mehr ausreichten und auch nicht mehr schnell genug nachwuchsen, um die Versorgung der Hütten und Gruben sicherzustellen. In den höher gelegenen Regionen diente schließlich sogar das minderwertigere Fichtenholz zur Holzkohleherstellung. Die massiven Eingriffe des Menschen in den Naturhaushalt durch die Übernutzung des Waldes nahm zeitweise derartige Ausmaße an, daß Holzmangel den Bergbau zum Erliegen brachte. Mehr als die Hälfte des Holzes wurde damals zu Holzkohle verarbeitet.

Der vorübergehende Niedergang des Bergbaus brachte im 14. Jh. den Harzer Wäldern eine Zeit der Erholung. In dieser Zeit reifte die Erkenntnis, daß mit der Buche allein wegen ihrer verhältnismäßig hohen Regenerationsdauer der Bedarf der Hütten- und Bergbaubetriebe auf Dauer nicht gedeckt werden konnte. Damit rückte die zwar energieärmere, aber schneller wachsende Fichte in den Vordergrund des Interesses. In der zweiten Bergbaublüte um 1500 konnte durch die Einführung technischer Neuerungen im Bergbau- und Hüttenwesen verstärkt auf die Fichte zurückgegriffen werden.

Durch die bevorzugte Aufforstung mit Fichten kam es zu einer Verarmung der in den höher gelegenen Regionen wachsenden Arten, was sich auch auf die Strauch- und Krautvegetation und sogar auf die Tierwelt auswirkte. Die damaligen Aufforstungsmaßnahmen haben den Oberharz zu einem fast reinen Fichtenwald gemacht.

Die zweite Bergbaukrise stellte sich mit dem 18. Jh. ein. Die wesentlich energiereichere Steinkohle wurde erst im 19. Jh. als Energielieferant verstärkt gefördert und genutzt. Zudem hätte die Verwendung von Steinkohle höhere Transportkosten nach sich gezogen und eine Änderung in der Technik des Hüttenwesens vorausgesetzt. Riesige Kahlflächen gerade in den mittleren Lagen des Harzes kennzeichneten im ausgehenden 17. und bis weit in das 18. Jh. hinein das Landschaftsbild des Harzes. Nur die Wälder in den höheren Lagen um den Brocken blieben von der Abholzung verschont. Die Gründe für die Erhaltung der ursprünglichen Verhältnisse liegen in dieser Zone in der Vermoorung ausgedehnter Flächen, im eindeutig spärlicheren Waldbesatz und in der ungünstigen Verkehrslage. Das änderte sich natürlich, als durch die Einführung neuer Verfahren das dort reichlich vorhandene Wasser und der Torf als Energieträger interessant wurden. Die schlechten »Nutzungsbedingungen« für den Bergfichtenwald im Bereich des Brockenmassivs stellten zunächst einen Glücksfall für die Erhaltung dieses wichtigen Naturgutes dar. Aber durch die unerbittliche Abholzung der Wälder traten Mitte des 18. Jh. Verhältnisse ein, die hinsichtlich der Versorgung der Hütten mit Holzkohle als katastrophal bezeichnet werden können. Im gesamten Oberharz war kaum noch Holz aufzutreiben.

Geschädigte Fichten im Oberharz

Der einzige nutzbare Brennstoff, auf den man noch zurückgreifen konnte, war Torf, der in hinreichender Menge in den Mooren des höher gelegenen Harzes anstand. Die Hochmoore nahmen zu dieser Zeit eine Fläche von etwa 400 ha ein. Als potentieller Brennstofflieferant wurden die vermoorten Fichtenwälder mit einer Fläche von 1250 ha interessant. Zugleich stellte ihre Ausbeutung ein Ökosystem in Frage, das wegen der kühleren klimatischen Verhältnisse in einer Höhe zwischen 800 und 1000 m NN nur bedingt und äußerst langsam regenerationsfähig war. Ohne diese Gefahren für den Naturhaushalt zu beachten, wurde der Eingriff in diesen bis dahin unberührten Teil des Harzes vorgenommen.

Der in Torfhäusern getrocknete Torf wurde in eigens dafür konstruierten eisernen Öfen zu Torfkohle verarbeitet. Bis zum Jahre 1763 befanden sich im Umkreis des Brockens 40 dieser Öfen in Betrieb. Innerhalb von 40 Jahren waren die Torflager soweit ausgebeutet, daß verkohlter Torf als Brennstoff nicht länger interessant war. Der letzte Torfstich erfolgte 1786 auf der Heinrichshöhe, südöstlich des Brockens. Für eine Versorgung der Bergbau- und Hüttenbetriebe kam fortan offensichtlich nur eine geregelte forstwirtschaftliche Holz-Produktion in Frage. Aus diesem Grunde etablierte man in Ilsenburg 1763 die erste Forstakademie der Welt. Aber auch die wissenschaftliche Bearbeitung des Problems führte zu keiner entscheidenden Lösung. Kahlschläge wurden nur noch mit den schnellwachsenden Fichten aufgeforstet. Diese Form der forstwirtschaftlichen Bodennutzung wurde oder konnte auch nicht geändert werden, als gegen Ende des 18. Jh. ein massenhaftes Auftreten des Borkenkäfers über 20 Jahre lang die Fichtenwälder erfaßte und 30 000 ha Wald – das ist mehr als ein Zehntel der gesamten Harzfläche – vernichtete. Dennoch blieb die Fichte im Harz der Waldbaum Nr. 1, die riesigen Kahlflächen wurden weiterhin mit diesen Nadelbäumen bepflanzt. Die in jenen Jahren vorgenommenen Eingriffe in den Naturhaushalt der bis dahin unberührten Wälder mußten zwangsläufig zu einem Kollaps der Waldwirtschaft führen.

An der Praxis, der Fichte als Waldbaum den Vorzug zu geben, wurde bis nach dem Zweiten Weltkrieg festgehalten, obgleich der Brennstoffbedarf der Hütten längst mit fossilen Brennstoffen gedeckt wurde. Grund dafür waren die Engpässe in der Hausbrandversorgung unmittelbar nach dem Krieg und die von den Siegermächten verlangten Reparationen, die zu großen Einschlägen in den Wäldern des Harzes, den sog. »Engländerhieben«, führten, die auch in anderen deutschen Mittelgebirgen erfolgten. In der Nachkriegszeit fielen den in wahrsten Sinne des Wortes »notwendigen« Einschlägen etwa 10 000 ha Wald zum Opfer. Wegen mangelnden Saatgutes für Laubbäume mußte wiederum mit Fichten aufgeforstet werden.

Weitere Sünden, die sich in den folgenden Jahren rächen sollten, wurden noch in den 1960er Jahren begangen, denn die Gestaltung des Harzer Waldbestandes war zumindest im Lande Niedersachsen durch kurzfristige wirtschaftliche Interessen bestimmt. Per Erlaß wurde die Umwandlung von Buchenwäldern in Fichtenwald geregelt, weil die Buche keine ausreichenden Zuwächse erbrachte. Selbst nach dem gewaltigen Windbruch im November 1971, bei dem ein Orkan etwa 3% der Waldfläche (etwa 3300 ha) vernichtete (davon waren 90% Fichtenbestände), wurde bei der Aufforstung wiederum die Fichte favorisiert. An der Fichte hielten die Forstbehörden auch noch in den folgenden Jahren aus verschiedenen Gründen fest, bis sich durch neue Standortkartierungen zeigte, daß die Aussichten für Laubbäume im Harz weitaus besser waren als bislang angenommen.

Seit den 50er Jahren unseres Jahrhunderts wird – zunächst vereinzelt, aber zunehmend auf immer breiterer Front – im Oberharz in der Aufforstung die Form des Altersklassenwaldes, des »Harzer Femelwaldes«, angestrebt und in den Randgebieten aus vielen Gründen der Übergang vom Kahlschlag zum Altersklassenwald und einem abwechslungsreichen Mischwald vorangetrieben.

Geschichtlicher und kultureller Überblick (Bergbaugeschichte)

VOR- UND FRÜHGESCHICHTE

Die Spuren des vorgeschichtlichen Menschen, der sich am und möglicherweise auch im Harz aufgehalten hat, verlieren sich in der Zeit vor 100 000 Jahren, denn so alt werden die von Ur- und Frühgeschichtlern gefundenen Relikte in der Einhornhöhle bei Scharzfeld/Herzberg eingeschätzt. Es handelt sich um charakteristische Bearbeitungsspuren auf Gesteinsbruchstücken als erste Hinweise auf die Anwesenheit des Menschen im Harz. Erdgeschichtlich gesehen stammen sie aus einer Warmzeit zwischen der letzten und vorletzten Eiszeit. Die ersten Gletschermassen waren in den Hochlagen des Oberharzes längst abgeschmolzen, und die klimatischen Verhältnisse werden etwa den heutigen entsprochen haben. Die weiteren Aussagemöglichkeiten über das Schicksal der vorgeschichtlichen Harzbewohner sind sehr lückenhaft, da sie nur auf Einzelfunden basieren, wohingegen aus dem Vorland des Harzes Überreste ganzer Wohnsiedlungen existieren. Man nimmt daher an, daß die im Harzvorland lebenden Menschen nur gelegentlich auf Jagdausflügen in das Gebirge vordrangen. Von ihren Unternehmungen künden Werkzeuge, die aus Feuerstein des nördlichen Vorlandes angefertigt worden sind.

Nach Art der Bearbeitung gehören die in den Rübeländer Höhlen entdeckten Feuersteingeräte in die mittlere Altsteinzeit (100 000 bis 40 000 Jahre vor heute). Die vorgefundenen Hinweise menschlicher Aktivitäten werden ergänzt durch Knochenreste des Höhlenbären, des Höhlenlöwen, der Höhlenhyäne, des Leoparden und des Nashorns. Das ebenfalls im Rübeländer Raum entdeckte nächstjüngere Fundstück ist eine Knochenspitze und hat ein Alter von 30 000 Jahren. Es ist gleichfalls ein Ausrüstungsgegenstand eines steinzeitlichen Jägers. Ob eiszeitliche Menschen auch die Kalksteinhöhlen des Iberges (im Nordwesten des Harzes) aufgesucht haben, kann nur vermutet werden, denn möglicherweise ursprünglich vorhandener Höhlenlehm mit Knochen- und Werkzeugresten ist während der vierhundertjährigen Erzförderung verschwunden. Vor dem Eingang der Iberger Tropfsteinhöhle aber fand man ein Steinbeil. Wie ein kleines Schlaglicht hellen die Funde im Zwergenloch bei Elbingerode das Dunkel der frühen Nacheiszeit auf. Bei den dort gefundenen mittelsteinzeitlichen (8000 bis 5000 Jahre vor heute) Einzelfunden muß davon ausgegangen werden, daß sie in die Höhlen eingeschwemmt wurden. Schließlich wurde im Schutt der Baumannshöhle ein Rastplatz freigelegt, an dem sich jungsteinzeitliche Jäger vor etwa 5000 Jahren über längere Zeit aufgehalten haben müssen, denn die Knochenfunde vom Hausrind neben denen vom Reh und vom Hirsch lassen den Schluß zu, daß sich im Vorland ansässige Jäger nur zur Pirsch im Harz aufhielten.

Neueste Ausgrabungen belegen nun, daß die vorgeschichtlichen Harzbewohner sich im Gebirgsland nicht nur als Jäger betätigten, sondern auch schon Erz förderten und es zu Metall verarbeiteten. Entgegen den bisherigen Vorstellungen vom Beginn des Bergbaus, der Erzaufbereitung, der Verhüttung und der Metallverarbeitung im frühen Mittelalter gibt es nach den Ausgrabungen bei Hattorf und an der Burgruine Pippinsburg bei Osterode indirekte Hinweise auf bergbauliche Aktivitäten. Hier wurde 4500 Jahre alter Bronzeschmuck entdeckt. Nach den Untersuchungen nacheiszeitlicher Auelehmschichten der Oker treten in der bronzezeitlichen Abfolge erhöhte Konzentrationen der Schwermetalle Zink und Blei auf. Nach weiteren Grabungsfunden bei Düna (zwischen Osterode und Herzberg gelegen) ist bereits im 3. Jh. – also deutlich vor der ersten mittelalterlichen Bergbauphase – Eisen-, Zink- und Kupfererz im Harz aus dem Berg geholt und verhüttet worden.

»Hufabdruck« im Granit der Roßtrappe (ursprüngl. Verwitterungsform, auch »Opferkessel« genannt)

Da diese Aktivitäten nur den Harzrand betrafen, ist anzunehmen, daß hier mitten auf dem Kontinent bis vor rund 1500 Jahren das Gebirgsland in einem quasi unberührten Zustand belassen wurde. Erst allmählich begann der Harz die Anonymität der Erdgeschichte zu verlassen. Dem Gebirge kam in den ersten Jahrhunderten der neuen Zeitrechnung eine gewisse strategische Bedeutung im Verhältnis zwischen den Franken und den Sachsen zu, indem es praktisch als Niemandsland diente, in das sich die von den Sachsen und Franken im Jahre 431 unterworfenen Thüringer zurückzogen. In dieser kaum zugänglichen Gebirgswelt bauten sie schwer zu erobernde Burgen.

Nach der Niederlage der Sachsen gegen die Franken im 8. Jh. erklärte Karl der Große den Harz zum Reichsbannforstgebiet. Bis weit in das Mittelalter diente er wegen seiner

Unzugänglichkeit und wegen seines kühleren Klimas den Königen und Fürsten als großes zusammenhängendes Jagdrevier. Als Siedlungsraum war der Harz bis dahin noch uninteressant. Das fränkische Reich dehnte sich nun bis zum östlichen Harzvorland aus, wo es an slawisches Gebiet grenzte. Über 500 Burgen und befestigte Pfalzen wurden an der Grenze errichtet, um diese zu schützen und die Siedler vor slawischen Überfällen zu bewahren.

Der Hauch der deutschen Geschichte sollte nun auch die Harzregion erfassen. Die Salier machten gegen Ende des ersten Jahrtausends den Harz und sein Vorland zum Kernland ihres Herrschaftsbereiches. Mit seiner Machtübernahme schuf Heinrich I. (876–936) die Basis zur Gründung des Deutschen Reiches. Es war ihm gelungen, die Dänen und Slawen zurückzudrängen und das Reich durch den Bau zahlreicher Schutz- und Trutzburgen zu sichern. Das Zentrum des Stammesgebietes der Sachsen, den Harz, machte er zugleich zur Kernlandschaft seines Reiches, wenn er zunächst auch nur als Jagdrevier diente.

Als im Jahre 968 das erste Erzlager des Harzes im Rammelsberg bei Goslar entdeckt wurde (siehe auch S. 58), waren die Berge und Täler im Hochharz noch mit schwer durchdringlichen Urwäldern bedeckt. Durch die weiteren Erzfunde erlangte der Harz nicht nur eine wirtschaftliche, sondern auch eine hohe politische Bedeutung. Eine gewisse Seßhaftigkeit stellte sich bei den ansonsten wanderlustigen Königen ein. Sie saßen nun praktisch auf dem Geld. In dieser Zeit ließen sich vor allem am Harzrand Mönche zur Kolonisierung und Verbreitung des christlichen Glaubens nieder.

Die Grenzlage zum slawischen Siedlungsraum, das missionarische Vordringen der Kirche und ihrer Vertreter und offen-

Die Kaiserpfalz in Goslar

sichtlich die Verheißung von Reichtum, Macht und Wohlstand durch die Entdeckung der Bodenschätze machten das Harzland zu einem Zentrum, das auch mächtige Männer bewog, sich am Gebirgsrand niederzulassen. Noch blieb das Harzinnere von bergbaulichen Aktivitäten unberührt. So hatte bis zur Entdeckung der Erzlagerstätten im 10.–12. Jh. das dicht bewaldete Gebirge praktisch keine wirtschaftliche Bedeutung. Schließlich nahm man im frühen Mittelalter im größeren Umfange die bergbaulichen Aktivitäten an den Rändern des Oberharzes, des Hochharzes in der Umgebung von Elbingerode und im Mansfelder Land auf. Das erweckte natürlich die Begierde der tatsächlichen und der potentiellen Machthaber, da ein Besitz von ergiebigen Gruben zugleich die Vergrößerung von Macht und Einfluß versprach.

Das Schutzbedürfnis und der Hang zur Repräsentation lösten bei den Besitzenden einen Bauboom aus, der auch unter den Nachfolgern Heinrichs I. anhielt. Als Zeugnisse aus dieser Zeit können wir heute noch die großartigen romanischen Kirchen und Dome in Quedlinburg, Gernrode, Nordhausen und Halberstadt bewundern. Goslar blühte neben Quedlinburg zum Machtzentrum der deutschen Könige bzw. römisch-deutschen Kaiser auf. Um das Jahr 1000 entstand dort die erste Kaiserpfalz.

KÖNIGE UND KAISER

Als die Salier ihre Macht als Kaisergeschlecht festigten, zog in der Harzregion allerdings keineswegs ein Zeitalter des Friedens ein. Immer wieder wurden in den folgenden Jahrhunderten vorwiegend die Randgebiete des Harzes von Machtkämpfen zwischen den Saliern, den Staufern, den Welfen und den Askaniern heimgesucht. Auch die Nachfolger von Heinrich I., Otto I. und Heinrich II. bis IV., setzten den Bau von Burgen und Pfalzen rund um den Harz fort.

Welche Bedeutung die damaligen Städte gehabt haben müssen, kann man an den Aktivitäten der Kaiser und Könige erkennen. In den Städten Quedlinburg und Goslar gingen die Herrscher ihren Amtsgeschäften nach und hielten Fürstenversammlungen ab. Die überregionale Bedeutung ist daran zu ermessen, daß Verbindungen bis nach Frankreich und Italien unterhalten wurden. Diese europaweiten Verbindungen schlugen sich in der eigenständigen handwerklich-technischen und kulturellen Entwicklung und in der Übernahme fremdländischer Errungenschaften nieder. Von dem hohen Standard künden als Sehenswürdigkeiten die historischen Denkmäler dieser mittelalterlichen Epoche. Es war das Zeitalter der Klostergründungen, der monumentalen Kirchenbauten, das bis in das 19. Jh. ausstrahlte. Alles beruhte auf dem aus den Bergwerken geborgenen Reichtum.

ERSTE BESIEDLUNG

Mit dem Aufblühen der Bergbau betreibenden Städte am Harzrand nahm die Harzregion einen spürbaren wirtschaftlichen Aufschwung, der schließlich auch die Erschließung und die Besiedlung des Oberharzes ab 1200 vorantrieb. Im

Mittelalter war das Gebiet des Harzes nicht so sehr von der grabenden und schürfenden Tätigkeit des Bergmannes geprägt, sondern von den Folgeerscheinungen, die die Erzförderung mit sich brachte. Man benötigte sehr viel Holz als Energieträger, um aus dem Erz das Metall auszuschmelzen. Zur Deckung dieses Bedarfes stießen die ersten der bislang am Harzrand angesiedelten Bewohner in das bis dahin weitgehend unwegsame Harzinnere vor, schlugen Buchen, um daraus Holzkohle zu gewinnen, die zur Verhüttung des geförderten Erzes gebraucht wurde. Bis zum Beginn des 13. Jh. war die 500 bis 800 m hoch gelegene Region ein saisonal vom Bergbau und von den Hütten genutztes Waldgebiet und für die Adeligen nichts anderes als eine Art gern aufgesuchtes Jagdrefugium. Bekannt sind aus dieser Zeit die Jagdsitze Bodfelde, Selkenfelde und Hasselfelde.

In dem klimatisch begünstigten Raum östlich des Brockenmassivs wandten sich die in das Harzinnere vordringenden Menschen im 11. Jh. der Rodung der Wälder zur Gewinnung von Weideflächen und Ackerland in der Umgebung von Hüttenrode und Elbingerode zu. Die Erschließung wurde von den nördlichen Hauptorten Wernigerode und Blankenburg vorangetrieben. Erst im 13. Jh. wurde man sich der Bedeutung der in der Tiefe lagernden Eisenerze bewußt. Erste urkundliche Hinweise auf die bergmännische Tätigkeit stammen aus dem Jahr 1203 mit einer Erwähnung der Eisenerzgruben von Wormbruch an der Wormke, südwestlich von Elbingerode. Es wurde u. a. Roteisenstein gefördert, der vor allem im Bodetal verarbeitet wurde. So verdanken Ortschaften wie Altenbrak, Treseburg und Thale ihre Existenz direkt oder indirekt dem Bergbau.

ERSCHLIESSUNG

BERGBAI

In der Mitte des 13. Jh. verfiel das Kaisertum. Die Schwäche der Könige ermöglichte den Reichsfürsten die Ausweitung ihrer Territorialherrschaft und den Städten den Ausbau ihrer Selbstverwaltung. In der Zeit des Umbruchs wurde der Harz zu einer unsicheren Gegend, denn arbeitslos gewordene Ritter zogen plündernd umher. Sie machten schwer zugängliche Burgen zu Raubnestern (vgl. S. 138), bis schließlich die aufkommenden und um ihre Zukunft bangenden Städte dem Spuk ein Ende bereiteten und die Burgen zerstörten.

Einen Rückschlag katastrophalen Ausmaßes bedeutete die pandemische Ausbreitung der Pest Mitte des 14. Jh. (1347–53). Sie machte auch nicht vor dem Harz halt und dezimierte die Bevölkerung. Das waren die Ursachen für ein nahezu plötzliches Ende der ersten Bergbauperiode und einer großen Kulturepoche.

Das Aufblühen des Bergbaus in der Zeit nach dem Wüten der Pest war durch die Funde der silberhaltigen Erze im Oberharz bedingt. Einem Aufschwung in dieser Region stellten sich aber die natürlichen Verhältnisse mit ungünstigen Siedlungsbedingungen aus klimatischen Gründen entgegen.

Im Bergbaumuseum Clausthal-Zellerfeld werden die schwierigen Arbeitsbedingungen der Bergleute in vergangenen Jahrhunderten veranschaulicht.

Die Ruhe in den Gruben bis zum Jahre 1500 gab den Wäldern Gelegenheit, sich zu erholen. Bereits 1510 setzte die zweite Bergbauphase ein. Verbesserungen in der Bergbau- und Hüttentechnik bewirkten einen neuen Aufschwung. Durch die Verwendung wassergetriebener Blasebälge konnten auch beim Verbrennen von Fichtenholz ausreichende Temperaturen zur Verhüttung der Erze erzielt werden.

Erst durch die Gewährung von Bergfreiheiten gelang es den Landesherren, die Basis für die wirtschaftliche Erschließung des an Bodenschätzen reichen Oberharzes zu legen. Es war ihnen bekannt, daß auch im Oberharz Wohlstand versprechende Erze anstanden. Wie im Unterharz interessierte man sich in erster Linie für Silber. Es war das Zahlungsmittel, mit dem die Landesherren ihren aufwendigen Lebensstil bestreiten konnten.

Die zweite Bergbauphase fand ihren Höhepunkt in der Gründung der heute als Kurorte bekannten sieben freien Bergstädte Lautenthal, Clausthal, Zellerfeld, Altenau, St. Andreasberg, Wildemann und Grund. Mit dem Erlassen der Steuern und der Befreiung vom Militärdienst hatten die Landesherren auswärtigen Bergleuten (Erzgebirge) verlockende Angebote gemacht, sich in dem nur für den Bergbau verheißungsvollen Bergland zur Erschließung niederzulassen. Wie man an der Gründung der sieben Städte ersehen kann, hatte diese Aktion Erfolg. Knapp zwei Jahrhunderte behauptete sich im Oberharz eine Industrie, bei der die Bergbehörde eifersüchtig darüber wachte, ihre einseitige, auf die montanen Aktivitäten ausgerichtete Wirtschaftsstruktur zu erhalten und die Ansiedlung anderer Betriebe nicht zuzulassen. So konnten sich weder Handwerk noch Handel in dieser Region entwickeln. Damit wurde die Anfälligkeit gegenüber Krisen festgeschrieben.

ERSCHLIESSUNG

Der Aufschwung des Bergbaus, des damit verbundenen Hüttenwesens und der Städte bedeutete jedoch einen immensen Anstieg des Holzbedarfes.

BAUERNAUFSTÄNDE

Das 16. Jh. brachte durch die Bauernaufstände, die Reformation und die Stillegung von Klöstern gravierende Veränderungen mit zum Teil verheerenden Folgen. Manches Kulturgut wurde unwiederbringlich vernichtet. Die Ursachen der Bauernunruhen lagen im Bevölkerungszuwachs des 15. und 16. Jh., so daß die landarmen Bauern unter der Abschaffung der Allmende durch die Feudalherren in Not gerieten.Vom Harz gingen gerade für die beginnende Neuzeit wichtige geschichtliche Impulse mit gesellschaftlichen Umwälzungen aus, die in einem Fall, dem Bauernkrieg, in einem Fiasko für die Bauern in der Schlacht bei Bad Frankenhausen endeten und im anderen Falle zur Spaltung der Kirche führten. Die Zeit der Reformation war angebrochen. Ihr Initiator Martin Luther ist ebenso im Harz aufgewachsen wie sein Widersacher Thomas Müntzer, der sich an die Spitze des Bauernheeres stellte. Doch weder bei Luther noch bei den Bergleuten fanden die Bauern Unterstützung.

DREISSIGJÄHRIGER KRIEG

Im 17. Jh. sollte sich die Situation noch verschlimmern. Stärker als viele andere Regionen in Deutschland wurde der Harz von den Schrecken des Dreißigjährigen Krieges heimgesucht. Wieder einmal war es mit dem erlangten bescheidenen Wohlstand, der auf den Erträgen des Bergbau beruhte, vorbei. Die Bevölkerung des Gebirges und seines Vorlandes litt sehr unter den Untaten von Wallensteins und Tillys Armeen sowie unter den plündernden und mordenden Landsknechten der Schweden und anderer Nationen. In den Kriegsjahren wurde die Bevölkerung des Harzes auf die Hälfte reduziert. Die Ursache für diesen drastischen Bevölkerungsrückgang waren nicht allein die unmittelbaren Kriegseinwirkungen, sondern auch die in ihrem Gefolge auftretenden Seuchen und Hungersnöte.

Nach der Verkündung des Westfälischen Friedens im Jahre 1648 stellte sich zwar eine gewisse Normalität ein, aber die nächsten Krisen waren durch die Ausbreitung des Bergbaus vorprogrammiert. Auch von politischen Veränderungen war der Harz betroffen, denn Brandenburg-Preußen erhielt große Teile des Ostharzes und baute seinen Einfluß auf andere Harzgebiete aus. Im Westen besaßen nach dem Aussterben der mittelalterlichen Kaiser- und Königshäuser die Welfen des Hauses Braunschweig-Wolfenbüttel die Vormachtstellung, woran sich erst im 19. Jh. etwas änderte. Durch den Sieg in der Schlacht bei Langensalza im Jahre 1866 weitete Preußen seine Machtstellung auch auf die Bereiche welfischen hannoverschen, braunschweigischen, anhaltinischen und schwarzburgischen Besitztums aus. Die Einheit des Gebietes wurde 1871 unter Bismarck besiegelt, um 1945 für fast 50 Jahre wieder aufgehoben zu werden.

Der Bergbau blühte nach dem Dreißigjährigen Krieg auf, aber wegen des hohen Brennstoffbedarfs stellte sich die zweite Bergbaukrise im 18. Jh. ein. Riesige Kahlflächen gerade in den mittleren Höhenlagen kennzeichneten im ausgehenden 17. und bis weit in das 18. Jh. hinein das Landschaftsbild des Harzes. Nur die Wälder in den höheren Lagen um den Brocken blieben von den durch den Menschen herbeigeführten Ausfällen verschont.

Durch die unerbittliche Abholzung der Wälder traten in der Mitte des 18. Jh. Verhältnisse ein, die hinsichtlich der Versorgung der Hütten mit Holzkohle als katastrophal bezeichnet werden können: Im gesamten Oberharz war kaum noch Holz aufzutreiben.

Gerade in dieser Zeit wirtschaftlicher Schwierigkeiten keimte in weiten Teilen der Bevölkerung der Wunsch auf, den Harz als Landschaft kennenzulernen. Gegen Ende des 18. und zu Beginn des 19. Jh. weckten prominente Schriftsteller und Dichter durch Beschreibungen der landschaftlichen Schönheit des Harzes das Interesse an Besuchen des attraktiven Gebirges. Harzreisen waren aber noch bis in das 19. Jh. beschwerliche Unterfangen, da ein Ausbau des Wegenetzes nur allmählich vorgenommen werden konnte. Mit dem Bau von Gasthöfen, der Erschließung von Sehenswürdigkeiten wie beispielsweise der Höhlen und durch den Bau der Brockenbahn wurde allmählich die Rolle des Harzes als

TOURISMUS

industrieller Rohstofflieferant von der Bedeutung als Erholungsgebiet abgelöst. Dank seiner reinen Mittelgebirgsluft entwickelten sich mit der Einstellung des Bergbaus einzelne Ortschaften im 19. Jh. zu ersten Fremdenverkehrszentren, wie beispielsweise Hahnenklee oder Altenau. Schließlich wurde der Harz zu einem der wichtigsten Fremdenverkehrsgebiete im nord- bis mitteldeutschen Raum. Der Unterhalt von Kurbetrieben und ganzjährig in Betrieb befindlichen Ferieneinrichtungen mit zahlreichen Übernachtungsmöglichkeiten sind neben der Forstwirtschaft die wichtigste Erwerbsquelle für die Harzer Bevölkerung geworden. Für viele Erholungssuchende ist ein Aufenthalt in der ungewohnten und ungewöhnlich reizvollen Berg- und Waldlandschaft ein angenehmer Ausgleich.

Unter den landschaftlichen Sehenswürdigkeiten fand der Brocken den größten Zuspruch, nachdem im Jahre 1899 zum ersten Mal ein Zug der Brockenbahn den Gipfel erklomm. Es war für den deutschesten aller Berge der Beginn des Massentourismus. Ruhiger wurde es nach 1961 auf dem Gipfel. Jahre der Ruhe in Wachsamkeit erfaßten den Brocken. Die Ruhe war schließlich Voraussetzung für die russischen militärischen Lauschposten, die ihre »Ohren« nach dem kapitalistischen Westen ausrichteten.

Unmittelbar nach der Kapitulation des »Großdeutschen Reiches« war der gesamte Harz von britischen und amerikanischen Truppen besetzt. Aber nach den Übereinkünften in den Konferenzen von Jalta und Potsdam mußten die Alliierten die thüringischen und sächsischen Teile des Harzes für die Sowjets räumen. Damit war für 40 Jahre die Spaltung besiegelt. 1990 wurde diese absolut unnatürliche Grenze aufgehoben. Im allgemeinen bekam diese Zeit der natürlichen Umgebung recht gut. Heute müssen Flora und Fauna wieder geschützt werden, denn es wird wieder lauter, besonders an schönen Sonn- und Feiertagen.

Etwa zur gleichen Zeit, als die deutsch-deutsche Grenze aufgehoben wurde, kam im Harz der Bergbau zum Erliegen. Mit der Stillegung des letzten Bergbaubetriebes (Bad Grund) endete eine 1000 Jahre dauernde Epoche, die das Leben in der einstigen bergigen Waldlandschaft nachhaltig geprägt hat.

Heute fahren die Kumpel nur noch mit ihren Gästen in die Grube, um ihnen die faszinierende Umgebung ihres ehemaligen Arbeitsplatzes zu zeigen.

Berühmte Harzbesucher und -bewohner

Gerade im Gebiet des Hochharzes wird der Wanderer an mehreren Stellen daran erinnert, daß berühmte Reisende, Wanderer oder Touristen den Harz aufgesucht oder im Harz gelebt haben. Davon zeugen u. a. im Hochharz ein Goetheplatz, ein Heinrich-Heine- und ein Goetheweg. Auf dem Brockengipfel, der schon sehr früh zum Tummelplatz prominenter Bergwanderer avancierte, ist in die Wand der Brockenhütte ein Relief mit dem Antlitz Goethes eingearbeitet. Aus der Niederung des Bodetales ragt steil der Goethefelsen auf. Über dem Tal der Lude mit dem schönen Städtchen Stolberg steht die Luther-Buche und erinnert an den Besuch des großen Reformators im Jahre 1525.

LUTHER

Martin Luther verbrachte einen Teil seiner Jugendzeit im Unterharz. In Mansfeld stehen noch sein Elternhaus und die Schule, die er als junger Bursche besuchte. Nach 1506 suchte er den Harz nur noch vorübergehend auf. Am Rande des Hochharzes erinnert in einem Tal nördlich von Hasserode ein Gedenkstein an Luthers Besuch des Klosters Himmelpforte am 6. August 1517, 8 Wochen, bevor er seine 95 Thesen zu einer Disputation über den Ablaßhandel an die Tür der Schloßkirche von Wittenberg schlug. Heute stehen gerade noch die Grundmauern dieses Klosters. Es wurde 1525 von aufständischen Bauern zerstört, also im gleichen Jahr, als Luther in Stolberg im Südharz weilte und mit scharfen Worten die Bauernerhebungen angriff. Von seinem Aufenthalt kündet als Naturdenkmal die Luther-Buche, an deren Standort man einen der schönsten Ausblicke auf die Kleinstadt hat.

MÜNTZER
THAL

Genauso wie Thomas Müntzer lebte der Hofmedicus und Stadtphysicus (Stadtarzt) Johannes Thal in Stolberg, dessen Interesse sich auf den Pflanzenbestand des Harzes konzentrierte, was einen sehr engen Kontakt zu den natürlichen Gegebenheiten erforderlich machte. Er drang bis zu dem 35 km entfernten Brocken vor und erstellte bereits 1588 mit der *Sylva Hercynica* das erste vollständige Verzeichnis der wildwachsenden Pflanzen im Harz. Er muß große Teile des Harzes gekannt haben.

NOVALIS

Sicherlich wird auch das naturwissenschaftliche Interesse Friedrich von Hardenberg, genannt Novalis, einen der berühmtesten Anwohner, in den Harz geführt haben. Novalis wuchs unmittelbar am Harzrand in Oberwiederstedt bei Hettstedt auf. Als einer der bedeutendsten Romantiker widmete er sich nicht nur mit Begeisterung der Landschaft, sondern drang auch in die geheimnisvolle bergmännische Umwelt vor, fuhr öfters in die Erzgruben ein und studierte sogar in Freiberg beim ersten Lehrstuhlinhaber der Geologie, Abraham Gottlob Werner. Seine Beziehung zu den Geheimnissen der Geologie gibt er in Gedichtform wieder. Ihm war bewußt geworden, welche wundervollen Inhalte und Geheimnisse in den Bausteinen dieses Gebirges schlummern.

GOETHE

Wesentlich kritischer nahm der wohl berühmteste Harzwanderer Johann Wolfgang von Goethe die geologischen Vorstellungen Abraham Werners auf. Ihn führten im Laufe seines Lebens drei Reisen in den Harz, von denen als die spektakulärste die Winterreise im Dezember 1777 stattfand, die ihren Höhepunkt in der Besteigung des Brockens fand.

Unter den Prominenten war Johann Wolfgang von Goethe zweifelsohne der eifrigste Harzbesucher. Für ihn war aber der Harz weniger ein bergsteigerisches Betätigungsfeld, eher waren sein wissenschaftliches Interesse und seine beruflichen Aufgaben für ihn Anlaß, das Gebirge aufzusuchen. Sicherlich sind seine Gedanken zum geologischen Aufbau und zur Entstehung der anstehenden Gesteine der Allgemeinheit weniger bekannt als seine literarischen Werke »Harzreise im Winter« oder die Passagen, die sich im »Faust« auf den Harz beziehen, zum Beispiel in Faust II, 2. Am oberen Peneios; hier heißt es:

Der Blocksberg bleibt ein gar bequem Lokal,
Wo man auch sei, man findet sich zumal.
Frau **Ilse** wacht für uns auf ihrem **Stein,**
Auf seiner **Höh'** wird **Heinrich** munter sein,
Die **Scharcher** schnauzen zwar das **Elend** an,
Doch alles ist für tausend Jahr getan.
Wer weiß denn hier nur, wo er geht und steht,
Ob unter ihm sich nicht der Boden bläht?...

HEINE

Der Harz hat wie kaum ein anderes deutsches Gebirge die Romantiker begeistert. Heinrich Heine hielt sich im Harz weniger wegen der Suche nach wissenschaftlichen Erkenntnissen auf, sondern ließ vielmehr die Landschaft auf sich, den Wanderer, wirken. Von den Harzbesuchern zu Beginn des 19. Jh. steht er sicherlich im Vordergrund, zumal er es als Student an der Universität Göttingen ohnehin nicht sehr weit hatte, in den Harz zu gelangen. Das literarische Ergebnis seiner Besuche war die »Harzreise«, ein Werk schwärmerisch überhöhter Naturbeschreibung, durchsetzt mit Ironie und Satire.

Heine suchte den Harz als 27jähriger auf und machte sich am 12. oder 13. September 1824 von dem ihm verhaßten Göttingen auf den Weg, nächtigte in Osterode, begab sich nach Clausthal-Zellerfeld und war am 16. September in Goslar. Drei Tage später stieg er zum Brocken auf und verbrachte die Nacht auf dem Gipfel. Der Abstieg führte ihn durch das Ilsetal nach Ilsenburg. Über Wernigerode, Halle und Jena gelangte er nach Weimar und besuchte am 1. Oktober Goethe; er hatte jedoch nur eine kurze Unterredung mit dem 75jährigen Dichterfürsten.

EICHENDORFF

In der Reihe der Romantiker darf auch Eichendorff nicht fehlen. Er weilte, wie das in der damaligen Zeit üblich war, mit mehreren Hallenser Kommilitonen im Jahre 1805 im Harz und stieg das Ilsetal hinauf, äußerte sich aber später weniger schwärmerisch über seinen Aufenthalt in der Natur. Der jugendliche Eichendorff rang sich gerade mal zu der Fest-

Tafel des Dichters am Heine-Denkmal im Ilsetal

stellung durch, das himmlische und unbeschreibliche Panorama auf dem Gipfel genossen zu haben.

Es ist nur zu verständlich, daß der Anblick der geheimnisvollen Landschaft starke Gefühle auch bei den Romantikern weckte, die nicht der schreibenden Zunft angehörten. Der Harz beschäftigte auch den romantischen Maler Caspar David Friedrich, der sich zwar noch mehr zur Mystik des Riesengebirges hingezogen fühlte, aber in einem seiner bekanntesten Gemälde, »Der Watzmann«, die Klippenlandschaft um den Brocken in vorzüglicher Weise darstellte.

FRIEDRICH

FONTANE

Theodor Fontane hielt sich in der Zeit von 1878–1881 in den Sommermonaten in Wernigerode auf und verfaßte den Roman »Ellernklipp«, dessen Handlung in der Umgebung Wernigerodes angesiedelt ist. 1884 weilte er an den Schauplätzen seines Romans »Cécile«, nämlich in Quedlinburg sowie im Bodetal mit Altenbrak und Thale.

LÖNS

Hermann Löns als Vertreter des 20. Jh. nahm schon die Bequemlichkeiten in Anspruch, die den Harzbesuchern geboten wurden, und fuhr mit der Brockenbahn hinauf auf den höchsten Gipfel. Er äußerte sich jedoch entsetzt über den Schaden, den die Natur durch das Einsetzen des Massentourismus nahm.

Tips und Hinweise zu den Wanderungen

Die beste Zeit zum Wandern im Harz ist die Zeit zwischen Mai und Oktober. Ausflüge in die Städte sind durchaus auch schon im April möglich. Außerhalb der Ortschaften muß hingegen zu dieser Zeit besonders in größeren Höhen noch mit verschneiten oder gar vereisten Wegen gerechnet werden. Besonders reizvoll ist das Frühjahr in den Buchenwäldern mit oft riesigen, von weiß blühenden Buschwindröschen übersäten Flecken und dem sich später schließenden hellgrünen Dach der Baumkronen. Im späten Frühjahr stellen sich die vielen Blumen auf den Bergwiesen und in den Flußauen ein. Im Hochsommer bringt die Höhenlage Erfrischung bei warmem Wetter im Umland. Wundervoll ist das Farbenspiel der herbstlichen Laubwälder. Im Herbst sollte man darauf achten, seine Wanderungen so zu planen, daß man nicht von der Dunkelheit überrascht wird.

Natürlich hängt die Art der Bekleidung von der Jahreszeit ab. Auf längeren Wanderungen sollte auf jeden Fall Schutzkleidung gegen Wind und Regen mitgenommen werden. Wegen steiniger Wege und Pfade besonders in den höheren Regionen, aber auch wegen rutschiger und unebener Wegverhältnisse ist für die Wanderungen ein fester Schuh mit Profilsohle unbedingt zu empfehlen.

Man sollte bedenken, daß auf manchen Strecken keine Einkehr möglich ist. Daher sind gerade auf Wanderungen mit längeren Anstiegen genügend Getränke, aber auch zur Stärkung leicht verdauliche Nahrung mitzunehmen.

Die Wanderungen sollte man nicht unvorbereitet angehen. Die meisten Streckenführungen sind so angelegt, daß die größten Belastungen in der ersten Hälfte der Strecke liegen (Nr. 2, 11, 14, 22, 25).

Auf den Wanderungen sollte man Ruhepausen nicht nach einem festen Zeitplan einlegen, sondern dann rasten, wenn Erholung notwendig erscheint. Zum Wohlbefinden auf der Wanderschaft trägt ein häufigeres Trinken kleiner Flüssigkeitsmengen bei, um den Verlust laufend auszugleichen. Dabei sollte man gerade an warmen Sommertagen darauf achten, daß die mit dem Schweiß ausgeschiedenen Salze durch salzhaltige Kost und besondere elektrolythaltige Getränke ersetzt werden.

Nehmen Sie bei längeren Wanderungen Nahrung zu sich, die den Magen nicht belastet, dem Körper aber alle wichtigen Nährstoffe in ausreichender Menge zuführt. Eine deftige und umfangreiche Brotzeit kann zwar sehr verlockend und appetitanregend sein, doch sollte man bedenken, daß ihre Verdauung belastend wirkt. Ein behagliches Vorankommen auf der Wanderung ist eher durch die häufigere Einnahme von kleinen Portionen als von wenigen üppigen gewährleistet.

Wichtig ist es, sich mit einem gleichmäßigen Schrittrhythmus und elastischen Schritten, ganz gleich, ob es bergauf oder bergab geht, in aufrechter Haltung zu bewegen.

Ermüdungserscheinungen und unnötige Belastungen der Gelenke werden reduziert, wenn man die Ferse zuerst aufsetzt und den Fuß über die Sohle bis zu den Zehen hin abrollt. Beim Aufstieg auf steinigen Pfaden schont das Aufsetzen mit der ganzen Sohle die Fußgelenke und verleiht auch Standsicherheit.

Die im folgenden beschriebenen Wanderungen erfassen sämtliche Landschaftstypen des Harzes. Im Vorspann jeder Wanderung werden einige »technische Hinweise« gegeben, von denen einzelne hier kurz erläutert werden sollen.

Dauer: Die angegebene Dauer soll nur ein ungefähres Richtmaß für die reine Gehzeit ohne Unterbrechungen sein. Wer schneller ist, kann sich über seine sportliche Leistung freuen. Wer mehr Zeit benötigt, wird wahrscheinlich auch mehr gesehen haben.

Länge: Die Streckenlänge wurde, wenn es nötig war, genau ausgemessen. Sie gilt von dem in der Beschreibung fett gedruckten Anfangs- bis zum Endpunkt.

Höhenangaben: Die Höhenangaben beziehen sich nur auf einzelne Steigungen mit zu überwindenden Höhenunterschieden von mehr als 100 bzw. 200 m. Es sind also keine Angaben zur Gesamtsteigung.

Wegmarkierungen: Manchmal stimmen die Markierungen mit denen auf der Karte nicht überein oder sie fehlen ganz. Darauf sollte man sich durch die Mitnahme einer guten, vor allem aber aktuellen Wanderkarte einstellen.

An- und Abfahrt: Im Harz gibt es genügend Parkplätze, wo das Kfz abgestellt werden kann. Für Anreisende mit öffentlichen Verkehrsmitteln sind Angaben zur Dauer und zur ungefähren Verkehrszeit gemacht worden. Genauere Angaben erhält man bei den im Informationsteil angeführten Fremdenverkehrsämtern und Verkehrsunternehmen. Die dort erhältlichen Kursbücher sind sehr informativ.

Im Gebiet der ehemaligen DDR wird zur Zeit viel an den Wanderwegen getan. Allerdings scheint man manchmal die Markierungen dabei etwas zu vernachlässigen.

Achtung: Gerade im Bereich des ehemaligen deutsch-deutschen Grenzverlaufs sollte man sich **strikt** an die vorgegebene Route halten und nicht eigenmächtig die Umgebung erkunden. Noch sind nicht alle Minen beseitigt!

Auf den Bergwanderungen ist zu berücksichtigen, daß manche Anstiege länger als eine Stunde dauern. Darauf sollte man sich schon beim Start einstellen und nicht zu schnell losgehen.

1

Die »Hauptstadt« des Harzes

Ein Rundgang durch Goslar

Es mag für manchen Naturfreund ungewöhnlich oder sogar ungehörig erscheinen, einen Wanderführer mit einem Stadtbummel zu beginnen. Wir besuchen das geschichtliche und kulturelle Zentrum Goslar am Harzrand, um die Entwicklung des Harzes als Wirtschafts- und Siedlungsraum verstehen zu lernen.

WEGVERLAUF: Rundwanderung. Parkplatz Domplatz – Kaiserpfalz – Klauskapelle – Frankenberger Kirche (40 Min.) – Mönchehaus – Neuwerk-Kirche (30 Min.) – St. Jacobikirche – Breites Tor (30 Min.) – St. Stephani – Marktplatz (40 Min.) – Marktkirche (20 Min.) – Bäckergildehaus – Brusttuch – Stift »Großes Heiliges Kreuz« (20 Min.) – Domkapelle – Parkplatz Domplatz

DAUER: 3 Std.

LÄNGE: 4 km

WANDERKARTE: Stadtplan, erhältlich beim Informationsbüro Goslar

EINKEHRMÖGLICHKEITEN: diverse

AN- UND ABFAHRT: **Mit der Bahn** und **dem Kfz** aus Richtung Braunschweig und Hannover. Um die Stadt richtig genießen zu können, sollte man in Goslar oder in seiner unmittelbaren Umgebung übernachten und im Frühjahr oder Herbst an einem Sonntagmorgen, der auch ein Sonnentag sein sollte, auf Stadtbummel gehen. Zu dieser Zeit ruht noch weitestgehend der Autoverkehr.

BESONDERE HINWEISE: Goslarer Glocken- und Figurenspiel täglich 9, 12, 15 und 18 Uhr

DER WANDERWEG

Der Aufbruch erfolgt vom **Parkplatz Domplatz** zur 200 m entfernten Kaiserpfalz. Das in seinem Kern romanische Bauwerk der **Kaiserpfalz** wurde unter Kaiser Heinrich III. (1039–1056) begonnen und von seinem Sohn Heinrich IV. (1056–1106) vollendet. Seine heutige Gestalt erhielt die Kaiserpfalz durch die zwischen den Jahren 1868 und 1879 durchgeführten Restaurationsarbeiten. Die bedeutenden Bauten der Pfalz, die Ulrichskapelle, das Kaiserhaus und der den Geburtstagsheiligen Heinrichs III., Judas und Simon, geweihte Dom, wurden zwischen 1040 und 1050 fertiggestellt. Der Reichs- und Kaisersaal nimmt als Zentrum das gesamte Obergeschoß des einstigen Palas ein und gilt als der größte in Deutschlands Kaiserpfalzen.

Der Weiterweg führt nach rechts über die Treppe hinab zur Kaiserbleek. Dort wenden wir uns nach links und gehen über »Liebfrauenberg« nach rechts über die Gose-Brücke, von der

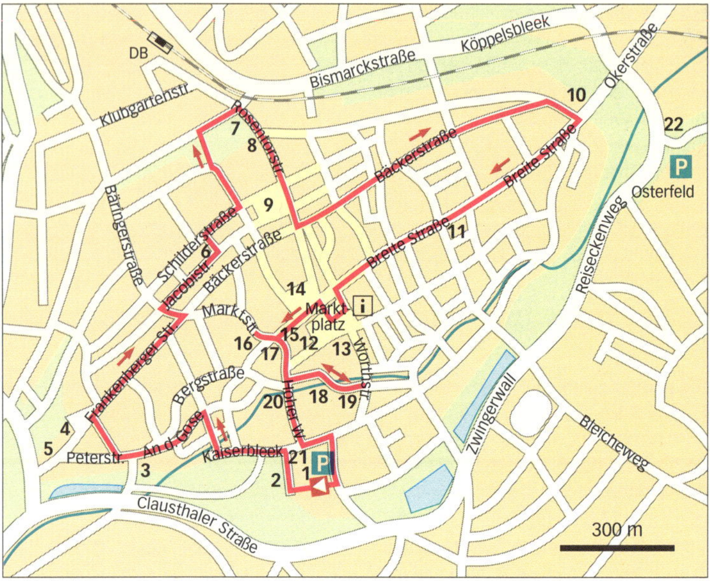

Stadtrundgang Goslar: 1) Parkplatz 2) Kaiserpfalz mit St. Ulrichskapelle 3) Klauskapelle mit Bergmannshospital 4) Kleines Heiliges Kreuz-Hospital 5) Frankenberger Kirche 6) Mönchehaus 7) Neuwerkkirche 8) Kloster Neuwerk 9) St. Jacobi-Kirche 10) Breites Tor 11) St. Stephani-Tor 12) Rathaus 13) Kaisersworth 14) Schuhhof 15) Marktkirche 16) Bäckergildehaus 17) Brusttuch 18) Lohmühle 19) Goslarer Mühle 20) Stift Großes Heiliges Kreuz 21) Domkapelle 22) Parkplatz Osterfeld Ausgangspunkt für Wanderung Nr. 2

sich ein schöner Blick in die Neue Straße bietet. Wir setzen den Weg nun über die Mühlenstraße fort, wobei wir allerdings direkt an der nächsten Seitenstraße nach links abbiegen müssen, um in die Gasse »An der Gose« mit Fachwerkhäusern, z.T. aus dem 15. Jh. stammen, zu gelangen. Am Ende dieser Gasse befindet sich auf der linken Seite die **Klauskapelle** aus dem 12. Jh., die seit dem Jahre 1537 den Bergleuten vom Rammelsberg als Gebetshaus diente. Wir queren die Bergstraße und biegen nach links ab in die Peterstraße mit Häusern aus dem 16. Jh. Hier muß man sich nun rechts halten und gelangt zum Frankenberger Plan, einem idyllischen Plätzchen mit einem Brunnen – nur die vielen geparkten PKW stören etwas die beschauliche Atmosphäre. Das Küsterhaus neben dem alten Tor (1510) – es wurde, weil es in der Bergstraße hinderte, im Jahre 1906 hierher umgesetzt – stammt aus dem Jahre 1504. Durch den Torbogen des **Kleinen Heiligen Kreuz-Hospitals** gehen wir hinauf zur **Frankenberger Kirche St. Peter und Paul** (40 Min.).

Die erste urkundliche Erwähnung dieser Kirche geht auf das Jahr 1108 zurück. Im Inneren des dreischiffigen Gotteshauses befinden sich spätromanische Malereien. Trotz späterer baulicher Umgestaltungen hat die Basilika ihren romanischen Charakter behalten. Die größte Veränderung erfuhr sie im Jahre 1783 mit dem Abriß der beiden Westtürme.

Weiter geht es über den Frankenberger Plan und die Frankenberger Straße zur links abbiegenden Bäringerstraße. Von dort schwenken wir nach rechts in die Jacobistraße mit dem stattlichen **Mönchehaus** (1528) auf der linken Seite ein. Sie gehört zu den schönsten mit Fachwerkhäusern bestandenen Straßen in Goslar. Über ihr erheben sich im Hintergrund die Türme der Jacobi-Kirche. Auf dem Weg zu unserem nächsten Ziel, der Neuwerk-Kirche, verlassen wir die Jacobis-Straße über die Mönchegasse nach links und biegen dann nach rechts auf die Schilderstraße ab. Die links vor einer Schule abzweigende Untere Schildwache führt uns zur Stadtmauer. Hinter einem Durchgang taucht dann auf der rechten Seite die **Neuwerk-Kirche** (1.10 Std.) mit ihren beiden Türmen auf. Als jüngste romanische Kirche zählt sie zu den schönsten des niedersächsischen Raumes. Die ältesten Teile dieser ehemaligen Benediktinerinnen-Klosterkirche stammen aus dem 12. Jh. (1173 erstmals erwähnt, 1186 vollendet); sie befinden sich auf der Ostseite. Beeindruckend sind im Inneren die Wandmalereien von 1230/40.

Wir verlassen das Kirchengelände durch einen Torbogen und gelangen auf die Rosentorstraße. Auf dem Weg zum Zentrum (nach rechts) lenkt sofort das großartige Fachwerkhaus des **Klosters Neuwerk** die Aufmerksamkeit auf sich. Nach etwa 200 m erreichen wir die **St.-Jacobi-Kirche.**

Wahrscheinlich ließ Bischof Hezilo von Hildesheim sie 1073 erbauen. Sie ist vermutlich die älteste, wenn auch nur teilweise erhaltene Pfarrkirche Niedersachsens. Ihre Fertigstellung erfolgte in verschiedenen Bauphasen. Ihr Westturm wurde 1140 angefügt. Anfang des 16. Jh. wurde sie zu einer gotischen Hallenkirche umgestaltet. Das nördliche und südliche Seitenschiff wurden damals angebaut. Die Pietà von 1520 gehört zu den bedeutendsten Kunstwerken Goslars. Altäre und Gestühl stammen aus der Barockzeit.

Noch ein kurzes Stück bummeln wir durch die Fußgängerzone der Rosentorstraße, dann biegen wir nach links in die Bäckerstraße ein. Sie führt uns direkt zum **Breiten Tor** (1.40 Std.).

Wenn man sich der Stadt von Osten nähert, fallen einem schon die mächtigen Türme dieses Tores auf. Es ist die besterhaltene Toranlage aus dem 13. Jh.; sie wurde im 15. Jh. und 16. Jh. zu einem regelrechten Bollwerk ausgebaut. Am beeindruckendsten ist der 47 m hohe Rundturm des Zwingers (1505 erbaut). Von den ursprünglich fünf Türmen der inneren und äußeren Anlage sind nur noch drei erhalten.

Nun steuern wir über die Breite Straße das Zentrum Goslars an. Der Weg führt an der **Stephani-Kirche** vorbei. Die Vorgängerin dieser als Barockkirche nach dem Brand von 1728 wieder aufgebauten Hallenkirche war ursprünglich im romanischen Stil errichtet worden. Sie wurde 1142 erstmals erwähnt.

Wir setzen den Weg zum Stadtzentrum fort, um nach etwa 300 m mit dem **Marktplatz** (2.20 Std.) das Herzstück der Altstadt zu erreichen. Obwohl die Szenerie von Fotos vertraut ist, überrascht es einen, im Mittelpunkt dieses schönen baulichen Ensembles

Der Reichsadler auf dem Goslarer Marktplatz

zu stehen. Das **Rathaus,** ein einfacher gotischer Steinbau, bildet die westliche Begrenzung des Marktplatzes. Dahinter ragen die Türme der **Marktkirche St. Cosmas und Damian** (2.40 Std.) auf. Davor befindet sich in der Mitte des Platzes der **Marktbrunnen** mit dem Wappenadler der ehemals freien Reichsstadt (romanisch, erste Hälfte 13. Jh.). Auf der Südseite des Marktes steht das alte Gildehaus der Gewandschneider und Tuchhändler, die **Kaiserworth** (*worth* = Wohnhaus, erbaut 1494). An der prächtigen Fassade mit ihren acht hölzernen Kaiserfiguren aus dem 17. Jh. ist zu ermessen, daß die Angehörigen der Gilde »betucht« gewesen sein müssen. Das Goslarer Glocken- und Figurenspiel, anläßlich des tausendjährigen Bestehens des Bergbaus im Rammelsberg gestiftet, befindet sich auf der Ostseite des Platzes am Giebel des ehemaligen Kämmereigebäudes (Informationszentrum für Touristen).

Wir verlassen den Platz über den Fleischerscharren und passieren den **Schuhhof,** einen weiteren alten Marktplatz mit dem Gildehaus der Schuhmacher und Lohgerber. Über uns ragen nun die Türme der **Marktkirche St. Cosmas und Damian** auf. Dieser imposante Sakralbau wurde erstmals im Jahre 1151 erwähnt; sie ist die größte unter den romanischen Basiliken Goslars. Seit dem Wiederaufbau nach dem Brand von 1573 besitzen die Türme eine unterschiedliche Gestalt.

Der Weg führt an der Marktkirche vorbei zur Marktstraße. Dort treffen wir direkt auf das **Bäckergildehaus.** Es ist das dritte noch erhaltene Gildehaus Goslars. Dem im Jahre 1501 erstellten steinernen Unterbau wurde 1557 das Obergeschoß mit Fächerfries aufgesetzt.

Auf dem Weg zum Stift »Großes Heiliges Kreuz« benutzen wir den Hohen Weg. Unmittelbar gegenüber dem Westportal der Marktkirche steht mit seinem spitzen Giebel eines der auffälligsten Goslarer Bürgerhäuser, das **Brusttuch.** Es ist mit reichem Figurenschmuck am ehemaligen Speichergeschoß versehen und wurde in der Blütezeit von Goslar zwischen 1521 und 1526 erbaut (siehe S. 37).

Nach 150 m haben wir das **Stift »Großes Heiliges Kreuz«** (3 Std.) auf der rechten Seite erreicht. Bis 1985 war es noch Altersheim. Heute ist in dem 1254 als Hospital gegründeten Gebäudekomplex ein Kunsthandwerkerhof untergebracht. Der Hauptbau besitzt ein großes Stufenportal und eine gotische Fassade. Südlich schließt sich der ältere romanische Trakt mit der Kapelle im Untergeschoß an.

Wer seine Eindrücke von der Stadt vertiefen möchte, findet im nur etwa 150 m entfernten **Goslarer Museum** (Königstr. 1) Sammlungen zur mittelalterlichen und neueren Geschichte, Kunst und Kultur Goslars. Der Weg führt an der Lohmühle aus dem 16. Jh. vorbei.

Zum Abschluß statten wir noch der Domkapelle einen Besuch ab. Die ebenfalls in den Pfalzkomplex einbezogene **Stiftskirche St. Simon und Judas,** der ehemalige Dom (geweiht 1056), wurde im 19. Jh. (1819–1822) wegen Baufälligkeit abgerissen. Heinrich Heine, der kurz danach Goslar besuchte, schrieb 1824 darüber in seiner »Harzreise«: »In Gottschalks ›Handbuch‹ hatte ich von dem uralten Dom und von dem berühmten Kaiserstuhl viel gelesen. Als ich aber beides sehen wollte, sagte man mir: der Dom sei niedergerissen und der Kaiserstuhl nach Berlin gebracht worden. Wir leben in einer bedeutungsschweren Zeit: tausendjährige Dome werden abgebrochen und Kaiserstühle in die Rumpelkammer geworfen.« Erhalten ist die Domvorhalle, in der heute wieder der »Kaiserstuhl« (11. Jh.) steht. Dieser gilt als herausragendes Beispiel mittelalterlicher Handwerkskunst.

2

Streifzug durch die geologische Vergangenheit der Umgebung Goslars

Wanderung vom Klusfelsen bis zur Ratsschiefergrube

Nach der Besichtigung Goslars folgt ein Ausflug in die erdgeschichtliche und bergbauliche Vergangenheit seiner Umgebung. Hauptziel ist der Rammelsberg, dessen mineralischer Inhalt über ein Jahrtausend das Schicksal der Stadt bestimmt hat. Etwas weiter kann man auch im Harz ein Schalke-Fan werden: Der Besuch des Schalke ist der Höhepunkt der Wanderung.

WEGVERLAUF: Rundwanderung. Petersberg (Klusfelsen) – Berufsbildungswerk Goslar – Maltermeisterturm (1 Std.) – Communion-Steinbruch – Rammseck (30 Min.) – Sidekum (30 Min.) – Schalke (1.15 Std.) – Auerhahn (45 Min.) – Ratsschiefergrube (1.15 Std.) – Goslar (1 Std.)

DAUER: 6.15 Std.

LÄNGE: 24,5 km

HÖHENANGABEN: 270 Höhenmeter beim Anstieg vom »Berufsbildungswerk Goslar« (300 m NN) zum Rammseck (570 m NN)

SCHWIERIGKEITSGRAD: mittel; steiler Anstieg im Bereich des Rammelsberges

WEGBESCHAFFENHEIT: fast durchgehend gut, allerdings im Winter streckenweise nicht ungefährlich

WANDERKARTE: Niedersächsische Akademie der Wissenschaften: »Die klassische Quadratmeile der Geologie« und TK 1:50 000 mit Wanderwegen; Wandern im Westharz (Wanderkarte des Harzklubs e.V.)

WEGMARKIERUNGEN: 23A, 23G, 7K grüner Kreis im weißen Dreieck bzw. Quadrat, 5K, 1F grünes bzw. rotes Dreieck, 8D blaues Kreuz

EINKEHRMÖGLICHKEITEN: Ausflugslokal »Maltermeisterturm«, Di Ruhetag; Gasthaus »Auerhahn«; im Gosetal: Gasthaus und Hotel »Sennhütte«, Do Ruhetag

AN- UND ABFAHRT: Anreise **mit der Bahn,** Bushaltestelle am Breiten Tor, Parkplatz auf und an dem Osterfeld; Rückfahrt **mit dem Bus** von »Auerhahn« bzw. »Sennhütte« zum Bahnhof Goslar bis 20.50 Uhr fast stündlich, Fahrtzeit 16 bzw. 9 Min., dort Umsteigen zum Osterfeld möglich.

BESONDERE HINWEISE: Besuch des Roeder-Stollens nach Aufstieg zum Rammseck zwischen 10 und 18 Uhr etwa stündlich. Dauer der Führung ca. 60 Min. Von dort ist für Kfz-Fahrer eine direkte Rückfahrt mit dem Bus zum Parkplatz möglich. Es ist ratsam, wegen der besseren Lichtverhältnisse, die Wanderung frühmorgens zu beginnen.

DER WANDERWEG

Bei einer Anreise mit der Bahn verlängert sich die Wegstrecke um etwa 1,5 km. Die Route führt dann vom **Bahnhof Goslar** über die Mauerstraße, das Breite Tor und die Okerstraße zum Reiseckenweg. Dort biegt im Scheitelpunkt der Kurve die zum Klusfelsen führende Straße **»Osterfeld«** (Parkmöglichkeit) nach links ab. Nach 150 m muß wiederum links auf »Am Petersberg« abgebogen werden, wo nach 200 m zwischen einem Haus und einer Informationstafel der Aufgang zum ersten Ziel beginnt. In Serpentinen führt nun der Weg hinauf zum **Klusfelsen** (Hilssandstein, ca. 110 Millionen Jahre alt). Diese geologische Sehenswürdigkeit ragt um etwa 30 m aus ihrer Umgebung auf. Verwitterung und Abtragung haben den als Härtling anzusehenden Klusfelsen im Laufe der Zeit als widerständige Partie des Hilssandsteins herausgearbeitet und zurückgelassen. Der mittel- bis grobkörnige, grünliche Sandstein wurde beim Aufbau der Stadt Goslar als Werkstein für feinere Steinmetzarbeiten geschätzt. In dem Felsen existiert schon seit 1065 eine kleine Felsenkapelle.

Es gibt zwei gute Gründe, noch weiter auf den 275 m hohen Petersberg hinaufzusteigen: erstens kann man unterhalb des Gipfelplateaus einen schönen Ausblick auf das Stadtzentrum mit der Kaiserpfalz (von links nach rechts), der Marktkirche, St. Stephani, der Jacobikirche, der Neuwerk-Kirche und dem Breiten Tor genießen; zweitens trifft man auf der Höhe auf die 1871 freigelegten Mauerreste des 1050 von Heinrich III. gestifteten Chorherrenstiftes St. Peter. Nach der Zerstörung der Kirche im Jahre 1527 wurde die Ruine als Steinbruch genutzt.

Es geht nun auf dem gleichen Weg wieder zum Osterfeld zurück, wo wir dann nach links auf die Schützenallee abbiegen, um allmählich die Stadt zu verlassen. Die Straße steigt leicht an. Vor den Gebäuden des **»Berufsbildungswerkes Goslar«** schwenkt man am Zaun rechts in den Wald ab, quert einen kleinen Graben, begibt sich nach links auf einen asphaltierten Weg und folgt der Markierung grüner Kreis bis zum Waldrand, wo etwa die Grenze zwischen dem Vorland und dem Mittelgebirge Harz verläuft. Bezogen auf die geologischen Verhältnisse bedeutet dies, daß das Alter der Gesteine dort sprunghaft um etwa 285 Millionen Jahre zunimmt. Der Wechsel der geologischen Verhältnisse im Untergrund wird auch durch Änderung des Pflanzenwuchses angezeigt. Auf dem nährstoffarmen Sandstein-Untergrund in den unteren Partien wachsen in einem beträchtlichen Umfang anspruchslose Kiefern. Die älteren Partien sind mit Laubwald bestanden. Am Wegrand werden – leider ohne Beschriftung – Gesteinsblöcke aus der Umgebung gezeigt.

Der Weg endet in Höhe eines Parkplatzes an der Zufahrtsstraße zum Maltermeisterturm. Wir queren Straße und Parkplatz und erreichen nach 400 m den Turm mit seinem Ausflugslokal. Der **Maltermeisterturm** (1 Std.) ist das älteste Gebäude der Übertage-Anlagen auf dem ehemaligen Bergwerksgelände. Wahrscheinlich entstand er um 1300. Der Maltermeister – *Malter* ist ein altes Raummaß für Holz und entspricht etwa zwei Festmetern. Festmetern – war für die Ausgabe und das Maltern des Brandholzes verantwortlich. Wir queren die Zufahrtsstraße zum Turm und benutzen den an der Informationstafel beginnenden Schot-

Wanderung 2: Vom Klusfelsen bis zur Ratsschiefergrube

terweg, der in Serpentinen durch das Blockhalden-Naturschutzgebiet des **Communion-Steinbruches** an Informationstafeln vorbei zum Rammseck hinaufführt. Im Steinbruch wurde früher das Versatzmaterial zur Verfüllung der Hohlräume im Erzbergwerk Rammelsberg gewonnen.

Nach einem Höhengewinn von 200 m ist der 565 m hoch gelegene Aussichtspunkt **Rammseck** (1.30 Std.) erreicht. Die Mühen des Anstieges werden durch die schöne Aussicht auf Goslar, das Harzvorland und auf den Höhepunkt der Wanderung, den 762 m hohen Schalke, belohnt.

Variante: Wer glaubt, schon auf dem Rammseck den Höhepunkt der Wanderung erreicht zu haben, der kann wieder durch das Naturschutzgebiet zum Maltermeisterturm und zum Besichtigungsbergwerk absteigen und sich in die Tiefen des »Roeder-Stollens« begeben.

›Schalke-Fans‹ haben hingegen noch eine Strecke von etwa 7 km bis zum Gipfel vor sich. Sie führt der Weg (23A grüner Kreis im Dreieck) am steilen Oberhang zur Waldschrat-Hütte hinauf. Wir folgen diesem Weg bis zum Ende, biegen nach rechts ab und stehen nach 100 m vor der Hütte am **Sidekum** (2.15 Std.). Die Route verläuft nun weiter durch eine offene Waldlandschaft mit Sicht auf den etwa 15 km entfernten Brocken.

Dabei müssen wir nach dem Aufbruch an der Hütte darauf achten, daß wir in Richtung Hochfläche des Sidekums den linken Weg benutzen (Pfahl mit Wegweiser auf der rechten Seite). Nun beginnt ein sanft ansteigender Höhenweg, der sich nach etwa 1 km weiter oberhalb verzweigt. Wir halten uns an diesem, noch 4,5 km vom Schalke entfernten Punkt rechts (7K grüner Kreis im Dreieck) und bewegen uns nun auf der Wasserscheide zwischen dem Berg- und dem Okertal. Es ist eine offene Waldlandschaft, meistens mit Jungfichten bestanden, so daß wir im Südosten hin und wieder den Brocken sehen oder in das Bergtal hinunterschauen können. An der Wegspinne 3,5 km oberhalb der Gabelung wird der Weg 7K von dem Weg 5K mit dem roten Dreieck als Markierung abgelöst. Der Weg steigt nun stärker zum noch etwa 1,6 km entfernten Schalke an.

Auf dem Gipfel des **Schalke** (3.30 Std.) beherrscht der Brocken die Szenerie am Horizont, aber auch Bruchberg, Acker und Wurmberg sind leicht zu identifizieren. Fast in den Vordergrund gerückt ist das 5 km entfernte Clausthal-Zellerfeld. Ernüchternd wirken dagegen die vierfach eingezäunten militärischen Anlagen auf dem Gipfelplateau.

Der Abstieg erfolgt über eine Asphaltstraße zum **Gasthaus »Auerhahn«** (4 Std., Weg 1F rotes Dreieck), das nach knapp einer halben Stunde erreicht ist. Dieses 1675 erbaute Haus liegt an der »Paßhöhe« der »Alten Harzstraße«, der mittelalterlichen Handelsstraße Goslar – Clausthal – Zellerfeld – Osterode. Es diente ursprünglich dem Herzog von Braunschweig als Jagdhaus, wurde aber bald zu einer Raststätte für die Kutscher und Reisenden von Goslar. Aussteiger haben von hier die Möglichkeit, auf moderne und komfortable Weise mit dem Bus nach Goslar zurückzufahren.

Wir setzen die Wanderung zurück nach Goslar über die »Alte Harzstraße« fort (heute Wandeweg 8D blaues Kreuz), benutzen die B 241 für etwa 150 m in Richtung Goslar und steigen dann in Höhe eines Blockhauses nach links den asphaltierten Weg hinauf. An der Kehre gehen wir geradeaus weiter und passieren eine Schranke. Der Anstieg ist etwa 1 km nach seinem Beginn an der B 241 geschafft. Kurz darauf öffnet sich der Wald. Wir schauen in das Bergtal hinein und sehen auf der gegenüberliegenden Seite unseren Anstiegsweg zum Schalke. Der Weg nähert sich wieder der B 241. Dort passieren wir eine Schranke und hinter dem Scheitelpunkt einer Kurve den Parkplatz »Hohekehl«. Auf unserem Weiterweg halten wir uns hinter dem Freigelände mit den Halden rechts und erreichen nach 800 m das Gelände der **Ratsschiefergrube** (5.15 Std.), wo in Höhe einer Informationstafel ein Blick in das Grubengelände möglich ist. Dort wurde die Dachschiefergewinnung bereits im 14. Jh. aufgenommen. Die Grube wurde vom 16. Jh. bis 1867 vom Rat der Stadt Goslar betrieben. Große Halden umgeben die Grube, denn weniger als ein Zehntel des feinkörnigen Gesteins konnte Verwendung als Dachschiefer finden.

Der Bahnhof Goslar ist von diesem Punkt noch 4 km entfernt. Müde Wanderer können von der Haltestelle »Sennhütte« mit dem Bus nach Goslar zurückfahren. Sie müssen nur noch etwa 800 m den Hang hinuntergehen.

Wenn wir den Weg auf der »Alten Chaussee« fortsetzen, dann müssen wir uns an der Weggabelung links halten, nähern uns schließlich über die B 241 Goslar und können den Weg durch die Innenstadt über die Clausthaler Straße, die Bergstraße, den Marktplatz, die Kornstraße und die Abzucht zum **Parkplatz »Osterfeld«** wählen oder den Bus von einer **Haltestelle** direkt am Ende der »Alten Harzstraße« benutzen.

Ein Bergwerk mit tausendjähriger Geschichte

Der Rammelsberg

Mit der Einstellung der Erzförderung in der im Jahre 1988 geschlossenen Grube Rammelsberg ging ein Kapitel der Bergbaugeschichte zu Ende, das von seiner Dauer her als einzigartig auf der ganzen Welt angesehen werden kann. Über 1000 Jahre bauten Bergleute am Harzrand im Rammelsberg bis in etwa 600 m Tiefe in zwei Lagern Erz ab. Sie förderten insgesamt 28 Millionen Tonnen Erz (Pyrit, Bleiglanz, Zinkblende und Kupferkies) im Werte von zusammen 28 Milliarden DM (umgerechneter Metallwert).

Die bis 500 m langen und bis 40 m mächtigen Erzlinsen befinden sich in den Wissenbacher Schiefern (Alter 393–383 Millionen Jahre). Daß sich der Erzbergbau ein Jahrtausend lang im wesentlichen auf den Rammelsberg konzentrieren konnte, lag an der außerordentlich großen Anreicherung der Erze im Gestein. Bei einem verwertbaren Gesamtmetallgehalt des Erzes von ca. 30% in einem Areal von weniger als 1 km^2 war das die größte Buntmetallkonzentration der Welt.

Es empfiehlt sich, den als Besucherstollen ausgebauten **Roederstollen** am Rammelsberg zu besuchen. Sehenswert sind die berühmten, sehr bunten »Rammelsberger Vitriole«. Sie haben sich in den alten Stollen aus Tropfwässern nach Durchsickerung aus dem stillgelegten Erzabbau abgeschieden. Es sind Abscheidungen aus sulfathaltigen Lösungen vor allem des Kupfers, des Zinks und des Eisens.

Der Namensgeber für den Roederstollen, der Oberbergmeister Christoph Roeder, wirkte 46 Jahre (1764–1810) im Rammelsberger Bergbau und machte sich sehr verdient um dessen Entwicklung. Da das im Betrieb anfallende taube Gestein, das Bergematerial, nicht ausreichte, um die Hohlräume der erschöpften Erzlager zu verfüllen, ließ er am Abhang des Rammelsberges einen Steinbruch anlegen, um Versatz- bzw. Füllmaterial zu gewinnen. Er führte im Erztransport grundlegende Neuerungen ein. Das bis dahin noch am Hang geförderte Erz mußte nach seinen neuen Erkenntnissen nicht gehoben werden, sondern nahm seinen Weg ans Tageslicht durch das Mundloch des Roederstollens am Fuße des Berges.

Aber schon 800 Jahre vor Roeders Wirken wurde am Rammelsberg Erz gefördert. Die offizielle Eröffnung des Erzbergbaus erfolgte im Ausbiß (Erscheinen des unterirdischen Erzganges an der Oberfläche) des »Alten Lagers« unter Kaiser Otto I. im Jahre 968. Nach der Sage soll das erste Erz der Ritter Ramm entdeckt haben, als er sich im Gebiet des Rammelsberges auf der Jagd befand und sein Pferd an einen Baum gebunden hatte, um zu Fuß einen Hirsch verfolgen zu können. Bei seiner Rückkehr mußte er zu seiner Überraschung feststellen, daß sein ungeduldiges Roß an der Oberfläche anstehendes Erz freigescharrt hatte. Natürlich meldete der Ritter den wertvollen Fund seinem Kaiser. Nach näherer Untersuchung stellte sich heraus, daß die entdeckten Erzbrocken in beträchtlichem Umfang Silber enthielten. Daraufhin wurde der Bergbau eröffnet und die Fundstelle zu Ehren ihres Entdeckers Rammelsberg benannt.

Das Vordringen in den Berg war in dieser Region von der Ableitung des auftretenden und die Erzförderung behindernden Grubenwassers, dem »Wasserlösen«, abhängig, um die Grube vor dem Absaufen zu bewahren. Diesem Problem wurde am Rammelsberg durch das Auffahren (Vortreiben) eines sog. Wasserlösungsstollens im Jahre 1150 begegnet. Es entstand der 1000 m lange »Rathstiefste Stollen« (Er ist heute noch befahrbar und an vielen Stellen mit bunten Metallsalzen überkrustet). Er hatte die Aufgabe, an der möglichst tiefsten Stelle des Grubenreviers das eintretende Wasser zu sammeln und an den Bergrand zu führen, wo es aus einem Stollenmundloch austrat. Die Umsetzung dieser genialen Idee erlaubte es den Bergleuten, nun weiter in die Tiefe vorzudringen, ohne vom Grundwassereinbruch bedroht zu werden. Kunstvoll angelegte Wasserführungssysteme verhalfen dem Bergbau im Oberharz gerade im 12. Jh. zur Blüte.

Im Mittelalter besaßen die Regenten die Rechte an den Bergwerken. Gegen Ablieferung eines Zehnten des Ertrages wurden sie an Klöster, Städte und kaufmännische Vereinigungen verliehen.

Die Zeit des Wohlstandes dauerte über 200 Jahre an, bis Heinrich der Löwe im Streit mit Friedrich I. 1180 sämtliche Hütten zerstörte. Im Jahre 1209 wurde der Silbererzabbau wieder aufgenommen. Zu Beginn des 14. Jh. stellten sich zunehmend Probleme in der Ableitung des Grubenwassers ein. Nachdem etwa im Jahre 1455 die Trockenlegung der

Das Mundloch des Roederstollens am Fuß des Rammelsberges

Grubenbaue gelang, begann für rund 70 Jahre (bis 1525) für den Bergbau wiederum eine Blütezeit, von der die Stadt Goslar mit dem Aufstieg zu hohem Wohlstand profitierte. Bis zu 40 000 t Erz wurden in einzelnen Jahren gefördert, eine Produktionsrate, die erst nach 1870 mit wesentlich moderneren Mitteln erreicht werden konnte. Ein im Jahre 1526 ausgebrochener Streit zwischen Goslar und dem Herzoghaus Braunschweig-Wolfenbüttel um den Besitz des Rammelsberges führte zu einer neuen Krise. Während der bis 1552 andauernden Auseinandersetzungen kam die Förderung in den Gruben zeitweilig zum Erliegen.

Von den Wirren des Dreißigjährigen Krieges war die Produktion zunächst nicht betroffen. Sie mußte dann aber wegen Zerstörung der Bergwerksanlagen eingestellt werden. Die Verhältnisse besserten sich erst um 1635. Danach konnte die Förderung auf 9000 bis 12 000 t pro Jahr gehalten werden. Beeinträchtigt wurde sie besonders durch den Mangel an Bergleuten, zumal an der unrentablen und auch ungesunden Methode der Erzgewinnung durch das Feuersetzen (bis 1879, Dynamit kam erst 1867 auf den Markt) festgehalten werden mußte. Beim Feuersetzen wird das zu brechende Gestein durch Feuer erhitzt und mit kaltem Wasser so schnell abgekühlt, daß es reißt und herausgebrochen werden kann.

Welche Verhältnisse im 18. Jh. im Untertagebetrieb des Rammelsberges herrschten, beschrieb später Goethe mit folgenden Stichworten: »Schwarze Höhle – Erleuchtete Kammern – Flammengeprassel – Rauch, Zug, Glut – Funken, Sprühen, Knall. Dumpfes Getöse der springenden Felsen – Zusammenstürzende Flammen – Getös, Hitze«.

Wegen der hohen Festigkeit des Gesteins konnte die Schießarbeit nicht eingeführt werden. Daher mußte man wegen des aufkommenden Holzmangels, bedingt durch Windbruch und Schädlingsbefall, die Förderung einschränken. Sie war im Jahre 1728 auf 6000 t abgesunken.

Viel später wurden neue Verfahren eingeführt, um die Erzgewinnung zu erleichtern und die Förderung zu steigern, z. B. ersetzten Drahtseile die bis in die erste Hälfte des 19. Jh. benutzten und sehr unfallträchtigen Hanfseile. Um 1830 kamen in der Streckenförderung auf Schienen laufende Hunte (Förderwagen) anstelle der bisher verwendeten Karren zum Einsatz. In der Aufbereitung übernahm 1866 der Koks die Rolle der Holzkohle. Bis zur Wende zum 20. Jh. konnte die jährliche Erzförderung auf 60 000 t gesteigert und somit verdreifacht werden.

Der Erste Weltkrieg beeinträchtigte die Förderung kaum. Sie lief aus rüstungstechnischen Gründen uneingeschränkt weiter. In den Jahren der Weltwirtschaftkrise mußten Gruben- und Hüttenbetrieb wegen der drastisch gesunkenen Metallpreise und der zurückgegangenen Nachfrage an Rohstoffen auf die Hälfte ihrer Erzeugung gedrosselt werden. Vom Zweiten Weltkrieg blieb der Betrieb weitgehend verschont und erreichte in den 1950er Jahren mit einer Jahresförderung von 300 000 t seinen Höchststand. Das Ende für die Grube kam 1988. Das noch vorhandene Erz konnte nicht mehr rentabel gewonnen werden.

3

»Kleine Brocken«

Sehenswerte Klippenlandschaft zwischen Goslar und Okerstausee

Die Wanderung führt in eines der bekanntesten und auch schönsten Täler des Harzes, in das Okertal. Im Vordergrund steht die Granitlandschaft mit ihren Klippen und Felsburgen oberhalb der Oker. Aus diesem Grunde müssen Höhenunterschiede bis zu fast 400 m überwunden werden. Die Anstrengungen werden durch schöne Ausblicke über das untere Okertal hinweg in das nördliche Harzvorland belohnt.

WEGVERLAUF: Streckenwanderung. Parkplatz oberhalb Gasthaus »Waldhaus« – Doppelbuche (30 Min.) – Schutzhütte »Okertal« – Treppenstein (30 Min.) – Kästeklippe (45 Min.) – Mausefalle – Romkerhaller Wasserfall (45 Min.) – Gasthaus »Romkerhalle« (15 Min.) – Ahrendsberger Klippen (45 Min.) – Klippenweg – Waldjugendheim Ahrendsberg (30 Min.) – Langes Tal – Okerstausee (30 Min.) – Staumauer – Bushaltestelle »Romkerhalle« (45 Min.)

DAUER: 5.15 Std.

LÄNGE: 18 km

HÖHENANGABEN: zwei Anstiege aus dem Okertal vom Parkplatz südlich von Okertal (240 m NN) bis zur Kästeklippe (605 m NN) = 365 Höhenmeter und von Romkerhalle (340 m NN) zu den Ahrendsberger Klippen (586 m NN) = 250 Höhenmeter

SCHWIERIGKEITSGRAD: Mittel; der steile Anstieg zu den Ahrendsberger Klippen ist beschwerlich.

WEGBESCHAFFENHEIT: Vereinzelte Partien sind Steige, im Bereich der Klippen sind die Steige gesichert.

AUSRÜSTUNG: festes Schuhwerk

WANDERKARTE: TK 1:50000 mit Wanderwegen; Wandern im Westharz (Wanderkarte des Harzklubs e.V.)

WEGMARKIERUNGEN: 6K blaues Dreieck, 23B gelber Kreis, 17L und 17M roter bzw. grüner Kreis, 7E rotes Dreieck

EINKEHRMÖGLICHKEITEN: Gasthaus »Kästehaus«, Mo Ruhetag; Gaststätte »Romkerhalle«

AN- UND ABFAHRT: Anfahrt **mit dem Kfz** von Goslar bzw. Bad Harzburg oder aus dem Süden über die B 498 von Altenau. Rückfahrt **mit dem Bus** von der Okertalsperre möglich.

ANSCHLUSSWANDERUNG: von der Rabenklippe über den Borchersweg und den Rammelsberg nach Goslar

Wanderung 3: Sehenswerte Klippenlandschaft zwischen Goslar und Okerstausee

DER WANDERWEG

Der Ausgangspunkt der Wanderung liegt etwa 150 m oberhalb des **Gasthofes »Waldhaus«**, nach Querung der Oker am Parkplatz (240 m NN) bzw. bei der südlich der Ortschaft Okertal gelegenen Bushaltestelle. Dort begeben wir uns nach links auf den talwärts verlaufenden Forstweg (6K blaues Dreieck) und biegen nach etwa 300 m nach rechts ab auf eine in das Teufelstal, ein Seitental der Oker, führende Forststraße. Sie führt uns durch ein Gelände mit lehmigem Granitblockschutt und Fließerde an den Hängen; die oberen Hangpartien sind dicht mit Blöcken bedeckt. In weiten Kurven zieht die Forststraße den Hang des Hinteren und des Vorderen Ziegenrückens hinauf. Nach der ersten Abzweigung, an der wir rechts abbiegen müssen, halten wir uns bei allen weiteren Abzweigungen bis zur Kehre mit der **Doppelbuche** (30 Min.) auf der linken Seite. Auf den nun folgenden oberen Partien der Ziegenrücken treten die im Untergrund anstehenden Gesteine zutage. Unübersehbar sind die Formen des Granits mit Felsburgen oder Blockhaufen. Sie geben schon einen gewissen Vorgeschmack von den Felsgebilden, die uns auf der Höhe erwarten. Unscheinbarer sind da schon die Kontaktgesteine zum Granit, die Hornfelse, mit kleineren kantigen Blöcken auf dem Vorderen Ziegenrücken. Auf solchem Gesteinsuntergrund gedeiht dann außer dem Fichtenwald auch Laubwald mit zum Teil schönen Buchenbeständen. Die Wegmarkierung ist spärlich und beschränkt sich nur auf die wichtigen Stellen. Wir steigen weiter die Forststraße hinauf, passieren die **Schutzhütte »Okertal«** und ignorieren im anschließenden Kuhschiedental einen nach links abzweigenden Weg zur Käste.

Abstecher: Am folgenden Sporn verlassen wir die Forstraße zu einem Abstecher und benutzen den Weg in Richtung Romkerhalle (3,5 km). Nach dem Queren des Tränketals taucht auf der rechten Seite die Felsburg des **Treppensteins** (1 Std.) auf. Auf gesichertem Steig begeben wir uns zur Aussichtsplattform. Im Norden erstreckt sich quer zum Okertal der Sudmerberg bei Goslar. Aus den bewaldeten Höhen ragt im Südwesten der 670 m hohe Eichenberg heraus.

Wir kehren zur 500 m entfernten Forststraße zurück und steigen nun nach rechts weiter hinauf bis zur Bushaltestelle »Kästeklippe«. Dort sehen wir schon das Kästehaus vor uns liegen. Wir gehen die etwa 200 m auf das Gasthaus zu und steigen unmittelbar davor nach rechts zur **Kästeklippe** (605 m NN, 1.45 Std.) auf. Von den wollsackförmigen Felsen blickt man hinab in das Okertal und auf den am Talausgang gelegenen Ort Oker. Bei guter Sicht ragt aus dem Vorland der Hatliberg bei Vienenburg heraus. Auffälligste Felsform ist das »Gesichtsprofil« der »Alten vom Berge«.

Die Landschaft oberhalb der Oker hat noch weitere »Skulpturen« aus Granit zu bieten. Auf dem Abstieg zum Okertal (23B gelber Kreis) begegnen wir der »Hexenküche«, der **»Mausefalle«,** einem Wackelfelsen mit zerbrechlicher Unterlage, und der »Feigenbaumsklippe« Vor dieser Klippe geht es über einen Pfad nach rechts zu einem Forstweg hinab. Auf ihm verlassen wir das Granitgebiet, was sich an der Oberfläche des bisweilen steilen und schließlich steinigen Pfades durch den Wechsel von einem meist feinkiesigen Belag zur kleinbrockigen Streu der dort anstehenden Sedimentgesteine bemerkbar macht. Auf dem Forstweg angelangt, biegen wir nach rechts ab, gehen unterhalb des Gesteinsaufschlusses (Kieselschiefer) und der Kehre geradeaus weiter und stehen nach etwa 500 m unterhalb der Kehre vor der Fallstufe des **Romkerhaller Wasserfalles** (2.30 Std.). Hier stürzt

Der Romkerhaller Wasserfall im Okertal

das Wasser der Kleinen Romke als künstlicher Wasserfall in ein Becken. Der 50 m hohe Felsen des Wasserfalls besteht aus gefaltetem Kalkstein. Von der Fallstufe führt dann ein Weg nach rechts hinab in das Okertal zum **Gasthaus »Romkerhalle«** (2.45 Std.).

Nach einer Stärkung im Gasthaus wird der fast alpine Anstieg zum Großen Ahrendsberg mit den Ahrendsberger Klippen in Angriff genommen. Wir passieren den Wasserfall und gehen auf das Gebäude des Wasserwerkes zu, wo ein Wegweiser auf den Wanderweg 17L (roter Kreis), einen Pfad, am Hang hinter dem Gebäude hinweist. Wir queren den Bach und steigen in Serpentinen (etwa 60 Höhenmeter) den Hang hinauf, um dann auf einem weniger steilen Wegstück parallel zum Talverlauf etwa 500 m weit in das Große Romkertal hineinzugehen. Nach einer Kehre steigen wir nach rechts etwa 1 km lang den Pfad in vielen Windungen bis zur Basis der Ahrendsberger Klippen hinauf. Vor uns erhebt sich über einem alten Betonfundament eine etwa 10 m hohe Felswand. Vor dieser müssen wir scharf nach links den steilen Hang hochgehen (keine Markierung). Der z. T. unbequeme und steile, bei Regen sicherlich auch rutschige, 400 m lange Pfad führt direkt zur Aussichtsplattform oberhalb der **Ahrendsberger Klippen** (3.30 Std.) und zur Schutzhütte. Die Felsen (586 m NN) bestehen im Gegensatz zu den bisher aufgesuchten Felsformen aus verfestigtem Sedimentgestein. Die Verschnaufpause bietet Gelegenheit, den Ausblick zu genießen. Über dem Romkertal und dem Wasserfall sind auf den gegenüberliegenden Höhen die von uns besuchten Granitklippen zu sehen. Auf der linken Talseite ragen die Höhen des Eichen- und Großen Wiesenberges auf. Von der Hütte vor uns führt der fast horizontal verlaufende **»Klippenweg«** durch Fichtenwald über die Höhen (17L roter Kreis) und nach etwa 300 m als Forststraße zum 2 km entfernten **Waldjugendheim Ahrendsberg** (4 Std.). Das Jugendheim befindet sich in einer Ansammlung verschiedener Laubbäume, unter denen wir hier in einer Höhe um 550 m NN sogar Kastanien antreffen.

Die folgende Wegstrecke zum Okerstausee hat nun die Markierung rotes Dreieck (7E). Wir bleiben noch etwa 300 m auf der Höhe und biegen dann am Verteiler auf die asphaltierte Straße nach rechts ab, die in einer Rechtskurve durch das **Lange Tal** zum **Okerstausee** (4.30 Std.) hinabführt. Auf dem nun beginnenden etwa 1,5 km langen Uferweg auf der rechten Seite erhält man einen Einblick in die Gesteinsverhältnisse im Untergrund. Die Gesteinsabfolge reicht von den 385 Millionen Jahre alten Wissenbacher Schiefern bis zu Kalkbänken mit einem Alter von 360 Millionen Jahren. In Höhe der Staumauer, die 1956 fertiggestellt wurde, kommen wir – leider unvermeidlich – auf die Straße Oker-Altenau, zugleich Deutsche Ferienstraße (B 498). Nach etwa 1,5 km erheben sich gegenüber den Ahrendsberger Klippen die naturgeschützte Rabenklippe und die »Birkenburg«. Die Wanderung endet an der **Bushaltestelle »Romkerhalle«** (5.15 Std.). Dort kann die Rückfahrt angetreten werden.

Die »Alte vom Berge« (Okertal)

4

Pfade zwischen dem Innerste- und dem Granestausee

Wanderung von Wolfshagen nach Lautenthal und zurück

Schnell sind die größten Höhen auf dieser Wanderung erreicht und machen durch einzelne Blicke in das Vorland bewußt, warum der westliche Harz Oberharz genannt wird. Die Routenführung trägt dieser besonderen Landschaftsform mit tiefeingeschnittenen Tälern Rechnung. Von den Höhen über dem Varleybachtal mit dem Granestausee geht es hinab in das Innerste-Tal und zum Schluß wieder in die parkähnliche Umgebung von Wolfshagen.

WEGVERLAUF: Rundwanderung. Parkplatz »Am Krähenbergsloch« – Forstdiensthaus Altarklippen (1 Std.) – Kreuzungspunkt »Rolle« (45 Min.) – Sporn oberhalb Lautenthal (45 Min.) – Laddeken – Rote Klippe (1.15 Std.) – Parkplatz »Am Krähenbergsloch« (1.30 Std.)

DAUER: 5.15 Std.

LÄNGE: 20,5 km

HÖHENANGABEN: keine Anstiege über 200 Höhenmeter

SCHWIERIGKEITSGRAD: mittel; steilere Wegabschnitte von der Höhe nach Lautenthal

WEGBESCHAFFENHEIT: Einzelne Pfade nach Lautenthal können bei hoher Feuchtigkeit rutschig werden, sonst gut.

WANDERKARTE: TK 1:50 000 mit Wanderwegen; Wandern im Westharz (Wanderkarte des Harzklubs e.V.)

WEGMARKIERUNGEN: 2S grünes Dreieck, 2V grünes Kreuz, 2K grüner Balken, 2 T blauer Balken, 3S grünes Dreieck

EINKEHRMÖGLICHKEITEN: in Lautenthal und im »Berghof« am Innerste-Stausee

AN- UND ABFAHRT: Anfahrt **mit dem Kfz** von Goslar über Astfeld. Bei Anreise **mit dem Bus** muß man »Die Meine« bis »Am Borbergsbach« durchgehen.

BESONDERE HINWEISE: Freibäder in Wolfshagen und Lautenthal

DER WANDERWEG

Wolfshagen ist in einer parkartigen Beckenlandschaft gelegen. Die Wanderung beginnt am **Parkplatz »Am Krähenbergsloch«** im Borbergsbachtal in Nachbarschaft des Waldschwimmbades. Dort zweigt der Wanderweg 2S mit dem grünen Dreieck als Pfad durch den Buchenwald ab und steigt direkt von 300 m NN über die Schutzhütte in 357 m bis zur Weggabelung in etwa 380 m an. Dort queren wir eine Forststraße und erreichen nach etwa 100 m einen Wegverteiler, von wo wir der auf der linken Seite abzweigenden Sommerbergstraße folgen. Auf dem Weg durch den Wald passieren wir die Saukötental-Quelle und biegen an der Sommerberghütte nach rechts ab. Es geht nun am Nordhang des Heimberges beständig bergan, bis nach einer Überhöhung von etwa 60 m in Spornlage auf einer Verebnung das **Forstdiensthaus an den Altarklippen** (1 Std.) auf der linken Seite sichtbar wird. Wir steigen zu dem hüttenartigen Gebäude hinauf und sehen nun unter uns die Umgebung von Wolfshagen. Nach dem kurzen Zwischenstopp gehen wir etwa 100 m zu dem Wegverteiler.

Geradeaus weiter führt ein kurzer Anstieg als **Abstecher** über den Sporn zur Blankenburg-Hütte mit einem schönen Ausblick auf den etwa 200 m tiefer gelegenen Granestausee und den am Harzrand gelegenen Ort Astfeld.

Zurück am Verteiler, biegen wir dann auf der Forststraße rechts ab. Nun folgt man durch Laubwald dem grünen Kreuz des Weges 2V am Südosthang des Heimberges, wo wir nach etwa 2 km am »Rolle«-Pavillon rasten und die Landschaft betrachten können.

5 Minuten später ist auf einem Sattel, dem **Kreuzungspunkt »Rolle«** (1.45 Std.) zwischen den Zuflüssen zum Granestausee, und zur Innerste der rechte Talweg (Goldhähnchenweg, 2K grüner Balken) zu wählen. 500 m weiter unterhalb zweigt spitzwinkelig nach links ein Pfad mit dem Hinweis nach Lautenthal ab. Dieser Pfad mündet in eine Forststraße ein, von der wir das noch 2 km entfernte Lautenthal unter uns liegen sehen. Auf dieser Straße steigen wir nach links hinab in das Bischofstal, queren den Bach und verlassen die Straße nach etwa 700 m spitzwinklig nach rechts über einen steileren Pfad. Am Ausgang des Waldes gehen wir nun auf dem Weg in gleicher Höhe bis zu dem Pavillon am **Sporn** (2.30 Std.) zwischen dem Bischofs- und dem Lautental. Nun liegt der Ort Lautenthal unmittelbar vor uns. Unwillkürlich wird die Aufmerksamkeit auf die zum Greifen nahe Kirche des Ortes gelenkt. Es ist die zwischen 1649 und 1659 erbaute Paul-Gerhard-Kirche mit weißem Gemäuer und barockem, schiefergedecktem Helm. Über einen etwa 300 m langen und etwas steileren Pfad kommen wir direkt zur Kirche.

Nach der Besichtigung gelangen wir links am Kircheneingang vorbei zum Marktplatz, wo die Möglichkeit zur Einkehr in eines der in der Nähe befindlichen Gasthäuser genutzt werden sollte. Die Fortsetzung des Weges führt durch die Straße »Bischofsthal«, im 16. und 17. Jh. ursprünglich ein Pilgerpfad zu den Altarklippen am Heimberg. Die Straße trifft direkt auf den Talweg (anfangs 2T, blauer Balken), der sich am Westhang des Bielstein zum Dölbe-Tal durch das Innerstetal hinaufzieht. Wir gehen diesen langen Talbogen aus und gelangen auf die Verbindung zum nächsten Tal, an dessen Ausgang sich die Siedlung Laddeken ausbreitet. Dieser Abschnitt ist von hohem Buchenwald geprägt. In der Höhe des Punktes 303 m NN oberhalb von **Laddeken** queren wir die Straße von Lautenthal nach Wolfshagen und gelangen auf dem zum Innerstetal führenden Wegstück (nach links) in die Talaue. Wir nähern uns aber nicht dem Fluß, sondern gehen parallel zu den Hängen auf den 180 m aufragenden und mit Buchen bewachsenen Ecksberg zu. An der Stelle, an der sich das Tal verengt, tritt das Anstehende (Gesteinsuntergrund in weitgehend ursprünglicher Beschaffenheit) in der **Roten Klippe** (3.45 Std.) zutage. Es sind rote, wegen ihrer zentimetergroßen Löcher an Schweizer Käse erinnernde

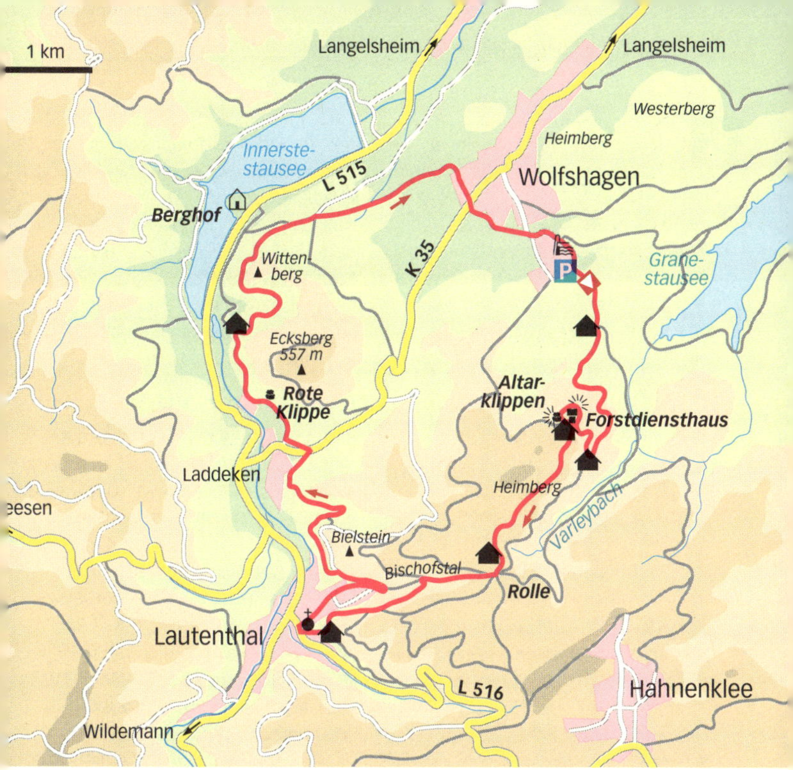

Wanderung 4: Wanderung von Wolfshagen nach Lautenthal und zurück

Felsen. Ein weiterer Anstieg auf einer Forststraße bis zum Schottelius-Platz mit der Mandolinenhütte steht bevor. Lautenthal liegt 5 km hinter uns, Wolfshagen noch etwa 3 km vor uns. Durch einzelne Baumlücken hindurch ist von diesem Platz der Anfang des Innerste-Stausees zu erkennen.

Abstecher: Wer die 400 m entfernte zweite Rote Klippe und den See genauer betrachten und etwas für sein leibliches Wohl tun möchte, muß einen Umweg in Kauf nehmen und über einen steilen Pfad absteigen. Der »Berghof« am See ist noch 1,8 km entfernt (etwa 1,5 km zusätzliche Wegstrecke).

Wir verzichten auf den Abstecher und setzen die Wanderung durch schönen Buchenwald fort, passieren den Wittenberg und biegen an einer Kreuzung nach etwa 2 km zunächst rechts und dann nach etwa 100 m wieder links ab. Der Pfad (3S grünes Dreieck) führt in ein Seitental der Innerste, wo wir den Bach queren. Der Wald löst sich in der Nähe von Wolfshagen in einzelne Parzellen auf. Wir gehen nun nach rechts quer über die Wiesen zum 200 m entfernten Höhenweg, um von dort einen Blick auf das deutlich nähergerückte Wolfshagen und seine attraktive Umgebung zu genießen, und können direkt bis zum Rand des Ortes, wo sich eine Reithalle befindet, durchgehen. Wir wenden uns nach rechts auf die Kreuzallee, queren die Lautenthaler Straße und gelangen schließlich nach 1 km in einem Bogen auf »Am Mauerkamp«. Diese Straße gehen wir nur wenige Meter nach links, dann ist die Talstraße »Am Borbergsbach« zum **Parkplatz »Am Krähenbergsloch«** erreicht, wo am Ziel im Sommer das Waldschwimmbad sicherlich die erwünschte Erfrischung bringt.

5

Stabkirche, Bocksberg und Teiche

Rund um den Luftkurort Hahnenklee im Oberharz

Auf halber Strecke zwischen Goslar und Bad Grund breitet sich in etwa 500 m NN auf der Hochfläche der bekannte Kur- und Wintersportort Hahnenklee aus. Für Abwechslung in der durchweg recht ebenen Landschaft sorgen einzelne kuppenförmig aufragende Höhen, die natürlich als Aussichtsberge prädestiniert sind. In die Wanderung ist der herausragende 727 m hohe Bocksberg mit einbezogen.

i

WEGVERLAUF: Rundwanderung. Parkplatz an der Stabkirche – Bocksberg (45 Min.) – Gasthaus »Auerhahn« (30 Min). – Kreuzeck (15 Min.) – Parkplatz an der Stabkirche (30 Min.)

DAUER: 2 Std.

LÄNGE: 7,5 km

HÖHENANGABEN: weniger als 200 Höhenmeter

SCHWIERIGKEITSGRAD: leicht

WEGBESCHAFFENHEIT: gut

WANDERKARTE: TK 1 : 50 000 mit Wanderwegen; Wandern im Westharz (Wanderkarte des Harzklubs e. V.)

WEGMARKIERUNGEN: 2L grüner Kreis, 8D blaues Kreuz, 1E, 5C grünes Dreieck

EINKEHRMÖGLICHKEITEN: Gasthaus »Bocksberg«, Gasthaus »Auerhahn«, Hotel »Kreuzeck«; Café »Egerland«, Mo Ruhetag

Wanderung 5: Rund um den Luftkurort Hahnenklee im Oberharz

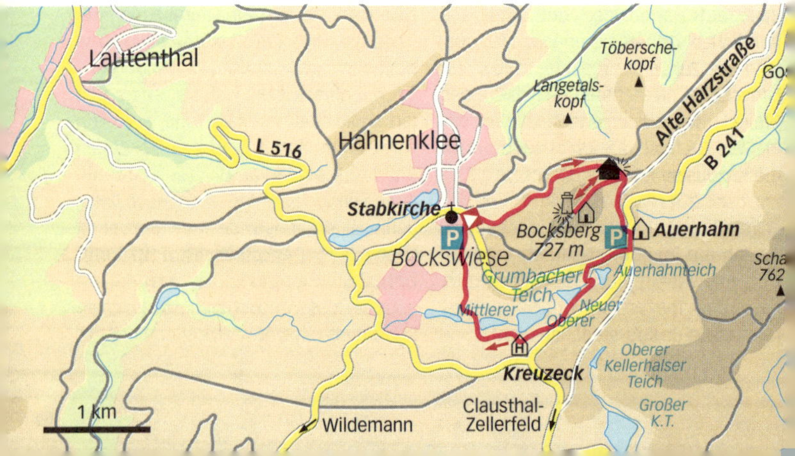

AN- UND ABFAHRT: Mit dem Kfz aus dem Norden über Goslar, aus dem Süden über Osterode bis zum Großparkplatz Hahnenklee. **Mit dem Bus** bis Haltestelle Post. Fahrtzeit von Goslar Bhf. 25 Min., Bad Grund 45 Min., Göttingen 2.15 Std., Rückreise nach Goslar bis 19 Uhr möglich.

ANSCHLUSSWANDERUNG: Weg über Schalke nach Goslar

BESONDERE HINWEISE: Der Gipfel des Bocksberges kann auch mit einer Kabinenbahn erreicht werden.

DER WANDERWEG

Die Wanderung beginnt im Osten von **Hahnenklee**, vom **Parkplatz an der Stabkirche** (560 m NN), die fast genau auf der Wasserscheide zwischen dem nach Norden entwässernden und zum Granestausee aufgestauten Granebach und dem bereits auf der Höhe zu mehreren Teichen aufgestauten Grumbach gelegen ist.

Wir verlassen den Parkplatz an seiner Südostecke und begeben uns auf den »Liebesbankweg« (2L grüner Kreis). Erstes Ziel ist der 1,4 km entfernte Gipfel des Bocksberges. Wir steigen durch Fichtenwald an, der sich nach etwa 1 km öffnet. An Schneisen wird der Blick auf Hahnenklee und über die nördlichen Höhen bis in das Harzvorland frei. Zurückgezogen kann man die Landschaft von der oberhalb des Weges plazierten »Liebesbank« genießen. Die nächste Gelegenheit, sich niederzulassen, ist an der Hütte 50 m vor dem Güterweg auf den Bocksberg gegeben. In der mit Heidelbeeren, Heidekraut und Fichten bestandenen Umgebung kann man über die Höhe hinweg bis in das Harzvorland mit Goslar, Astfeld und Jerstedt schauen.

Auf dem asphaltierten Güterweg biegen wir nach rechts ab und gelangen nach 600 m Anstieg über den »Nordostgrad« (8D blaues Kreuz) schließlich auf den Gipfel des **Bocksberges** (45 Min.). Vom Gipfel kann man das Panorama nur dann genießen, wenn der Zugang zum Aussichtsturm geöffnet ist. Ansonsten ist die Sicht durch Wald versperrt. Eine Entschädigung bietet vielleicht eine Einkehr in das vorhandene Gasthaus.

Wir verlassen den Gipfel wieder auf der asphaltierten Straße und biegen in Höhe der Hütte auf einen Pfad nach rechts ab, der auf der alten, von Goslar nach Clausthal-Zellerfeld führenden Harzstraße endet. Wir wenden uns dort nach rechts und befinden uns bereits nach etwa 200 m an der B 241 und der »Paßhöhe« mit dem **Gasthaus »Auerhahn«** (1.15 Std.). Nun kann man sich entscheiden, ob man eine Rast einlegt oder sofort die Spur des Grumbaches aufnimmt. Auskunft über die Wegführung gibt eine Informationstafel auf dem westlichen Parkplatz.

Der zweite Abschnitt der Wanderung führt nun durch die Teichlandschaft von Hahnenklee. Der Anblick des in eine flachhügelige Umgebung eingebetteten Auerhahnteiches ist ein landschaftlicher Genuß. Von der Tafel begeben wir uns nach rechts auf den am Südosthang des Bocksberges verlaufenden Weg 1E. Bereits 400 m hinter dem Parkplatz steigen wir, dem grünen Dreieck (5C) folgend, in das Grumbacher Tal hinab. Wie bei einer Perlenkette reihen sich nun im Nadelwald verborgene Teiche aneinander. Sie begleiten uns fortan auf der rechten Seite auf dem Weg durch das Tal. In der Höhe des Hotels **»Kreuzeck«** (1.30 Std.) halten wir uns rechts, gehen am Zaun entlang und stoßen schließlich auf den Zugang zum Oberen Grumbacher Teich und zum Café Egerland. Dort biegen wir nach links ab in den Wald, bis wir die Staumauer des Mittleren Grumbacher

Die Stabkirche in Hahnenklee

Teiches erreicht haben, begeben uns über die Staumauer auf die andere Talseite und folgen nun dem blauen Kreuz als Wegmarkierung. Jenseits der Mauer beginnt im Wald ein heimatkundlicher Pfad bis nach Hahnenklee. Wir passieren auf dem Weg aus dem Tal nach Hahnenklee die Überreste des ursprünglich 6000 m langen Bockswieser Grabens. Er wurde im Jahre 1609 angelegt und führte Wasser aus dem Oberen Kellerhalser Teich. Wir setzen den Anstieg fort. Weiter oberhalb begleitet uns ein verfallener Graben. In der Höhe des Pumpwerks verzweigt sich der Weg. Geradeaus gelangen wir direkt zum **Parkplatz** (2 Std.). Geht man nach links am Sportplatz vorbei, trifft man nach 150 m auf die über die Grenzen des Harzes hinaus bekannte Stabkirche.

AM WEGE

Hahnenklee: Obwohl der jetzige Kurort nicht zu den im 16. Jh. gegründeten Bergbausiedlungen im Oberharz gehört, waren die Suche und die Bergung von Schätzen aus der Tiefe die Ursache für seine Gründung, denn die erzhaltigen Gänge erstreckten sich auch durch dieses als Oberharzer Gangrevier bezeichnete Gebiet. War es nach der Sage am Rammelsberg noch ein Pferd, das durch sein Scharren Erz freilegte und der Stadt Goslar Wohlstand verschaffte, so soll die Entstehung von Hahnenklee auf einen Hahn zurückzuführen sein, der etwa 200 Jahre später (im 12. Jh.) zufälligerweise Erz freischarrte. Die Anfänge reichen also bis weit in das Mittelalter zurück. Es ist sicher, daß bereits im 13. Jh. in diesem Raum Erze abgebaut wurden. Erstmals erwähnt wird im Jahre 1548 der Hahnenklee-Stollen im Granetal. Nach vorübergehendem Stillstand wurde der Bergbau mit der Förderung von Zinkblende, Bleiglanz und Kupferkies im Jahre 1561 wiederaufgenommen. Der Abbau kam endgültig zu Beginn des 19. Jh. zum Erliegen. Im Bereich von Bockswiese dauerten die bergbaulichen Aktivitäten nach silberreichen Bleierzen bis zum Jahre 1930 an. Seit 1882 ist schon nicht mehr der Bergbau der Grund, Hahnenklee aufzusuchen, sondern eine ausgedehnte Waldkulisse im Schatten des Bocksberges. Allerdings sollten bei einem Besuch nicht die Hinterlassenschaften des Bergbaus mit seinem Graben- und Teichsystem ignoriert werden. So ist es nicht verwunderlich, daß seit Ende des vergangenen Jahrhunderts der Fremdenverkehr als Erwerbszweig im Vordergrund steht. Hauptattraktion des Ortes ist die nach dem schwedischen König benannte Gustav-Adolf-Kirche, die einzige im nordischen Baustil errichtete Stabkirche in Deutschland. Sie besteht seit dem Jahre 1908.

6

Geheimnisvolle Kalksteinlandschaft um Bad Grund

Kalksteinhöhlen und Bergbau in der Umgebung des Kurortes im Südwestharz

Diese Wanderung hat auch bei Regenwetter ihre Reize. In den Wäldern leuchtet das Grün feuchter Moose besonders intensiv, und auch die Tallandschaft der Innerste büßt dabei nichts von ihrer Schönheit ein. Der Besuch einer Tropfsteinhöhle und eines Bergwerkes runden die Wanderung ab.

WEGVERLAUF: Rundwanderung. Parkplatz Iberg – Iberger Tropfsteinhöhle (1 Std.) – Iberger Albert-Turm (30 Min.) – Spinne – Hasenberg – Wildemann (45 Min.) – Schweinebraten – Parkplatz Iberg (45 Min.)

DAUER: 2 Std. (mit Höhlenbesuch 3 Std.)

LÄNGE: 6,4 km

HÖHENANGABEN: weniger als 200 Höhenmeter

SCHWIERIGKEITSGRAD: leicht

WEGBESCHAFFENHEIT: meistens Forstwege

WANDERKARTE: TK 1:50 000 mit Wanderwegen; Wandern im Westharz (Wanderkarte des Harzklubs e.V.)

WEGMARKIERUNGEN: 7B grünes Dreieck, 5A blaues Kreuz

EINKEHRMÖGLICHKEITEN: Gasthaus auf dem Iberg: im Sommer außer Fr von 10–18 Uhr geöffnet, ab November nur Sa und So 10–18 Uhr; in Wildemann

AN- UND ABFAHRT: Mit dem Kfz von Bad Grund bis zum Höhlen-Parkplatz am Iberg

ANSCHLUSSWANDERUNG: Abstecher zum Hübichenstein

BESONDERE HINWEISE: Besuch des 19-Lachter-Stollen in Wildemann. In der Iberger Tropfsteinhöhle findet im Sommer die letzte Führung um 16.30 Uhr (Nov.–März 15.30 Uhr) statt. Im Gebiet des Iberges besteht Lebensgefahr im Bereich der alten Schächte, deshalb bitte die Wege nicht verlassen.

DER WANDERWEG

Ausgangspunkt ist der **Parkplatz** am Südosthang des Iberges. Mit dem Verlassen des Parkplatzes begibt man sich in ein altes Bergbaugelände, wo seit dem Mittelalter nach Eisenerz gegraben wurde. Halden, verstürzte Schächte (Pingen) und Hohlwege künden noch von den damaligen Aktivitäten. Zunächst steht ein Besuch der **Iberger Tropfsteinhöhle** (1 Std.) auf unserem Plan. Sie ist die einzige derartige Höhle im Oberharz und wurde im 16. Jh. von Bergleuten entdeckt.

Nach dem Besuch führt die Route auf den Iberg. 100 m oberhalb des Höhlenausganges muß man vor einem großen Schild nach links auf den A.-Bosche-Steig abbiegen.

Der Iberg wird seinen Namen nach den früher auf seinen Hängen wachsenden Eiben erhalten haben. Heute ist er mit Buchenwald bestanden. Auf dem Boden breitet sich die typische Krautschicht eines kalkhaltigen Untergrundes aus, bestehend aus Waldbingelkraut *(Mercurialis perennis)*, Waldmeister *(Asperula odorata)*, Salomonssiegel *(Polygonatum odoratum)* und Maiglöckchen *(Convallaria majalis)*. Fast im Gipfelbereich weist ein Wegweiser auf Gletschertöpfe hin. An der Entstehung dieser Hohlformen waren nie Gletscher beteiligt, sondern nur das Regenwasser. Sie sehen bestenfalls bei viel Phantasie so aus, als seien sie das Ergebnis der Arbeit des fließenden Wassers mit seiner Sedimentfracht.

Iberger Tropfsteinhöhle

Auf dem Gipfel des Iberges (562,9 m NN) angekommen, sollte man zur besseren Aussicht auf den **Iberger Albert-Turm** (1.30 Std.) steigen. Im Süden zwängt sich Bad Grund in das Tal des Schlungwassers. Quer dazu ragen die Höhen des Harzvorlandes mit den Gipsbrüchen bei Osterode auf.

Nach der Besteigung des Turmes kann man auf einem 1,5 km langen Wald-Quiz-Pfad seine botanischen Kenntnisse erweitern und anschließend in der Waldgaststätte seinen Durst löschen. Dieses Haus verlassen wir nach rechts und begeben uns dann, nach links abbiegend, auf die Forststraße (Turmweg). Sie führt durch Fichtenwald zum Sattel zwischen Iberg und Hasenberg, zur **»Spinne«** (540 m NN). Trotz des recht freien Geländes ist nur ein Ausblick nach Westen möglich. Hinter der Spinne geht es über einen Forstweg geradeaus weiter und bergan über den **Hasenberg** (574 m ü. NN). Am Ende dieses Weges, etwa 400 m hinter dem Gipfel (Moltkes Warte), biegen wir rechts ab (5A blaues Kreuz). Der Weg verläuft nun über einen 2 km langen Sporn mit den Etappen Tillyschanze und Köppelplatz nach Wildemann. Es geht durch Jungfichtenwald.

Nach der Querung des Köppelplatzes begleiten geradeaus durch den Wald führende Hohlwege den Weg. An der Gabelung kurz vor dem Verlassen des Waldes wählt man den linken Weg. Nach Norden wird nun die Sicht frei in das Innerste-Tal. Auf dem letzten Teil des Sporns, dem Gallenberg, umgibt uns eine reizvolle Berglandschaft, in die sich die Innerste mit ihren Mäanderbögen tief eingeschnitten hat. Die letzten 500 m des Weges bis zum Abstieg zur Kirche von **Wildemann** (2.15 Std.) verlaufen auf einem Wiesenpfad. Wir verlassen den Gallenberg über seinen östlichen Rand, indem wir über eine Treppe zur Kirche und zum Kirchweg hinabsteigen. Hier müssen wir uns nach rechts wenden, um auf den Bohl-

Wanderung 6: Kalksteinhöhlen und Bergbau in der Umgebung des Kurortes im Südwestharz

weg zu gelangen, der in Höhe des »19-Lachter«-Stollens im Tal endet. Es ist die zweite Gelegenheit, die Tiefen eines Berges aufzusuchen.

Auf dem Rückweg zum Iberg folgen wir dem Lauf der Innerste über die Clausthaler Straße bis in Höhe der Bushaltestelle am Ausgang des Gittelschen Tales. Vor der Brücke (7B grünes Dreieck) biegen wir rechts ab und passieren eine Kneipp-Einrichtung; nun geht es auf einer leicht ansteigenden Forststraße durch den hohen Fichtenwald des Bärenhöhlentals in Richtung Kreuzungspunkt »Schweinebraten«. Dabei müssen wir rund 110 m Höhenmeter überwinden. 400 m nach dem Verlassen des Innerste-Tals bleiben wir auf der Forststraße, biegen nach links ab und queren den Bach. Wir queren den Platz **»Schweinebraten«** (500 m NN) und benutzen den rechts neben der Asphaltstraße abzweigenden Pfad, der, begleitet von Hohlwegen, an einem Zaun entlang durch ein Tälchen zum **Parkplatz** (3 Std.) führt.

AM WEGE

Bad Grund und Iberger Bergbau: Der Iberger Bergbau war einer der ältesten im Westharz. Man geht davon aus, daß das Tal von Grund seit 900–1000 n. Chr. besiedelt gewesen ist. Die sogenannte Fünftälerstadt Bad Grund wird namentlich 1317 zum ersten Mal als Waldarbeitersiedlung urkundlich erwähnt und entwickelte sich vom 15. bis 16. Jh. durch die Förderung der Herzogin von Braunschweig-Wolfenbüttel (etwa 1434–1522), ihres Enkels Herzog Heinrich des Jüngeren (um 1489–1568) und dessen Sohn Herzog Julius (1528–1589) zum Bergbau- und Hüttenstandort »Im Grunde« . 1532 erhielt Grund die Stadtrechte. Es blieb nicht von der Not und dem Elend, die der Dreißigjährige Krieg mit sich brachte, verschont. In den Jahren 1626 und 1631 wurde es von den plündernden und brandschatzenden kaiserlichen Truppen heimgesucht. Die Folge war eine weitgehende Verarmung und Stagnation des Bergbaus. Daß sich Grund von der Krise wieder erholte, belegt die Erwähnung von 60 Eigenlehnbetrieben des Eisenerzbergbaus im Jahre 1729. Nach der zweiten Wiederaufnahme der Grube »Hülfe Gottes« am Todtemann 1831 setzte eine alllmähliche Aufwärtsentwicklung ein. Sie förderte seit 1839 bis zu ihrer Stillegung 1992 ununterbrochen Blei-Zink-Erze. 1855 wurde der Kurbadebetrieb aufgenommen.

7

Im Land der Teiche

Rund um die alte Bergbau- und Universitätsstadt Clausthal-Zellerfeld

In kaum einem deutschen Gebirge wird man so viele Teiche auf der Höhe antreffen wie in der Umgebung von Clausthal-Zellerfeld. Im Gegensatz zu den Karpfenteichen im Hochwesterwald oder im nördlichen Steigerwald sind sie Überreste der Bergbau-Epoche des moorreichen, aber seearmen Harzes. Die Wanderung stellt diese von Menschen geschaffene Teichlandschaft vor.

i

WEGVERLAUF: Rundwanderung. Clausthal, Marktkirche – Universität, Geologisches Institut – Zechenhaus Dorothee (45 Min.) – Hirschler Teich (15 Min.) – »Pixhaier Mühle« (45 Min.) – Hasenbacher Teich (30 Min.) – Gasthaus »Untere Innerste« (1.15 Std.) – Clausthal, Marktkirche (45 Min.)

DAUER: 4.15 Std.

LÄNGE: 15,8 km

HÖHENANGABEN: keine besonderen Höhenunterschiede

SCHWIERIGKEITSGRAD: mittel; steiler Anstieg aus dem Innerstetal

WEGBESCHAFFENHEIT: gut

AUSRÜSTUNG: Lupe für die Betrachtung der Gesteine

WANDERKARTE: TK 1:50 000 mit Wanderwegen; Wandern im Westharz (Wanderkarte des Harzklubs e. V.)

WEGMARKIERUNGEN: 9A blauer Balken, 70 grüner Kreis, 10J blaues Dreieck, 10Q blauer Balken, 10T rotes Kreuz, 2C rotes Dreieck

EINKEHRMÖGLICHKEITEN: Waldhotel »Pixhaier Mühle«, Gasthof »Untere Innerste«

AN- UND ABFAHRT: Mit dem Bus 45 Min. Fahrt von Goslar, 45 Min. von Osterode und 30 Min. von Bad Grund. Hinfahrten werktags um 7 Uhr, Rückfahrten um 19 Uhr möglich, So und feiertags Hinfahrt 1–2 Std. später. Kfz-Anfahrt aus dem Norden über Goslar und aus dem Süden über Osterode.

BESONDERE HINWEISE: Besuche der Sammlung »Harzgeologie« im Institut für Geologie und Paläontologie der Technischen Universität Clausthal und des Oberharzer Bergbaumuseums sind zu empfehlen.

DER WANDERWEG

Der Wanderweg beginnt an der **Marktkirche** von **Clausthal.** Die Route führt nach Südosten, der Markierung (9A blauer Balken) folgend, über die Schulstraße und Leibnitzstraße durch das Hochschulgebiet zum **Geologischen Institut** an der Arnold-Sommerfeld-Straße, wo sich vor dem Institut ein im Jahre 1971 angelegter Gesteinslehrpfad befindet. Dort können die wichtigsten Gesteine des Westharzes in Form großer Blöcke studiert werden. Wir setzen die Wanderung über die Arnold-Sommerfeld-Straße und einen anschließenden Pfad zur B 242 fort und erreichen nach etwa 50 m einen mit alten Ahornbäumen gesäumten Pfad. Wir biegen nach links ab und bewegen uns parallel zur Bundesstraße über ein altes Bergwerksgelände. Wie man auf den Schautafeln erfahren kann, wurde hier vom 17.–19. Jh. Erz aus einer Tiefe bis zu 720 m gefördert. Nach etwa 1 km endet dieser Pfad an der K 39. Wir queren die Straße, gehen 80 m nach rechts und biegen nach links auf das Gelände mit dem **Zechenhaus Dorothee** (45 Min.) ab. Vor dem Universitätssportplatz biegen wir rechts ab und passieren das Waldgelände zum **Hirschler-Teich** (1 Std.). Damit begeben wir uns in das Gebiet der Teiche, die die Stadt Clausthal-Zellerfeld umsäumen, und haben direkt einen der größten vor uns. Von der Staumauer begeben wir uns nach rechts (70 grüner Kreis) in den Wald. Nach etwa 300 m endet der zum Teil wurzelreiche Pfad an der B 242. Wir queren die Bundesstraße und legen auf der asphaltierten Straße nach Buntenbock 800 m bis in die Höhe des Nassewieser Teiches zurück, wo wir nach rechts abbiegen, um an einem Campingplatz vorbei zum Pixhaier Teich zu gelangen (Markierung 10J blaues Dreieck). Unterhalb der Staumauer, wo wir an einer Gabelung den linken Weg beschreiten, gelangen wir nach etwa 300 m zum Waldrestaurant und Hotel **»Pixhaier Mühle«** (1.45 Std.). Wir befinden uns hier fast im Quellgebiet der Innerste. Sie und ihre

Wanderung 7: Rund um die alte Bergbau- und Universitätsstadt Clausthal-Zellerfeld

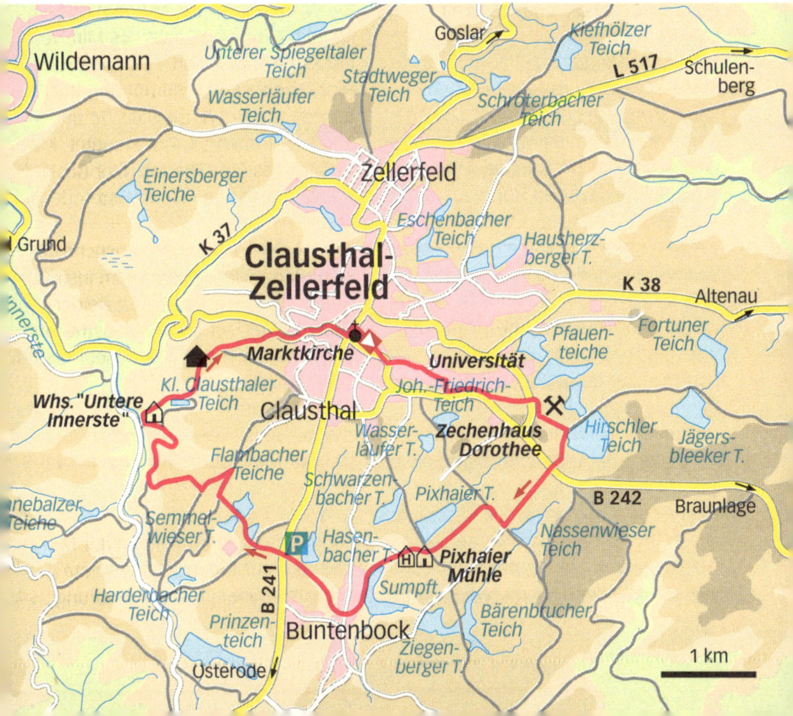

Die Marktkirche »Zum Heiligen Geist« in Clausthal-Zellerfeld

Zuflüsse füllen die Teiche, die bis ins 19. Jh. dem Betrieb bergbaulicher Einrichtungen dienten. Am Westufer des Sumpfteiches führt nun die Route durch eine Wiesenlandschaft über den Pixhaier Weg nach Buntenbock, vormals eine kleine Gemeinde, nun 650 Einwohner zählender südlicher Ortsteil von Clausthal-Zellerfeld. In der Mitte des Luftkurortes endet der Pixhaier Weg an der Hauptstraße, dem Mittelweg. Wir biegen nach rechts ab und gehen an der Kirche vorbei zum Hasenbacher Weg. In Höhe des letzten Hauses wird an einer Eiche darauf hingewiesen, daß der Weg 10Q (blauer Balken) als Pfad über die Wiesenlandschaft rechts an einer Baumgruppe vorbei zum **Hasenbacher Teich** (2.15 Std.) führt. Dort steigen wir bis zum Parkplatz an der B 241 auf, queren die Bundesstraße, gehen 30 m nach rechts und betreten nach links den Waldweg bzw. Pfad zum Semmelwieser Teich. Dort umgibt uns eine ungewöhnlich stimmungsvolle Seenlandschaft im Fichtenwald. Wir setzen den Weg über den Staudamm des Teiches fort und gelangen nach etwa 300 m zu dem im Jahre 1701 angelegten Oberen Flambacher Teich. Unter uns taucht beim Queren des Staudammes auch der Untere Teich auf. Wir verschwinden wiederum im Fichtenwald und dringen über einen zum Teil schlechten Waldweg bis zur 250 m entfernten Forststraße vor. Wegen der fehlenden Markierung und des nicht auffindbaren Waldweges nehmen wir einen Umweg über die Forststraße in Kauf und biegen nach rechts ab. Nach etwa 400 m verlassen wir die Straße spitzwinklig über einen Forstweg (10T rotes Kreuz) nach links und erreichen nach etwa 450 m wieder den Weg 10Q, wo wir nach rechts abbiegen. Der stellenweise stark vernäßte Waldweg führt hinab zum Innerstetal auf eine Forststraße, auf der wir rechts abbiegend die fast 2 km lange Strecke bis zum **Gasthof »Untere Innerste«** 3.30 Std.) zurücklegen. Hier sind wir nun am tiefsten Punkt unserer Wanderung angelangt und müssen auf dem Rückweg zum Ziel in Clausthal-Zellerfeld einen Höhenunterschied von etwa 100 m überwinden. Wir folgen dem Weg 2C mit rotem Dreieck als Markierung und steigen in einem Seitental der Innerste bis zum Kleinen Clausthaler Teich an. Dort führt uns ein steiler Anstieg auf der linken Seite auf die Höhen zu einer idyllischen mit Jungfichten und Birken bestandenen Heidelandschaft. Der Anstieg endet an einer Forststraße. Wir biegen nach rechts ab und erreichen, indem wir uns an der folgenden Gabelung links halten, nach etwa 1 km den Stadtrand. Über die Sorge- und Silberstraße gelangen wir wieder zurück zur **Marktkirche.**

AM WEGE

Clausthal-Zellerfeld: Mit einem Aufenthalt in der einzigen Universitätsstadt des Harzes ist die günstige Gelegenheit geboten, sich über den geologischen und geographischen Werdegang des Harzes zu informieren. So bietet das **Institut für Geologie und Paläontologie der Technischen Universität Clausthal** in seiner Sammlung »Harzgeologie« eine Fülle von Anschauungsmaterial zu den Gesteinen, den Vererzungen und den Fossilien des Harzes.

Einen umfassenden Überblick über den Harzer Erzbergbau vom Mittelalter bis zum Ausgang des 19. Jh. erhält man im 1892 gegründeten **Oberharzer Bergwerksmuseum.**

Wenn auch die beiden Bergbauorte Clausthal und Zellerfeld erst im 16. Jh. gegründet wurden, so waren doch Mönche schon viel früher Wegbereiter für die spätere Stadtgründung. Sie begannen bereits im 13. Jh. mit dem Bergbau. Der Ursprung der heute rund 16 000 Einwohner zählenden Universitätsstadt geht auf die Gründungszeit der Freien Bergstädte im 16. Jh. zurück: Zellerfeld besteht seit 1532 und Clausthal seit 1554. Der Name Clausthal-Zellerfeld existiert seit der Zusammenlegung im Jahre 1924.

1775 wurde die Bergakademie gegründet, aus der später die Technische Hochschule und schließlich die Technische Universität hervorgingen. Etwa 4000 Studenten studieren hier Bergbau und Geowissenschaften.

Überragendes Gebäude der Stadt ist die Marktkirche »Zum Heiligen Geist«, zugleich mit 2200 Sitzplätzen der größte hölzerne Sakralbau Deutschlands. Sie wurde 1642 geweiht. Einen ersten Kirchenbau hatten die Clausthaler Bürger bereits 1573 fertiggestellt. Wegen Baufälligkeit mußte diese Kirche aber schon nach 40 Jahren wieder abgerissen werden. Die späte Vollendung des Bauwerkes gegen Ende des Dreißigjährigen Krieges ist mit der während der Kriegsjahre in Clausthal wütenden Pest zu erklären. Allein im Jahre 1625 fielen dieser Seuche 1350 Clausthaler zum Opfer.

Der Semmelwieser Teich bei Buntenbock

8

Vom Butterberg zum Burgberg

Wanderung durch die Erdgeschichte um Bad Harzburg

Der Burgberg ist ein beliebtes Ziel bei Ausflüglern, da man ihn bequem mit der Seilbahn erreichen kann. Auf dieser Wanderung wird er zwar auch aufgesucht, aber erst zum Schluß. Unser Weg führt vom Altertum der erdgeschichtlichen Entwicklung des Harzraumes zum Mittelalter der menschlichen Geschichte. Folgerichtig führt ein Abstieg oder eine Fahrt mit der Seilbahn zurück in die Aktualität von Bad Harzburg.

i

WEGVERLAUF: Rundwanderung. Harzburg, Bahnhof – Schützenstraße – Butterberg (30 Min.) – Wolfsklippen – Kattnäse (1.30 Std.) – Rabenklippen (45 Min.) – »Tiefe Kohlstelle« – Burgberg (1.15 Std.) – Herzog-Wilhelm-straße – Harzburg, Bahnhof (30 Min.)

DAUER: 4.30 Std.; 4 Std. bei Abstieg über Radaufall

LÄNGE: 16,5 (15) km

HÖHENANGABEN: 260 Höhenmeter sind im Übergang vom Harzvorland zum Harz, vom Wolfstein (330 m NN) zum Mittelberg (590 m NN) zu überwinden.

SCHWIERIGKEITSGRAD: mittel; steiler Anstieg vom Harzrand

WEGBESCHAFFENHEIT: gut, einzelne Pfade bei feuchtem Wetter rutschig

WANDERKARTE: TK 1:50 000 mit Wanderwegen; Wandern im Mittleren bzw. Westharz (Wanderkarte des Harzklubs e.V.)

WEGMARKIERUNGEN: 50D blauer Kreis, 20F grünes Dreieck, 20E grüner Balken, 20A rotes Kreuz, 23J roter Balken, 19B blauer Kreis im Dreieck (Kaiserweg); alternativer Abstieg nach Bad Harzburg: 19C blauer Kreis im Dreieck, 19D rotes Kreuz, 12A grünes Dreieck

EINKEHRMÖGLICHKEITEN: Wirtshaus »Rabenklippe«; Wirtshaus »Burgberg«, Mo Ruhetag, außer an Feiertagen

AN- UND ABFAHRT: Anfahrt **mit dem Kfz** aus Richtung Braunschweig und Hannover über die A395

DER WANDERWEG

Vom **Bahnhof Harzburg** (240 m NN) steuern wir über die Herzog-Julius-Straße das erste Ziel, den Butterberg, an. Hinter der Autostraßen-Überführung (B4) führt die links abbiegende Schützenstraße direkt auf den Harzburger Rundweg. Etwa 200 m nach dem Ende der Straße biegen wir rechts ab. Wir bewegen uns parallel zum Verlauf

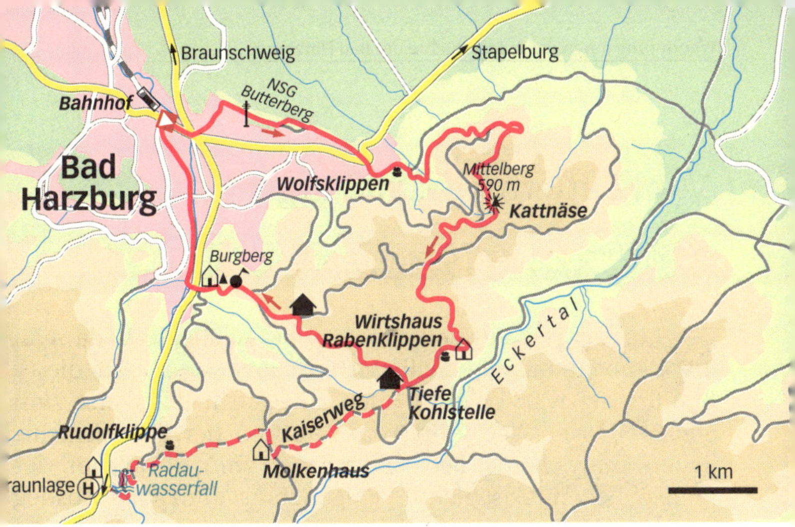

Wanderung 8: Durch die Erdgeschichte um Bad Harzburg

des 320 m hohen Bergrückens des **Butterberges** (30 Min.). Sein Areal ist wegen seiner besonders wertvollen Flora (Trockenrasen auf Kalk) als Naturschutzgebiet ausgewiesen. Deshalb darf der Weg nicht verlassen werden. Wir passieren den Fernsehumsetzer und gehen noch etwa 100 m nach links auf den Wald und das Schild »Naturschutzgebiet« zu. Auf einem Pfad steigen wir auf den Kamm und wenden uns dort nach rechts. Das Innenleben des Berges ist nicht weniger interessant. Seine aus konglomeratischem Sandstein, Kalksandstein und Mergeln bestehenden Schichten stehen steil. Sie sind die Produkte des letzten Meeresvorstosses aus dem Norden vor 84 Millionen Jahren (Santon, Oberkreide). Die Herkunft der Gesteine aus dem Meeresraum belegen ausgefüllte dicke Wurmröhren als Lebensspuren. Die Schräglage der Gesteinsabfolgen wird durch den Aufstieg der Harzscholle in der jüngeren Erdgeschichte erklärt. Bei dieser Bewegung wurden die ursprünglich horizontalen Schichten von der sich hebenden Harzscholle mitgeschleppt.

Nachdem wir das Naturschutzgebiet und den Höhenweg verlassen haben, queren wir die Ilsenburger Straße und erreichen über den Ilsenburger Stieg an den **Wolfsklippen** vorbei – hier ist das gleiche Gestein (etwa 100 Millionen Jahre) aufgeschlossen wie am Butterberg – den Harzrand. Hinter den letzten Häusern führt nun in Serpentinen der Weg 20F (grünes Dreieck) als Wartenbergstraße steil ansteigend von 330 m NN auf den 590 m hohen Mittelberg. Etwa 1,5 km nach Beginn des Anstiegs verlassen wir im Scheitelpunkt der Kehre oberhalb des Weißbachtales den markierten Wanderweg und wenden uns nach links auf die zum Gipfel des Mittelberges führende Forststraße. Der **590 m hohe Mittelberg** ist mit einer Aussicht auf das etwa 350 m tiefer gelegene Bad Harzburg und den Quarzitklippen der **Kattnäse** (2 Std.) der höchste Punkt der Wanderung. Die Klippen bestehen aus Ilsenburgquarzit. Dieses ist die nordöstliche Fortsetzung des durch den Brockengranit unterbrochenen Acker-Bruchbergquarzites. Diese Quarzite gehören zu einem 300 km langen Gesteinszug, der sich, ausgehend vom Flechtinger Höhenzug bei Magdeburg (Gommernquarzit), über den Harz mit Unterbrechungen bis in den Südwesten im Rheinischen Schiefergebirge bei Marburg als Hörre-Kellerwaldquarzit verfolgen läßt. Das unterkarbonische Gestein (345–357 Millionen Jahre alt) ist feinkörnig und hellfarbig.

Wir setzen den Weg über die Höhen fort und treffen nach 400 m wieder auf den Weg 20F (grünes Dreieck), an dessen Endpunkt sich das Wirtshaus »Rabenklippe« mit den Granitklippen befindet. Auf der Höhe mündet der Weg westlich des Uhlenkopfes in den Höhenweg 20E (grüner Balken). Wir wandern auf diesem noch etwa 150 m weiter und biegen dann nach links hinunter zum

Bad Harzburg: Seilbahn auf den Burgberg

Wirthaus und zu den Klippen ab. Schon an der Form der Felsburg erkennt man, daß hier Granit ansteht. Die **Rabenklippen** (2.45 Std.), die über dem Eckertal aufragen, bestehen aus dem hellroten Ilsesteingranit, der die nördlichste Varietät des Brockengranits darstellt. Gut zu erkennen ist die Blockverwitterung des Granits. Die Rabenklippen sind beliebte Kletterfelsen. Hier wird auch der Blick zum Brocken freigegeben.

Wir setzen die Wanderung nun am Oberrand des 300 m tief eingeschnittenen Eckertales bis zur **Tiefen Kohlstelle** fort (20A rotes Kreuz). Dort bieten sich zwei Möglichkeiten an, die Wanderung abzuschließen:

1. Überwiegt das historische Interesse gegenüber dem geologischen, dann wird der Kaiserweg in Richtung **Burgberg** gewählt (Markierung siehe Karte). Wir biegen am Wegekreuz Tiefe Kohlstelle nach rechts ab, um am Oberrand des »Kalten Tales« durch einen Wald mit Buchen, Eichen und Fichten zum Burgberg und damit zur Harzburg zu gelangen. Dabei passieren wir das Wegkreuz »Säperstelle« (Schutzhütte). Auf dem Gipfel des Burgberges (4 Std.) laden die Überreste der Harzburg mit Burgbrunnen, die an den Bußgang Heinrichs IV. erinnernde Canossa-Säule und das Uhland-Denkmal ein. Als Abstiegshilfe kann man hier die Seilbahn benutzen.
2. Bei einem Abstieg über den Radaufall benutzen wir den Kaiserweg (19C blauer Kreis im Dreieck) über die Höhen zum **Molkenhaus** und biegen dort in Höhe der Bushaltestelle nach links ab auf den Weg 19D (rotes Kreuz). Er führt über eine Forststraße. An ihrer Abzweigung nach links gehen wir geradeaus weiter und gelangen zu der auf der rechten Seite befindlichen **Rudolfklippe.** Nach diesem kleinen Abstecher beginnt allmählich der Abstieg zum Radautal mit dem Wasserfall. Im Buchenwald des Winterberges führt nun der Weg um eine Klippe herum und hinab zur Forststraße (12A grünes Dreieck). Dort wenden wir uns nach rechts und müssen unmittelbar darauf nach links in den Wald hinabsteigen. In Serpentinen erreichen wir den Talweg mit dem nach rechts zum Wasserfall führenden Graben. 400 m weiter talauswärts stürzt dann das Wasser in die Tiefe. Wir steigen an der rechten Seite über einen Steig mit Stufen zur Basis des Wasserfalls und zur B 4 ab. Unmittelbar am Wasserfall befindet sich die Bushaltestelle, von der aus wir die Rückfahrt nach Bad Harzburg antreten können.

AM WEGE

Der Burgberg: Für gewöhnlich fährt man im Harz mit dem Fahrstuhl oder dem Förderkorb in die Tiefe der Vergangenheit. Um in Bad Harzburg in die Tiefe der Geschichte zu gelangen, muß man die Seilbahn auf den Burgberg mit den Ruinen der Harzburg benutzen. Heinrich IV. erbaute die Burg 1068 zum Schutze Goslars. Sie war eine der größten des Harzes und diente ihm als Residenz. Heute erinnert die Canossa-Säule an die Bleibe dieses unglücklichen Königs. Die Burg hatte ein wechselvolles Schicksal. Nachdem die Sachsen sie zerstört hatten, ließ Friedrich I. (Barbarossa) sie wieder aufbauen, und die Grafen von Waldenstein ließen sich als kaiserliche Vögte nieder. Otto IV. lebte und starb hier. Danach war sie im Besitz der Grafen von Wernigerode. Otto der Quade nahm sie ihnen ab. 1438 wurde die Burg schließlich von den Braunschweigern eingenommen. 1653 fiel die Entscheidung, sie unbewohnbar zu machen. Bad Harzburg ist einer der ältesten Kurorte des Harzes und verdankt seine Gründung dem Herzog Julius zu Braunschweig. Er legte 1569 mit der Abteufung eines Schachtes und der Erschließung einer Solequelle den Grundstein für das Heilbad.

9 Quarzitklippen und Wassergräben

Auf den Höhen zwischen Altenau und Bruchberg

Besonders im 18. und 19. Jh. war das im Untergrund der vermoorten Landschaft reichlich vorhandene Wasser ein wichtiger Energieträger zum Betreiben des Bergbaus. Nach der Einstellung der bergbaulichen Aktivitäten blieb gerade um den Bruchberg eine Landschaft mit einer besonderen Ausstattung zurück. Über viele Kilometer werden die Wege von künstlichen Wasserläufen begleitet.

WEGVERLAUF: Rundwanderung. Parkplatz Roseweg – Branderklippe (45 Min.) – Okerstein – Wolfswarte (30 Min.) – Silberbrunnen (1 Std.) – Okertal – Parkplatz Roseweg (1 Std.)

DAUER: 3.15 Std.

LÄNGE: 14,6 km

HÖHENANGABEN: Anstieg vom Parkplatz (570 m NN) zu den Branderklippen (770 m NN) 200 Höhenmeter

SCHWIERIGKEITSGRAD: leicht; direkter Abstieg von der Wolfswarte bei feuchtem Wetter rutschig

WEGBESCHAFFENHEIT: steinig beim Aufstieg zum Okerstein, sonst meist gut begehbare Wege, selten Forststraßen

WANDERKARTE: TK 1:50 000 mit Wanderwegen; Wandern im Westharz (Wanderkarte des Harzklubs e.V.)

WEGMARKIERUNGEN: 5F grüner Kreis im weißen Dreieck, 18B, 18C roter Balken, 18J rotes Dreieck, 18H blaues Dreieck

EINKEHRMÖGLICHKEITEN: keine

AN- UND ABFAHRT: **Mit dem Kfz** aus dem Norden über Bad Harzburg B 4 und L 504, aus dem Südwesten über Osterode B 498, aus dem Osten über Braunlage und B 242, dann B 498. Für eine vorzeitige Rückfahrt ist die Bushaltestelle von der »Steilen Wand« erreichbar. Bushaltestelle ca. 400 m unterhalb des Parkplatzes

ANSCHLUSSWANDERUNG: Torfhaus (siehe Wanderung Nr. 21)

DER WANDERWEG

Wir starten am **Parkplatz Roseweg** an der B 498 Altenau–Sperberhaier Damm. Der Weg steigt als breite Forststraße stetig an und führt nach 400 m am Dammhaus vorbei. Nach 800 m und einer langgezogenen Rechtskurve muß man in Höhe des Transparents »Nationalpark Hochharz« nach links auf einen anfangs steilen Forstweg abbiegen (Branderweg). Weiter oberhalb, in Höhe der Schusterklippe (743 m NN), wird das mit einem aufgelockerten jungen und erstaunlich gesunden Fichtenwald bestandene Gelände flacher. In der Strauch- und Krautschicht bedecken Heidelbeeren, einzelne Fingerhutpflanzen und Weidenröschen den kargen Boden. Bei 750 m NN tauchen die eckigen Quarzitblöcke der **Branderklippe** (45 Min.) auf. Die Bodenverhältnisse sind leicht moorig. An der Kreuzung oberhalb der Klippe gehen wir nach links über eine Forststraße hinab in das Okertal. Die moorigen Hänge sind von Moosen und feinfiedrigen Gräsern bzw. Seggen bedeckt. In den Tiefenlinien und in zahlreichen Gräben rauscht und plätschert das abfließende Wasser. 50 m unterhalb der Philippsbrücke (700 m NN) zweigt von der Straße ein steiler Steig rechts ab und geht in den oberen Partien in einen blockreichen Forstweg über, der bei Regen reichlich unbequem und glatt sein kann. Unverhofft zeigt sich nach etwa 500 m zwischen den Fichtenstämmen ein Blockmeer (Quarzit) und der aus scharfkantigen Blöcken aufgebaute **Okerstein**. In Höhe der Felsburg biegt ein Pfad nach links ab. Wir gehen auf die Klippe zu und stehen nach einem kurzen Anstieg unmittelbar vor den aufragenden Felsen. Der Pfad endet auf einer Forststraße, die uns nun nach rechts als Baumannsweg (18B, 18C) zur nächsten, etwa 2 km entfernten Felsburg bringt, der 918 m hohen **Wolfswarte** (1.15 Std.). Auf halbem Weg dorthin kann

Klippe im Fichtenwald: der Okerstein

man eine Pause an der Wilde-Sau-Hütte einlegen.

Auf der gesamten Wegstrecke breitet sich unter einem die Tallandschaft der Oker mit Altenau aus. Auf dem Abstieg von der Wolfswarte können wir die moorigen Hänge genauer kennenlernen. Der Bienenstieg (18J rotes Dreieck) führt durch diese feuchte Umgebung und biegt 50 m hinter der Wolfswarte nach links ab. Es ist schwierig, etwas weiter bei der Querung eines Weges den Anschluß zu finden. Man muß auf jeden Fall links von der Hochspannungsleitung bleiben. An der Straße Altenau-Torfhaus erreichen wir das Ende des Bienenstiegs. Hier folgen wir dem Weg parallel zur Straße talwärts. Nach knapp 1 km verläuft er vor der ersten scharfen Rechtskehre geradeaus weiter in den Fichtenwald hinein und endet vor dem Dammgraben. An diesem zweigen wir nach links ab. Nun beginnt das angenehmste Stück der Wanderung, denn auf der nun folgenden, etwa 3 km langen Strecke neben dem Graben wird wegen des geringen Grabengefälles das Wandern zu einer behaglichen Art der Fortbewegung. Am idyllischen Rastplatz bei der kleinen Lichtung mit dem **Silberbrunnen** (2.15 Std.) sollte man sich einige Minuten Rast gönnen.

Wir setzen unseren Weg entlang des Grabens fort und biegen in das tief eingeschnittene **Okertal** ein. Am Übergang, dem Sporn, hat das Wasser des Dammgrabens nur noch so wenig Gefälle, daß es aussieht, als würde es im Graben stehen. Wir verlassen den engen Einschnitt des Okertals und treffen nach etwa 500 m wieder auf die am Anfang benutzte Forststraße. Damit ist fast der Abschluß der Wanderung erreicht. Nachdem wir rechts abgebogen sind, taucht bald der **Parkplatz Roseweg** auf.

Wer noch Lust hat, macht noch einen **Abstecher** in den Ort, um am Kurhaus »Stadt Hannover« einen Gesteinsaufschluß im Kieselschiefer zu betrachten. Dieses ursprüngliche Tiefsee-Sediment ist trotz seiner Sprödigkeit gefaltet. Durch Altenau verlaufen einige Bänke des 360–335 Millionen Jahre alten Kieselschiefers.

Wanderung 9: Auf den Höhen zwischen Altenau und Bruchberg

Das Oberharzer Wasserregal

Liest man als Unbedarfter diese Wortschöpfung, dann gerät man ins Grübeln. Was soll man sich unter diesem »Regal« nur bloß vorstellen?

Unter *Regal* versteht man ein wirtschaftliches Hoheitsrecht, ein Königsrecht. Es ist das Recht, das die Landesherrschaft erteilte, auf einem bestimmten Abschnitt eines Erzganges Bergbau zu betreiben und das Wasser für den Bergbaubetrieb in dem betreffenden Bereich zu nutzen. So spricht man also vom »Wasserregal«.

Der Bergbau hatte im Oberharz mit zwei verschiedenen Wasserproblemen zu kämpfen: 1. mit der Bewältigung des Grubenwassers, das die Gruben füllte und eine Behinderung darstellte oder gar verhinderte, daß in tieferen Lagen Erz abgebaut werden konnte, 2. benötigte man das Wasser als Energieträger und zwar gleichmäßig über das ganze Jahr verteilt, so daß der Abbaubetrieb auch noch während Trockenzeiten aufrecht erhalten werden konnte.

Um das Wasser von den Förderstollen fernzuhalten, setzte man bereits im 12. Jh. die Methode des Wasserlösens mit der Anlage spezieller Stollen ein. Damit sollte ein Absaufen von Bergbaubetrieben im niederschlagsreichen Harz verhindert und das Anfahren tieferer Erzlager ermöglicht werden. In dieser Hinsicht wurde mit der unterirdischen Anlage eines aus Wasserläufen bestehenden Netzes eine beeindruckende technische Meisterleistung vollbracht. 1864 wurde der 26 km lange Ernst-August-Stollen nach 13jähriger Bauzeit fertiggestellt. Er gehörte zur »Tiefen Wasserstrecke«, die dem Erztransport mit Kähnen diente.

Aber dieser Einrichtung waren Grenzen gesetzt, so daß die Knappen bei ihrem Vordringen in die Tiefe das Wasser heben mußten und dafür mußte eben die Energie des Oberflächenwassers herhalten. Es sollte Wasser durch Wasser gehoben werden. Auf diesem Wege wurde aber auch die Energie des über Wasserräder stürzenden Wassers genutzt, um Fördereinrichtungen, sog. Fahrkünste, und Pochwerke zum Zerkleinern des Erzes anzutreiben. Welche Bedeutung der Bergbau für diese Region besaß, kann man an der Vielzahl der wie Augen aus der bewaldeten Harzlandschaft leuchtenden Teiche und Wasserläufe ermessen. Vom 16. bis zur zweiten Hälfte des 19. Jh. wurden kraft des

Oberharzer Wasserregals die Probleme der Wasserbe- und -entsorgung auf diese Weise gelöst. Im Jahre 1865 existierten etwa 179 km Gräben und 19 km Wasserläufe (Wasserstollen) sowie 63 Bergwerksteiche im Oberharz. Funktionsfähig sind davon heute noch etwa 63 km Gräben, 19 km Wasserläufe und 61 Teiche. Bewohner von Städten in der Nähe des Harzes beziehen einen großen Teil des Wassers aus dem Harzer Teichsystem.

Die Wasserkraft mußte das ganze Jahr über unabhängig von Trockenzeiten zur Verfügung stehen. Aus diesem Grunde wurden als Speicher Kunstteiche mit einer hohen Speicherkapazität angelegt, in denen die reichen Niederschläge des Hochharzes aufgefangen wurden. In dieser Hinsicht vollbrachten die Harzer Bergleute wasserbauliche Pionierleistungen. Der Harz besaß bis in das 19. Jh. hinein mit dem 1721 fertiggestellten Oderteich den größten Stausee Europas. Gespeist wurden die Teiche von einem den Oberharz überziehenden Netz von Wassergräben. Obgleich auch in anderen deutschen Mittelgebirgen Bergbau betrieben wurde, ist das Oberharzer Wasserwirtschaftssystem mit seinen Gräben und Teichen einzigartig.

Beispielhaft war die Anlage des Dammgrabensystems im Einzugsgebiet des Bruchberges, denn bereits 1657 mußte man erkennen, daß mit dem Aufblühen des Bergbaus nach dem Dreißigjährigen Krieg die Wasserkraft-Versorgung um Clausthal und Zellerfeld nicht Schritt halten konnte und die Erschließung neuer »Quellen« erforderlich machte, denn ein Ausbau der Erzförderung war nur dann sichergestellt, wenn zusätzliches Wasser herangeführt werden konnte. Als Reservoir boten sich vor allem die niederschlagsreichen und daher vermoorten Gebiete in der Umgebung des Bruchberges und des Brockenfeldes an. 1673 wurde mit den Grabenarbeiten begonnen. Aber die Trassenführung war nicht so leicht an die Geländeverhältnisse anzupassen. So befindet sich am Nordosthang des Bruchberges der Dammgraben in einer Höhe von etwa 610 m NN. Diese Höhe sollte eigentlich ausreichen, um das Wasser in das 570–600 m hoch gelegene Gebiet von Clausthal-Zellerfeld fließen zu lassen. Am Dammgrabenhaus Rose fließt das Wasser noch in einer Höhe von 575 m NN. Aber im Gebiet des Sperberhai (*Hai* = Kahlfläche der Wasserscheide zwischen Oker und Söse) mußte man feststellen, daß eine Strecke von etwa 1,5 km Länge unter dem geforderten Niveau auf der Clausthaler Hochfläche lag. Ohne das Aufschütten eines Dammes

Am Dammgraben in der Nähe des Silberbrunnens

oder den Bau eines Aquäduktes und den damit verbundenen größeren Arbeits- und Kostenaufwand war es nicht möglich, Wasser des Bruchberges und des Brockenfeldes nach Clausthal und Zellerfeld fließen zu lassen. Somit endete der Graben erst einmal am Sperberhai. Rund 40 Jahre später, als in den Gruben Dorothee (siehe Nr. 7) und Caroline bei Clausthal größere Erzvorkommen entdeckt wurden, griff man den Plan wieder auf und schüttete 1732 bis 1734 den 953 m langen und maximal 16 m hohen Sperberhaier Damm (Volumen: 180 000 m^3) auf. Der auf der Krone angelegte Graben gab schließlich dem gesamten System den Namen.

Das Dammgraben-System wurde Schritt für Schritt bis zum Jahre 1840 nach Osten ausgeweitet. Seitdem beginnt der rund 15 km lange Dammgraben unterhalb Torfhaus und verläuft zunächst an der Nordwestflanke des Acker-Bruchberges bis zum Dammhaus. Jenseits des das Tränketal überwindenden Dammes findet er seine Fortsetzung bis auf die Clausthaler Hochfläche. Seit 1892 flossen die Wasser in einer Rohrleitung in den Kaiser-Wilhelm-Schacht in Clausthal und trieben in 364 m Tiefe im Niveau des Ernst-August-Stollens die Turbinen und Generatoren eines Kraftwerkes an, das jährlich im Durchschnitt 25 Millionen KWh elektrischer Energie produzierte. Danach kamen diese Wasser nach einem über 10 km langen unterirdischem Weg durch den Ernst-August-Stollen an dessen Mundloch in Gittelde am Harzrand (östlich von Bad Grund) zu Tage. Seit dem 1. Januar 1975 wird das Wasser aus dem Dammgraben zum größen Teil unmittelbar der Oker-Talsperre zugeführt, um die Wasserversorgung im nördlichen Harzvorland sicherzustellen. Ein kleiner Teil dient der Wasserversorgung von Clausthal-Zellerfeld und legt dabei einen Weg von bis zu 15 km zurück.

Auch heute noch hat das Dammgraben-System seine Funktion. Die Grabensysteme wurden 1979 vom Land Niedersachsen zum technischen Denkmal erklärt und stehen seitdem unter Denkmalschutz, darum ist folgendes zu beachten:

- Gräben, Wasserläufe und Teiche dürfen nicht beschädigt werden.
- Das Herausbrechen von Steinen aus dem Trockenmauerwerk führt zur Zerstörung der Gräben.
- Betätigen Sie nicht die sogenannten »Fehlschläge« (hölzerne Entlastungseinrichtungen), und entfernen Sie nicht die vorhandenen Bretter.
- Betreten Sie nicht die Wasserläufe, und werfen Sie keine Gegenstände in die Ausfluten.

10

Rund um die Sösetalsperre

Von den Gipsbergen bei Osterode zu den Quarzithöhen des Ackers

Die Wanderung ist mit 29 km die längste dieses Buches und erfordert schon ein gewisses »Stehvermögen«. Sie führt von den hohen, kathedralenartigen Buchwäldern der Niederung auf die blankgefegten rauhen Höhen des Ackers, wobei sich die Sösetalsperre immer im Zentrum dieser Wanderung befindet.

WEGVERLAUF: Rundwanderung. Osterode, Parkplatz DJH – Eselsplatz (1.15 Std.) – Mangelhalber Tor (1 Std.) – Parkplatz Vorbecken Sösetalsperre (45 Min.) – Sergeantenklippe (1.15 Std.) – Grüner Platz – Hanskühnenburg (1.15 Std.) – Seilerklippe – Schindelkopf (1.30 Std.) – Nasser Weg – Köte Feenhöhe (30 Min.) – Osterode, Parkplatz DJH (1.30 Std.)

DAUER: 9 Std.

LÄNGE: 29 km

HÖHENANGABEN: 2 lange Anstiege; 270 Höhenmeter von Osterode (260 m NN) bis Mangelhalber Tor (530 m NN) und 470 Höhenmeter von Sösetalsperre (Vorbecken, 340 m NN) bis Hanskühnenburg (810 m NN)

SCHWIERIGKEITSGRAD: schwer, erfordert gute Kondition; steile Abstiegsstrecken von westlichen Randhöhen, auch teilweise vom Acker (1 km langes Teilstück des »Nassen Weges« sowie in etwa 700 m Höhe bis zur Hanskühnenburg steinig)

WEGBESCHAFFENHEIT: In der Kammlage uneben und steinig, bei feuchter Witterung rutschig. Feuchtstellen im Bereich kleiner Seitentäler

AUSRÜSTUNG: Getränke und Proviant

WANDERKARTE: TK 1:50 000 mit Wanderwegen; Wandern im Mittleren (Wanderkarte des Harzklubs e.V.), Atlasco-Wanderkarte, Blatt Nr. 285: Osterode, 1:30 000

WEGMARKIERUNGEN: 8H roter Balken, 10o grüner Kreis, 10S blauer Kreis, 13A blaues Dreieck

EINKEHRMÖGLICHKEITEN: Hanskühnenburg, täglich außer Do 9–17 Uhr, an Feiertagen auch Do geöffnet

AN- UND ABFAHRT: **Mit dem Kfz** von Göttingen, Northeim; **mit dem Bus** von dort 1.20 Std.

BESONDERE HINWEISE: Bei schlechtem Wetter hat man zwei Möglichkeiten, die Rundwanderung abzukürzen. Zunächst kann man von der Vortalsperre mit dem Bus nach Osterode zurückfahren.
Sollte man es bis zur Hanskühnenburg schaffen, dann ist der Weg zur Stieglitze-Ecke günstiger.

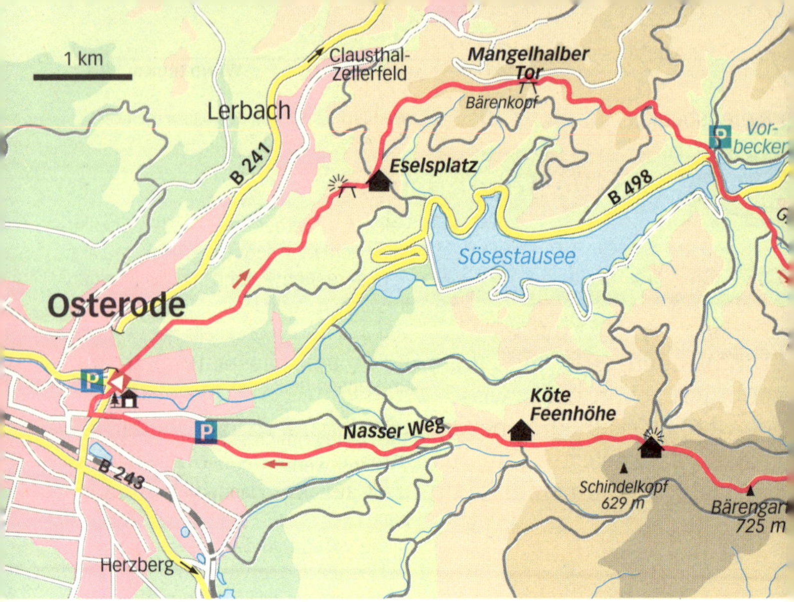

DER WANDERWEG

Es bestehen verschiedene Möglichkeiten, die Wanderung zu beginnen. Wird die Anreise mit dem Bus vorgenommen, dann erfolgt der Beginn am **Busbahnhof** in der Innenstadt Osterodes. Für Wanderer, die motorisiert anreisen, ist es ratsam, das Fahrzeug nicht in der Innenstadt abzustellen. Am günstigsten gelegen ist der fast am Weg befindliche **Parkplatz an der Deutschen Jugendherberge.** Hier beginnt auch die Routenbeschreibung.

Wir verlassen den Parkplatz an der Jugendherberge direkt nach links, queren die Kreuzung an der Berliner Straße und steigen unmittelbar hinter dem Tunnel auf der rechten Seite auf zum Hundschen Weg. Der Weg (8H roter Balken) führt über einen etwa 4 km langen Sporn in Absätzen hinauf Richtung Eselsplatz. Schon bald haben wir die Stadt über den Butterberg verlassen, die letzten Häuser bleiben zurück und werden von einer Wiesenlandschaft abgelöst. Nun geht es kontinuierlich bergan. Beim Verschnaufen kann man rückblickend auf Osterode und den südlichen Harzrand schauen. Vor uns taucht bald das Hauptziel des Tages im Blickfeld auf: die rechter Hand am Horizont auf dem Ackerhöhenzug gelegene Hanskühnenburg. Ab und zu sollte man auch auf den Boden schauen, denn an einzelnen Stellen tritt der sehr dekorative, leuchtend rote Eisenkiesel an die Oberfläche.

Etwa 300 m unterhalb des Eselsplatzes lädt ein Rastplatz mit Ausblick auf Lerbach zum Verweilen ein. Frisch gepflanzte Laubgehölze am Wegesrand lassen die Bemühungen erkennen, ein artenarmes, von Nadelgehölzen beherrschtes Landschaftsbild nachträglich zu bereichern. Trotz des im Mai intensiv blühenden Sauerklees vermißt man auf dem Weg durch die Fichtenbestände die Helligkeit, die in den Buchenwäldern mit den Buschwindröschen herrscht und auch hier herrschen könnte. Der Weg mündet auf den **Eselsplatz** (1.15 Std.), einen Weg-Knotenpunkt im Wald. Bei schlechtem Wetter findet man Unterschlupf in der Holzhütte »Köte Eselsplatz«. Nun verlassen wir die gut begehbare Forststraße. Halblinks steigt als Waldweg oder besserer Pfad der »Hundsche Weg« zu einem südwestli-

Wanderung 10: Von den Gipsbergen bei Osterode zu den Quarzithöhen des Ackers

chen Ausläufer des Bärenkopfes steil von 458 m auf 506 m an.

Der Weg wird nun beschwerlicher und zum Teil auch feuchter. Man muß schon bei dem Auf und Ab über die Höhen darauf achten, die Füße auf dem weichen Weg richtig zu setzen (Rutschgefahr).

Kurz vor Erreichen des Rastplatzes am Mangelhalber Tor besteht die Möglichkeit, einen **Abstecher** nach links auf den Bärenkopf (549 m) zu machen. Vor der Kuppe des Gipfels breitet sich im Osten der Acker-Höhenzug mit der Hanskühnenburg aus. Im Untergrund steht Kieselschiefer an, ein ehemaliges Tiefsee-Sediment.

Wir verweilen am Rastplatz **Mangelhalber Tor** (2.15 Std., 530 m NN). Das Mangelhalber Tor war das höchstgelegene Tor im 20 km langen Lerbacher Waldgatter, das früher das Wild von den Wiesen, Kartoffeläckern und Gärten des Ortes fernhielt. Nach dem Zweiten Weltkrieg verfiel das Gatter.

Der Weg zum Stausee geht auf der Höhe zunächst geradeaus weiter, bis der zweite, spitzwinklig rechts abbiegende Weg (10O grüner Kreis), eine Forststraße, uns in Windungen zu Tal geleitet. Unterhalb des Großen Engelntales sieht man schon den Sösestausee.

Unsere Route führt uns auf einen forstlichen Verladeplatz. In einer Höhe von 486 m NN, oberhalb der Lärchenebene, geht es über einen steileren und etwas beschwerlicheren Waldweg (Wurzelwerk) direkter und schneller zu Tal. Die Unannehmlichkeiten des Untergrundes werden durch die Schönheit eines hohen Buchenwaldes aufgehoben.

Die **Vorsperre der Sösetalsperre** (3 Std.) ist nach 1 km erreicht. Sie wurde in den Jahren 1929/30 zum Auffangen des von der Söse mitgeführten Sedimentmaterials gebaut.

Nachdem wir den Damm überschritten haben, müssen wir die Linkskurve ausgehen. Dann führt der Weg vor dem Bach nach rechts in ein Seitental (Große Schacht) und hinauf auf den Acker. Dabei ist genau auf die Beschilderung zu achten (10S grüner Kreis).

An der Gabelung vor der Querung eines Seitenbaches halten wir uns rechts. Nun steigt die Forststraße, der 500 m lange Laubtalsweg, in einem langen Bogen nach links durch Buchenwald stetig bergan. Nach Überwindung eines kleinen Sporns läuft der Weg auf eine Gabelung zu. Dort betreten wir das Talgebiet der Rauhen Schacht, wo wir den am Talhang ansteigenden Weg benutzen. Nach etwa 1,2 km lagert auf dem Südhang des Großen Breitenberges (682 m) als quarzitischer Blockschutt das kleine Blockmeer der **Sergeantenklippe** (4.15 Std.). Der allmählich ansteigende Weg führt nun in den Taleinschnitt der Schachtkappe hinein, dort über den Bach hinweg und hinter einem Sporn nach einer scharfen Wende nach links unterhalb der Kanapeeklippe bergseitig wieder hinaus. Der Ausstieg aus der Rauhen Schacht endet

Talsperren als Wasser-, Energie- und Erholungsspender

Es gibt im Harz keine natürlichen Seen, so daß sich als auffälligste Wasseransammlungen neben den von den Harzer Bergleuten angelegten Stauteichen Talsperren als künstliche Elemente in das Landschaftsbild einfügen.

Der Bau der im Harz vorkommenden 11 (16) Talsperren wurde aus verschiedenen Gründen vorgenommen. Der größte Teil verdankt seine Anlage den hohen Niederschlägen, die vor allem im Umland des Brockens und an den hohen Erhebungen des Ober- und westlichen Mittelharzes fallen, beispielsweise am Acker-Bruchberg-Höhenzug. Hier prallen die sehr feuchten atlantischen Luftmassen, nachdem sie die norddeutsche Tiefebene passiert haben, auf das unvermittelt aufragende hohe Hindernis Harz und werden gezwungen, in höhere und kältere Schichten der Atmosphäre aufzusteigen. Während des Aufstiegs kondensiert der Wasserdampf. Es bilden sich an der Luvseite des Gebirges Wolken, und schließlich regnet es. Das geschieht auf der Westseite des Brockens und vor allen Dingen auch an dem quer durch den Harz ziehenden Acker-Bruchberg-Höhenzug, wo in beiden Fällen in den höheren Lagen Jahresniederschläge von mehr als 1500 mm erreicht werden. Damit wird der Durchschnittswert für Deutschland von 800 mm deutlich übertroffen. Die Niederschläge sind ungleichmäßig auf das Jahr verteilt und gipfeln in zwei Maxima während der Wintermonate November und Februar und in den Sommermonaten Juli und August, in denen schon Wolkenbrüche mit mehr als 100 mm Regen in 24 Stunden niedergegangen sind. Am Acker-Bruchberg fallen in den beiden Som-

mermonaten 65 % des Jahresniederschlags. Besonders trocken ist es dagegen im Mai.

Die hohen Niederschläge pro Jahr und manchmal während eines Tages sowie große Schwankungen im Jahresverlauf sind und waren die Ursache für den Bau der meisten Talsperren im Harz. Eine weitere Ursache ist eine durch den Gesteinsuntergrund bedingte Trockenheit.

Solange in der Vergangenheit der Betrieb der Fördereinrichtungen, Erzwäschen und Pochwerke in den Harzer Bergwerksbetrieben auf die Wasserkraft angewiesen war, mußte dafür Sorge getragen werden, daß die Energie gleichmäßig zur Verfügung stand. In kleinerem Maßstab wurde dieses Problem vielerorts durch die Anlage von Kunstteichen als Wasserreservoire gelöst. Betrachtet man nun die Geländeverhältnisse in der Umgebung von dem damaligen Bergbauzentrum St. Andreasberg, dann fällt auf, daß wegen der stark zergliederten und zertalten Landschaft in der unmittelbaren Umgebung des Bergbauortes keine Teiche angelegt werden konnten. Als nun aber nach dem Dreißigjährigen Krieg der St. Andreasberger Bergbau zu Beginn des 18. Jh. seiner zweiten Blütezeit entgegenstrebte, entschloß man sich mit dem Bau des Oderteiches zu einer bis dahin einzigartigen wasserbaulichen Maßnahme. Zwischen 1714 und 1721 entstand in der stark vermoorten Mulde zwischen dem Bruchberg und der Achtermannshöhe der 1,7 Millionen m^3 Wasser fassende Oderteich mit einem Einzugsgebiet von 11 km^2. Er war lange Zeit die größte Talsperre Europas. Über den 7,23 km langen Rehberger Graben wurden 88 Wasserräder versorgt.

Fast 230 Jahre nach der Anlage des Oderteiches wurde in den Jahren 1951/52 im Unterharz eine weitere, etwa gleichgroße Talsperre fertigge-

stellt, die ebenfalls mit dem Bergbau in Verbindung stand. Es ist die 2 Millionen m^3 fassende Wippertalsperre westlich des kleinen Luftkurortes Wippra. Das Wasser diente dem Kupferschieferbergbau im Mansfelder Land bis zu dessen Stillegung als Brauchwasser. Seitdem wird die Talsperre hauptsächlich zur Regulierung des Wipperwasserstandes genutzt.

Seit dem Jahre 1931 prägt unübersehbar die Sösetalsperre mit einem Stauvolumen von 25,5 Millionen m^3 das Landschaftsbild des Sösetals. Im Jahre 1934 füllte der Oderstausee mit einem Stauvolumen von 30,6 Millionen m^3 einen 5 km langen Talabschnitt auf. Beide Talsperren waren die ersten, bei denen zwar auch der Grund ihrer Entstehung in der ungleichmäßigen Niederschlagsverteilung zu suchen ist, aber die Energiegewinnung nicht im Vordergrund stand. Es sollten vielmehr Energien abgebaut werden, die in katastrophenartigen Abflüssen von der Söse und der Oder nach heftigen Niederschlägen im Einzugsgebiet freigesetzt wurden. Durch die Errichtung der Talsperren sah man sich in der Lage, regulierend in den Wasserhaushalt der Flüsse eingreifen zu können, fängt seitdem im Einzugsbereich des Sees abfließende Wassermassen und deren Sedimentfracht auf und kann den Abfluß unterhalb der Staumauer gleichmäßiger gestalten.

Immer wieder kam es auch bei anderen Flüssen des Hoch- und Oberharzes gerade nach Sommergewittern und bei Wärmeeinbrüchen im Winter auf den verhältnismäßig kurzen Laufstrecken bei beträchtlichem Gefälle zu unkontrollierbaren Abflüssen in den Tälern des Ober- und des Hochharzes. Die sich zu reißenden Wildwässern entwickelnden Flüsse beschädigten die Ufer, rissen Brücken, Stege und entwurzelte Baumstämme sowie große Gesteinsblöcke mit sich. Besonders betroffen waren bis zum Talsperrenbau die Ortschaften an den Talausgängen am Harzrand, z. B. Langelsheim, Oker, Bad Lauterberg, Osterode oder Thale vor dem Bodetal. Von der gefürchteten Bode wird berichtet, daß zum Jahreswechsel 1925/26 nach reichlich gefallenem Schnee und einsetzendem Tauwetter im Brockengebiet zwei Tage nach dem Weihnachtsfest zusätzlich noch die außergewöhnliche Menge von 74 l Regen pro Quadratmeter fiel. Daraufhin floß in Treseburg sechzigmal so viel Wasser durch die Bodeschlucht wie unter normalen Bedingungen. Oberhalb von Thale richtete die Bode einen erheblichen Schaden an. Die Jungfernbrücke und der Katersteg verschwanden in den Fluten.

Man glaubte, nach der Einweihung des Rappbode-Talsperrensystems im Harz (Gesamt-Fassungsvermögen 128,3 Millionen m³) am 7. Oktober 1959 die Launen der Bode in den Griff bekommen zu haben. Dieses System erfüllt neben der ursprünglichen Notwendigkeit des Hochwasserschutzes, die Aufgaben der Stromerzeugung, der Flußregulierung bei Niedrigwasser und die Bereitstellung von Trinkwasser für große Teile Sachsen-Anhalts (Magdeburg, Halle). Aber trotz der Hochwasserschutzbecken im System lief die Talsperre nach langanhaltenden Regenfällen im Frühjahr 1994 zum zweiten Mal seit ihrem Bestehen über und richtete beträchtliche Hochwasserschäden besonders im Vorland an.

Im nordwestlichen Zipfel des Harzes befindet sich die 1966 fertiggestellte Innerstetalsperre. Sie hat ein Fassungsvermögen von 20 Millionen m³ und dient ebenfalls vorwiegend der Regulierung des Hochwassers. Für Wassersportler ist sie ein beliebtes Ausflugsziel.

Neben dem Hochwasserschutz ist die Nutzung der Wasserüberschüsse wegen des gestiegenen Trinkwasserbedarfs in den angrenzenden Ballungsräumen für die Harzer Wasserwirtschaft zu einer immer größeren Aufgabe geworden. Schon drei Jahre nach Fertigstellung der Sösetalsperre konnte die Stadt Bremen über eine 200 km lange Fernwasserleitung mit Wasser versorgt werden. In das System sind auch die Städte Hannover und Hildesheim einbezogen. Göttingen erhält ebenfalls Wasser von der Söse. Eine zentrale Bedeutung besitzt die im Jahre 1973 als letzte in Betrieb genommene Granetalsperre mit einem Fassungsvermögen von 21 Millionen m³ für die Trinkwassergewinnung. Zwei Fernwasserleitungen der Granetalsperre versorgen die Räume Hildesheim–Hannover und Braunschweig–Salzgitter im Verbund mit anderen Talsperren. Die Granetalsperre steht im Verbund mit dem im Jahre 1954 angelegten und 1956 fertiggestellten Okerstausee, der zwar auch dem Hochwasserschutz dient, aber auch ihm wird außerdem Wasser für die Trinkwasseraufbereitung entnommen. Sein Fassungsvermögen beträgt 47 Millionen m³, und damit ist er der zweitgrößte Stausee des Harzes.

Ein häufig besuchter Stausee, Eckerstausee, lag bis zum Ende der 1980er Jahre im Grenzraum. Er befindet sich im Brockengebiet und liefert seit seiner Fertigstellung im Jahre 1942 Trinkwasser an die Städte Braunschweig und Wolfsburg. Sein Fassungsvolumen beträgt 13,3 Millionen m³.

auf dem **»Grünen Platz«**; hier löst nunmehr junger Nadelwald mit Heidelbeersträuchern den Laubwald ab. Wir benutzen den zweiten, rechts abbiegenden Weg nach der Wende, gehen durch einen Jungfichtenwald und gelangen schließlich über ein freies, mooriges Gelände zu unserem 811 m hoch gelegenen Ziel, zur **Hanskühnenburg** (5.30 Std.). Für die Mühen des fast 6 km langen Anstiegs wird man durch ein herrliches Panorama vom Großen Knollen über den Stöberhai, St. Andreasberg, den Reh- und den Sonnenberg bis zum Wurmberg entlohnt. Im Westen sind der Schalke und der Auersberg die markantesten Anhöhen hinter dem Sösetal. Wer nicht einkehren möchte, kann die Einsamkeit der Umgebung auf der etwa 300 m entfernten Hanskühnenburg-Klippe genießen.

Auf dem Abstieg nach Osterode erwartet den Wanderer zunächst der steinige und bisweilen unbequeme Fastweg (13A blaues Dreieck). Er führt durch eine Heidelandschaft mit Besenheide und Heidelbeersträuchern. An der **Seilerklippe,** einem Haufwerk quarzitischer Blöcke mit durcheinander liegenden Baumstämmen, begegnen wir einem landschaftlichen Chaos. Manchmal sind die quer über dem Weg liegenden Stämme ein derartiges Hindernis, daß sie nur umgangen werden können, was durchaus nicht dem Erhalt der Vegetation in dieser Kampfzone dient.

Mit dem Verlassen des weitgehend waldfreien Höhenbereichs gelangen wir in eine Parklandschaft mit Jungfichten und dichtem Heidelbeerbuschwerk, die wir auf einem steinigen Pfad durchqueren. Die Umgebung wird zusehends mooriger. In der Höhe des **Bärengartens** (Punkt 725 m NN), 4 km westlich von der Hanskühnenburg, müssen wir darauf achten, daß wir nicht die rechte Abzweigung durch zunächst dichten Fichtenwald verpassen. Nun beginnt ein etwa 900 m langer, steiler Pfad, der beim Hinabsteigen ein achtsames Gehen erfordert und der Gehbehinderten Schwierigkeiten bereiten könnte. Hat man das Ende des Pfades erreicht, kann man von einer Ruhebank den schönen Ausblick auf das Sösetal genießen. Weiter geht es nach links auf einen Fahrweg, der bereits nach 80 m auf einem Knotenpunkt mit Hütte und Rastplatz unterhalb des **Schindelkopfes** endet (7 Std.). Hier beginnt der bis an die Stadtgrenze von Osterode führende **»Nasse Weg«** auf der linken Seite. Auf ebenem Untergrund gelangt man nach 1,5 km zur **Köte Feenhöhe** (7.30 Std., 475 m NN). Ab hier werden die Wegverhältnisse auf der geradeaus weiterführenden Route wesentlich schlechter. Zeitweise kann man auf den Südrand des Harzes bis zum Eichsfeld schauen. Unterhalb der Feenhöhe muß man sich an zwei Verladeplätzen jeweils links halten. Am Parkplatz »Fuchshalle« endet die Forststraße. Hier haben wir den Stadtrand von Osterode erreicht. Nun gehen wir auf dem Fuchshaller Weg über die Berliner Straße (B 241) hinweg bis in Höhe des Spielplatzes auf der linken Seite. Von der ersten rechten Abzweigung hinter der Brücke führt der Weg an der Tankstelle vorbei auf die Berliner Straße und damit zum Ausgangspunkt und Ziel unserer Wanderung (9 Std.) an der **Jugendherberge**.

AM WEGE

Osterode: Der Ausgang des Lerbach- und Sösetals bot mit seiner erweiterten Talsohle ideale Voraussetzungen für eine Besiedlung, zumal eine Furt die Erschließung und Durchquerung des Gebirges ermöglichte. Wahrscheinlich nach der germanischen Frühlingsgöttin »Ostera« benannt, ist Osterode eine der im 9. oder 10. Jh. angelegten und besiedelten Rodungsinseln. Erstmals wurde

Osterode im 12. Jh. urkundlich erwähnt und als *»villa opulentissima«* (höchst ansehnliches Dorf) bezeichnet. Heinrich der Löwe zerstörte es 1152 in seiner Fehde mit Markgraf Albrecht dem Bären. An diese Zeit erinnert nur noch die Burgruine. Zwischen 1218 und 1233 erhielt das neu aufgebaute Osterode die Stadtrechte. Erste Hinweise auf die Stadtbefestigung mit vormals 10 Türmen stammen aus dem Jahre 1233. Etwa in die gleiche Zeit fällt die Gründung des Zisterzienserklosters St. Jacobi. Im folgenden Jahrhundert erhielt Osterode eine Münzstätte (1325). Als Ausgangs- und Zielort für die »Alte Harzstraße«, eine Verbindung quer über den Harz nach Goslar, entwickelte sich die Stadt und gedieh zu einem wichtigen Handelsort. Es trat der Hanse bei und konnte seinen Wohlstand durch die Beteiligung am Bergbau und den Unterhalt von Hüttenbetrieben in der Folgezeit noch vergrößern. Spannungen zwischen den Gildemeistern und dem Stadtrat beendeten diese »Goldene Zeit« und führten zu Unruhen, die am 21. Mai 1510 in der Ermordung des Bürgermeisters Heiso Freienhagen ihren Höhepunkt fanden. Am 1. September 1545 brach ein fürchterliches Unglück über Osterode herein. Eine Feuersbrunst vernichtete fast die gesamte Stadt. Nur 40 Häuser blieben verschont. So datieren die meisten der älteren Gebäude aus der Zeit nach dem Stadtbrand, beispielsweise das alte Rathaus oder die Ratswaage. Wie viele andere Orte des Harzes blieb auch Osterode von den Begleiterscheinungen des Dreißigjährigen Krieges nicht verschont. Die Bevölkerung hatte unter den Kriegshandlungen, aber auch unter Plünderungen, marodierenden Banden und vor allem unter Seuchen zu leiden. Über 1500 Menschen fielen allein in der Osteroder Aegidiengemeinde der Pest zum Opfer. Mit mehreren Überschwemmungen durch die Söse trug auch die Natur zum Niedergang bei.

Gegen Ende des 17. Jh. erholte sich die Stadt allmählich und entwickelte sich in der Folgezeit zu einem wichtigen Handelsplatz. 1719–1722 wurde das Harzkornmagazin zur Versorgung der Bergleute des Oberharzes mit Brotgetreide eingerichtet. Die Niederlassung von Tuchmanufakturen in der 2. Hälfte des 18. Jh. schuf die Basis für einen wirtschaftlichen Aufschwung. Die im 18. Jh. begonnene Entwicklung setzte sich auch in der Folgezeit fort, so

Fachwerkensemble in Osterode

daß sich Osterode zu einem der bedeutendsten Industriestandorte im damaligen Königreich Hannover entwickelte. 1866 wurde Osterode preußisch, was für die Stadt kein Nachteil war. Die Bevölkerungszahl nahm von 5549 Einwohnern im Jahre 1871 auf 7482 im Jahre 1905 zu. Während des Zweiten Weltkrieges blieb Osterode von größeren Zerstörungen verschont. Inzwischen ist die Einwohnerzahl auf über 27 000 angewachsen.

11

Rund um das Bremketal

Aufstieg zum Großen Knollen

Wer ein großartiges Panorama mit den weiten Wäldern und erhabenen Höhenrücken des Mittelharzes, mit dem Harzvorland im Süden und dem Brocken im Norden genießen möchte, der sollte bei gutem Wetter auf den 687 m hohen Großen Knollen steigen. Ein entspannender Weg durch hohe Buchenwälder läßt vergessen, daß eine Höhendifferenz von 430 m zu überwinden ist.

i

WEGVERLAUF: Rundwanderung Parkplatz unter der B 27 – Großer Stern (1 Std.) – Büstenkopf (30 Min.) – Großer Knollen (45 Min.) – Herbstberg (1 Std.) – Ruine Scharzfels (45 Min.) – Bahnhof Scharzfeld (45 Min.)

DAUER: 4.45 Std.

LÄNGE: 18 km

HÖHENANGABEN: leichter Anstieg von Scharzfeld (250 m NN) auf den Großen Knollen (687 m NN) mit Überwindung von 430 Höhenmetern

SCHWIERIGKEITSGRAD: leicht

WEGBESCHAFFENHEIT: vorwiegend Forststraße, letzter Anstieg auf die Gipfelkuppe steiler und etwas beschwerlicher

WANDERKARTE: TK 1:50000 mit Wanderwegen; Wandern im Westharz (Wanderkarte des Harzklubs e.V.)

WEGMARKIERUNGEN: 13P grüner Balken, 13F grünes Dreieck, 13G gelbes Kreuz

EINKEHRMÖGLICHKEITEN: Gaststätte auf dem Großen Knollen

AN- UND ABFAHRT: Anreise **mit dem Kfz** über die B 27 von Braunlage bzw. Göttingen. In Scharzfeld folgen wir der Ausschilderung zur Felsenkirche. Das Fahrzeug kann dann unter dem Viadukt der B 27 abgestellt werden. **Bushaltestelle** am Parkplatz Gasthaus »Tanne«, von Osterode mit der Linie 450 30 Min., von Bad Sachsa mit Linie 2460 1 Std.; Rückfahrt von Bhf. Scharzfeld nach Gasthaus »Tanne« 5 Min. Mit der DB von Northeim 1 Std.

BESONDERE HINWEISE: Es bietet sich als Alternative zu dem hier vorgeschlagenen Rückweg ein attraktiver Abstieg durch das Luttertal nach Bad Lauterberg an.

DER WANDERWEG

Die Wanderung zum Großen Knollen beginnen wir mit einem Besuch der Felsenkirche am Nordrand des Harzes. Wir starten vom **Parkplatz unter dem Via-**

dukt der B 27 bzw. der **Bushaltestelle Gasthaus »Tanne«** über den ausgeschilderten Weg. Der Aufstieg zur Felsenkirche über die Dolomitfelsen des Zechsteins lohnt sich auf jeden Fall, auch wenn dieses Ziel nicht unmittelbar am Weg gelegen ist. Der Pfad führt uns zunächst zum Felsvorsprung des Steinberges. Im Norden ragt hinter den Dolomitklippen die Kuppe des Großen Knollen auf, und nach Südwesten kann man über Scharzfeld hinaus die Schichtstufenlandschaft des Göttinger Raumes erkennen.

Wir gehen nun weiter zur **Felsenkirche,** deren architektonische Attraktivität weit hinter ihrer historischen Bedeutung zurücksteht. Sie besteht aus einer 6 m hohen und etwa 30 m tiefen Höhle im Dolomit des Steinberges, die in der vorgeschichtlichen Zeit eiszeitlichen bzw. altsteinzeitlichen Rentierjägern als Unterschlupf diente. Ihre ursprüngliche Form wurde in frühchristlicher Zeit durch einen Ausbau verändert. Mönche schufen im 8. Jh. eine Altarnische in der Südwand und ein Weihwasserbecken an der Nordseite. Bonifatius soll hier das Evangelium gepredigt haben. Die Höhle diente bis in das 15. Jh. als Kirchenraum.

Vorbei an während der Frühsommerzeit blühenden Wiesen kehren wir auf den asphaltierten Güterweg zurück und nehmen den Anstieg auf den Großen Knollen in Angriff. Die Markierung 13P (grüner Balken) weist uns den Weg. Zunächst haben wir in der Talsohle des Mönchetals noch städtischen Asphalt unter den Füßen. An den Wasserverhältnissen im Tal merkt man schon, daß hier noch nicht die Gesteine des alten Gebirges mit Schiefern, Grauwacken oder Sandsteinen im Untergrund anstehen, sondern durchlässiger Dolomit, in dem ein Trockental ausgebildet ist. Nach 1 km biegt der Weg nach links auf einen Höhenrücken ab. In Höhe einer Schutzhütte läuft der Anstieg über einen steinigen Güterweg auf den Wald im Hintergrund zu. 250 m weiter ist an der Gabelung der rechte, am Waldrand verlaufende Weg der richtige. Am Eintritt des Weges in den Wald befindet

Wanderung 11: Aufstieg zum Großen Knollen

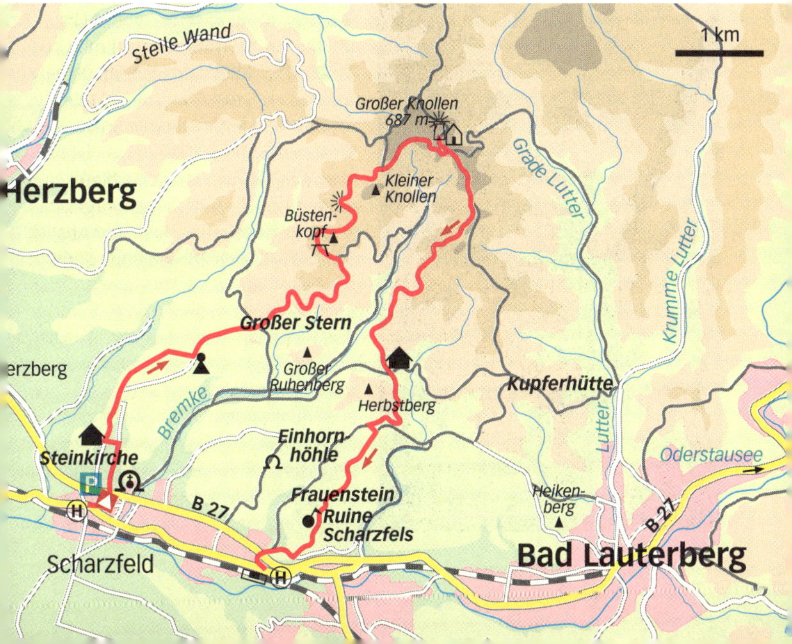

sich dann endlich das schon mehrmals angekündigte Fliegerdenkmal. Im Buchenwald nimmt das Gefälle zu. Ein waldfreies Wiesenstück auf der linken Seite bietet uns Gelegenheit zum Verschnaufen. Vor uns breitet sich die Landschaft mit dem Unteren Eichsfeld im Hintergrund aus. Davor erstreckt sich der Rotenberg, und vom Schloßberg über dem Städtchen Herzberg leuchtet das Welfenschloß herüber.

Wir verlassen nun das Gebiet mit dem Dolomit im Untergrund. Der Weg führt weiter durch Buchenwald und mündet als Forststraße nach etwa 3 km auf den Verteiler **»Großer Stern«** (1 Std.). Hier wachsen neben den Buchen auch einzelne schöne Eichen. Die Forststraße windet sich nun in weiten Bögen durch Buchenwald zum Büstenkopf oberhalb des Bremketales hinauf. Die am Hang austretende Brandkopfquelle bringt sicher so manchem durstigen Wanderer im Sommer eine willkommene Erfrischung. Von hier kann man im Südosten auf das Obere Eichsfeld mit der Hainleite im Hintergrund und auf die mit Laubwald bestandenen Nachbarhöhen schauen. 5 km nach dem Aufbruch im Tal lädt unterhalb des **Büstenkopfes** (1.30 Std.) ein Tisch mit Bänken zum Picknick ein. Der Platz befindet sich auf der Wasserscheide zwischen Bremketal und dem Tal des Eichelngrabens, an dessen Hängen der Weg weiterführt. Hinter dem Kleinen Knollen teilt sich der Weg. Auf dem rechten Abzweig gelangen wir wieder auf die Hangpartien oberhalb des Bremketals und stehen dann schließlich nach gering ansteigender letzter Wegstrecke unter der Kuppe des Großen Knollens, deren roter Untergrund anzeigt, daß mittlerweile ein Gesteinswechsel eingetreten ist. Die Kuppe und das Gestein sind nämlich vulkanischen Ursprungs (vgl. S. 15).

Innenhof des Welfenschlosses in Herzberg

Der direkte und etwas beschwerliche Pfad zum Gipfel wird für manche schweißtreibend sein. Bequemer ist der letzte Teil des Anstiegs über die fast um den Gipfel herumführende Schotterstraße. Vom Turm auf dem **Großen Knollen** (2.15 Std., 687 m NN) genießen wir in einer Höhe von über 700 m NN wegen der exponierten Lage des Berges eine außerordentlich gute Rundsicht. Im Nordosten befindet sich in 20 km Entfernung der Brocken, im Osten der Stöberhai, im Westen liegt am Harzrand Herzberg, im Süden das Eichsfeld und schließlich im Nordwesten der Acker mit der Hanskühnenburg.

Der Abstieg führt über den Weg mit der Markierung 13F (grünes Dreieck). Im Sattel unterhalb der Kuppe angekommen, folgt man dem Weg unterhalb der Hübichentalsköpfe, der an einzelnen Stellen, besonders bei feuchtem Wetter, rutschig sein wird. Nach etwa 800 m mündet dieser Weg auf eine Forststraße. Hier müssen wir rechts abbiegen (nach links gelangt man über eine bequeme Forststraße in das Luttertal und nach Bad Lauterberg). Wir

Licht- und Schattenspiel in der Einhornhöhle

folgen weiter dem grünen Dreieck (13F, zugleich Teil des Europäischen Wanderweges Nr. 6 »Ostsee–Harz–Adria«). Nach Passieren des Pfaffentalskopfes umgehen wir die breite Kuppe des **Herbstberges** (3.15 Std.) im Osten und verlassen dabei das Bremketal. Der Untergrund besteht bis dahin vorwiegend aus der sandsteinartigen Grauwacke, die auch an einzelnen Stellen des Weges zum Vorschein kommt. Am Kreuzungspunkt südlich des Herbstberges bleiben wir zwar weiterhin auf dem Europäischen Wanderweg, betreten aber mit ihm nach Süden den Weg 13G (gelbes Kreuz) zur Ruine Scharzfels. Auf einem Höhenrücken zwischen dem Andreasbachtal und einem weiteren Seitental der Oder gehen wir zum Frauenstein und zur **Ruine Scharzfels** (4 Std.). Auf der gegenüberliegenden Talseite befindet sich im Dolomit die Einhornhöhle, deren früheste Beschreibung aus dem Jahre 1583 stammt. Den Namen hat sie von Knochenresten eiszeitlicher Tiere erhalten, die als die Relikte eines Einhorns gedeutet wurden. Zu den bekannteren Besuchern gehören Wilhelm Leibniz, Johann Wolfgang von Goethe, Rudolf Virchow und Hermann Löns.

Die Burg Scharzfels wird in Richtung Bahnhof Scharzfeld verlassen. Wir steigen hinab in das kleine Tal im Westen und treffen hinter dem Viadukt der B 27 auf den **Bahnhof Scharzfeld** und die Bushaltestelle (4.45 Std.), von wo wir die Rückfahrt zum Ausgangspunkt antreten.

AM WEGE

Die Burg Scharzfels: Der Gipfel der Anhöhe mit der Burg besteht aus Dolomit. Diese exponierte Stelle wird schon in vorgeschichtlicher Zeit besiedelt gewesen sein. Die Burg wurde im 10. Jh. zum Schutze der nahegelegenen Abtei Pöhlde erbaut und erstmals im Jahre 1131 schriftlich erwähnt. Sie erlitt ein ähnliches Schicksal wie Burg Hohnstein (s. S. 206). Im Laufe der Geschichte wechselte sie mehrfach ihre Besitzer, die diese immer wieder in finanzielle Schwierigkeiten gerieten. Im Dreißigjährigen Krieg wurde sie zur Festung ausgebaut. Vorübergehend diente sie als Gefängnis; französische Truppen zerstörten sie schließlich während des Siebenjährigen Krieges im Jahre 1761.

12

Wiesen und Bergbau um St. Andreasberg

Die Bergstadt aus verschiedenen Blickwinkeln

St. Andreasberg ist die östlichste der sieben ehemaligen Bergstädte im Oberharz. Holzhäuser bestimmen das Bild dieses bezaubernden Ortes auf einem Höhenrücken zwischen Oder und Sieber. Am schönsten ist seine Umgebung, wenn die Bergwiesen in Blüte stehen. Die Route führt durch diese Wiesenlandschaft, wobei man unterwegs den Ausblick auf die typischen Bergformen des Harzes mit dem Acker, dem Rehberg oder dem Stöberhai genießen kann.

i

WEGVERLAUF: Rundwanderung. St. Andreasberg Busbahnhof – Glockenberg – Silberhütte (30 Min.) – Kurt-Reulecke-Schutzhütte (1 Std.) – Dreibrodetal – Dreibrodesteine (1.15 Std.) – Jordanshöhe (15 Min.) – St. Andreasberg (30 Min.)

DAUER: 3.30 Std.

LÄNGE: 13,5 km

HÖHENANGABEN: ca. 150 Höhenmeter aus dem Dreibrodetal (500 m NN) zu den Dreibrodesteinen (650 m NN)

SCHWIERIGKEITSGRAD: mittel; Wechsel von Auf- und Abstiegen

WEGBESCHAFFENHEIT: gut

WANDERKARTE: TK 1:50 000 mit Wanderwegen; Wandern im Westharz, mittleren Harz (Wanderkarte des Harzklubs e.V.)

WEGMARKIERUNGEN: 28B roter Kreis, 16D rotes Kreuz

EINKEHRMÖGLICHKEITEN: unterwegs keine, erst wieder in St. Andreasberg

AN- UND ABFAHRT: **mit dem Kfz** von Göttingen über die B 27, Anfahrt **mit dem Bus** (Linie 432) von Goslar 1.20 Std., Bad Lauterberg (Linie 450, 432) 25 Min., letzte Busse zwischen 17 und 19 Uhr

ANSCHLUSSWANDERUNG: Rehberger Graben (Wanderung Nr. 20)

BESONDERE HINWEISE: In St. Andreasberg bietet sich der Besuch der Grube Samson sowie des Beerberges mit dem geologisch-bergbauhistorischen Wanderweg an.

DER WANDERWEG

Wir starten vom **Busbahnhof** (590 m NN) in **St. Andreasberg** zum Gipfel des Glockenberges. Der Weg führt links am Hotel »Glockenberg« vorbei auf die Wiesen im Süden. An der Abzweigung des Johann-Kothe-Weges halten wir uns rechts und steigen bergan. Auf der Höhe sollte bereits nach etwa 10 Minuten ein Stop eingelegt werden, um das eindrucksvolle Panorama vom **Glockenberg** aus zu genießen. Im Westen erstreckt sich der Höhenzug des Ackers. Im Südwesten sind die kuppenförmigen Berge um den Großen Knollen zu sehen. Im Südosten erhebt sich über dem Odertal der Stöberhai, und im Norden steigt das Gelände oberhalb St. Andreasberg zum fast 900 m hohen Rehberg an.

Während der ersten Junitage stehen die Wiesen mit Margeriten, Knöterich, Glockenblumen, Wiesenstorchschnabel u. a. in voller Blütenpracht.

Wir überqueren den Berg und verlassen die Wiesenlandschaft. Unser Weg führt uns über die Höhe über einen steileren, bei feuchterem Wetter sicherlich auch rutschigen Weg talwärts. An der ersten Verzweigung bleiben wir auf der linken Seite und gelangen etwa 500 m nach Verlassen des Aussichtspunktes zu einer Kreuzung. Hier gehen wir geradeaus weiter talwärts und benutzen nun eine Forststraße, über die wir in den bewaldeten Talgrund des Sperrluttertales zum Ortsteil **Silberhütte** (30 Min., 460 m NN) gelangen. Dabei bewegen wir uns durch Fichtenwald. Der karge Boden ist im Kontrast zu den artenreichen Wiesen fast nur mit Heidelbeersträuchern bestanden. Wir betreten Silberhütte von Osten her, gehen auf das Zentrum zu und passieren dabei rechter Hand ein historisches Gebäude aus dem 19. Jh. An diesem Platz war die neue Silberhütte von 1663 bis 1911 in Betrieb.

In der Ortsmitte angekommen, müssen wir uns rechts halten, gehen über die Straße etwa 300 m weit in das Tal hinein und queren den Bach zum Anstieg (Wegweiser hinter der Brücke auf der linken Seite, 28B) über einen Steig auf die bewaldeten Höhen zwischen dem Sperrlutterbach- und dem Siebertal. Zunächst steigt der Weg durch ein Tal unterhalb des Mühlenkopfes auf die rückenförmigen Anhöhen im Südwesten von St. Andreasberg, wo wir auf der Höhe auf eine Forststraße treffen, biegen nach rechts ab und gelangen zum Parkplatz »Sieberberg« an der L521. Wir queren die Landstraße und begeben uns, indem wir uns links halten, auf einen Höhenweg, den wir nach etwa 700 m nach rechts hinauf verlassen. Nach etwa 250 m beginnt dann auf der Höhe auf der linken Seite der Anstieg auf

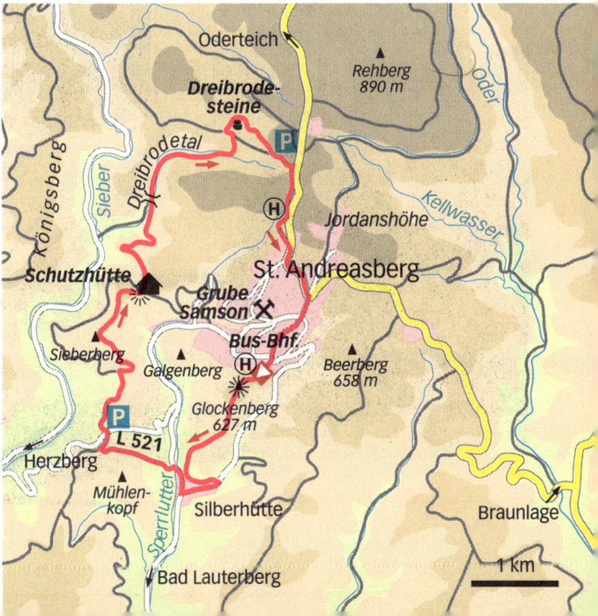

Wanderung 12: Die Bergstadt aus verschiedenen Blickwinkeln

St. Andreasberg und der Bergbau im Mittel- und Oberharz

Erste Vorstöße des Bergbaus in die Randzonen des Oberharzes gehen zwar bis auf das 11./12. Jh. zurück, aber aus seinem Dornröschenschlaf wurde der Oberharz erst im 16. Jh. geweckt. Bis dahin besaßen die potentiellen Siedler kaum ein Interesse, sich in einer unwirtlichen Umgebung wie dem zentralen Oberharz niederzulassen, denn ein Leben in einer durchschnittlichen Höhenlage von 500 m über dem Meeresspiegel war nicht gerade wünschenswert. Die Existenzsicherung war dauernd höchsten Belastungen ausgesetzt, zumal Ackerbau aus klimatischen Gründen in der Höhe nicht mehr betrieben werden konnte. Große Pro-

Die historischen Gebäude der Grube »Samson«

bleme stellten sich einer Tierhaltung entgegen, da es an ausreichenden Weideflächen mangelte. Außerdem mußten Wiesen mit dem auf ihnen gewonnenen Heu den winterlichen Nahrungsbedarf der Nutztiere sicherstellen. Aber diese fehlten in dem Waldgebiet.

Ein Leben auf Dauer war also im Oberharz außerordentlich beschwerlich. Dennoch ist bekannt, daß wahrscheinlich schon seit 400 n. Chr. saisonal Hüttenplätze unterhalten wurden. Der Brennstoff für den Verhüttungsprozeß, die Holzkohle, wurde in den Wäldern produziert, und dort nahmen die Hütten auch ihren Betrieb auf. Es ist urkundlich belegt, daß sich ab 1200 aus diesem Grunde erste Siedler im Oberharz niederließen. 1347–1353 blieb auch diese Region von der Pest nicht verschont und brachte die bescheidenen Anfänge einer Erschließung zum Erliegen.

Um auswärtige Siedler anzulocken, räumten ihnen die Landesherren verheißungsvolle Vorrechte ein. In den Bergfreiheiten sicherten sie ihnen Steuerfreiheit, Entbindung von Hand- und Spanndiensten, Bauen ohne Abgaben, freie Wohnung, kostenloses Holz und Backen, unabhängige Wochenmärkte und andere Vergünstigungen zu, von denen die Bevölkerung auf dem Lande außerhalb des Oberharzes nicht einmal zu träumen wagte. Trotzdem wurden die Angebote nur zögernd angenommen.

Wie aus den Gründungsdaten der sieben Oberharzer Bergstädte hervorgeht, wurde St. Andreasberg erste freie Bergstadt (1521). Ihr folgten Wildemann (1529), Grund und Zellerfeld (1532), Lautenthal (1538), Altenau und Clausthal (beide 1554).

Erster Anlaß für die Gründung der Bergstadt St. Andreasberg war im Jahre 1520 ein großer Erzfund am Beerberg im Osten des Ortes. Die Grafen Heinrich und Ernst von Hohnstein sowie die Herren zu Lohra und Klettenberg, erließen sofort eine Bergfreiheit, die in Mansfeld und in den Bergbaugebieten Sachsens (Erzgebirge) öffentlich angeschlagen wurde. Darin wurden alle Bergleute aufgefordert, in der Hohnsteinschen Herrschaft, »zu Lutterberg« (Lauterberg) oder an einem anderen im Oberharz gelegenen Ort auf Silber und andere Metalle zu schürfen. Die Resonanz auf diesen ersten Aufruf war dürftig, so daß 1527 ein zweiter folgte. Bergleute aus dem westlichen Erzgebirge machten sich 1528 auf den Weg in den Harz. Die Wahl des Gebietes um St. Andreasberg erschien günstig, denn schon nach 10 Jahren waren mehr als 300 Wohnhäuser errichtet. 1533 befanden sich bereits 116 Gruben in Betrieb, deren Anzahl noch bis auf 160 anwuchs. Seit jener Zeit spricht man sächsisch in den auf Kahlschlägen entstandenen Siedlungen.

Selbst in guten Zeiten war die Arbeit des Bergmannes außerordentlich schwer. 12 Stunden am Tag wurde hart gearbeitet. Davon war für den Gang vor Ort manchmal allein ein Weg von 4 Stunden erforderlich, wobei beträchtliche vertikale Wegstrecken über Leitern zurückgelegt werden mußten. Abgesehen von der schweren Arbeit in der Grube war doch allein der Weg an den Arbeitsplatz und zurück eine mit umgekehrten Vorzeichen durchgeführte bergsteigerische Unternehmung, die der Besteigung des Brockens von Ilsenburg aus entsprach. Heinrich Heine hatte sich auf seiner Harzreise 1824 in Clausthal einer solchen beschwerlichen Begehung ausgesetzt und beschrieb seine Grubenfahrt:

»Die Leitersprossen sind kotig naß. Und von einer Leiter zur anderen geht's hinab, und der Steiger voran, und dieser beteuert immer: es sei gar nicht so gefährlich, nur müsse man sich mit den Händen fest an den Sprossen halten, und nicht nach den Füßen sehen, und nicht schwindlicht werden, und nur beileibe nicht auf das Seitenbrett treten, wo jetzt das schnurrende Tonnenseil heraufgeht, und wo vor vierzehn Tagen ein unvorsichtiger Mensch hinuntergestürzt und leider den Hals gebrochen. Da unten ist ein verworrenes Rauschen und Summen, man stößt beständig an Balken und Seile, die in Bewegung sind, um die Tonnen mit geklopften Erzen oder das hervorgesinterte Wasser heraufzuwinden. Zuweilen gelangt man auch in durchgehauene Gänge, Stollen genannt, wo man das Erz wachsen sieht, und wo der einsame Bergmann den ganzen Tag sitzt und mühsam mit dem Hammer die Erzstücke aus der Wand herausklopft. Bis in die unterste Tiefe, wo man, wie einige behaupten, schon hören kann, wie die Leute in Amerika ›Hurrah Lafayette!‹ schreien, bin ich nicht gekommen; unter uns gesagt, dort, bis wohin ich kam, schien es mir bereits tief genug …«

In St. Andreasberg fuhren die Bergleute 1910 zum letzten Mal ein, um Erz aus der Grube zu holen. Bis dahin hatten sie Erz mit einem Gesamtsilbergehalt von 310 t zu Tage gefördert.

Blick auf St. Andreasberg

den Sieberberg. Dann geht es über die Höhen mit einzelnen Ausblicken durch Fichtenwald bis zur **Kurt-Reulecke-Schutzhütte** (1.30 Std.). Wir verlassen etwa 50 m unterhalb der Hütte an einem Knotenpunkt den Höhenweg links abbiegend in Richtung Dreibrodetal über eine Forststraße (mittlerer Weg), die sich bis zum Bachlauf den Hang hinunterzieht. Es ist ein bequemer Weg, der uns Einblick in eine großartige Tallandschaft gewährt. Hinter der Brücke halten wir uns rechts und folgen dem Hinweis zum Parkplatz »Clausthaler Straße« (nicht nach links abbiegen zum Parkplatz »Dreibrodetal«). Auf diesem Weg durch das Dreibrodetal überschreiten wir die geologische Grenze von den Sedimentgesteinen des Erdaltertums zum Granit. Der im Grenzbereich anstehende Hornfels tritt als hartes Gestein durch die Ausbildung von Klippen besonders in Erscheinung. Der Ausstieg aus dem Tal ist zugleich der Anstieg in das Granitgebiet mit den Dreibrodesteinen. Im Granitgebiet werden die Hänge flacher, der nun moorige Talgrund weitet sich. Schließlich endet der Talweg an einer hangparallelen Forststraße, auf der wir etwa 100 m nach links gehen, um dann über einen nach rechts abzweigenden Steig nach weiteren 100 m die **Dreibrodesteine** (2.45 Std.), drei riesige Granitblöcke, zu erreichen.

Nächstes Ziel ist der Parkplatz Dreibrodetal. Durch ein vermoortes Jungwaldgebiet mit Ebereschen am Wegrand gelangen wir an Schwarzwasserläufen vorbei wieder auf die Forststraße, die schließlich an der L 519 endet. Rechts abbiegend, folgen wir nun dem Wanderweg 16D (rotes Kreuz) parallel zur Landstraße nach St. Andreasberg. Nach wenigen hundert Metern befinden wir uns auf der Jordanshöhe mit Bergwiesen, deren lieblichen Charakter wir schon am Anfang der Wanderung kennenlernten. Diese Wiesen sind etwa 100 m höher gelegen als jene auf dem Glockenberg, so daß die sie umrahmenden Laubgehölze bis auf einige Ebereschen fast vollkommen in den Hintergrund treten. Beherrscht wird die Szenerie von dem fast 900 m hohen Rehberg im nördlichen Hintergrund. Anschließend steigen wir hinab nach **St. Andreasberg,** wo wir noch das Schaubergwerk, die Grube Samson und/oder den Bergbaupfad am Beerberg besuchen können. Bei einem Besuch der Grube Samson müssen wir in St. Andreasberg die nach rechts abzweigende Obere Grundstraße benutzen.

13

Auf den Spuren mittelalterlicher Mönche und Bergleute

Von Michaelstein auf die Elbingeröder Hochfläche nach Rübeland

Der Tagesausflug führt in die Kalksteinlandschaft im Osten des Brockenmassivs und beginnt an historischer Stätte in Michaelstein. Durch Buchenwälder erfolgt der Anstieg auf die waldfreie Kalkstein-Hochfläche, deren Reichtum in der Vielfalt der dort wachsenden Kräuter liegt. Geradezu märchenhaft sind die Formen unter der Oberfläche in den Höhlen von Rübeland.

i

WEGVERLAUF: Rundwanderung. Michaelstein – Nordostrand Silberbornsgrund (45 Min.) – Eggeröder Brunnen (1 Std.) – Rübeland (Baumannshöhle) (1 Std.) – Garkenholz (45 Min.) – Eggeröder Brunnen (45 Min.) – Volkmarskeller (15 Min.) – Michaelstein (1 Std.)

DAUER: 5.30 Std.

LÄNGE: 20,5 km

HÖHENANGABEN: Anstieg von Michaelstein (270 m NN) bis Silberbornsgrund (480 m NN) mit 210 Höhenmetern

SCHWIERIGKEITSGRAD: mittel

WEGBESCHAFFENHEIT: südlich von Eggeröder Brunnen (Jasperode) rauh und buckelig, im Garkenholz feucht

WANDERKARTE: TK 1:50 000 mit Wanderwegen; Wandern im Ostharz, mittleren Harz (Wanderkarte des Harzklubs e.V.)

WEGMARKIERUNGEN: roter Kreis, grüner Kreis, gelber Balken, gelbes Quadrat

EINKEHRMÖGLICHKEITEN: in Rübeland, Eggeröder Brunnen nur gelegentlich

AN- UND ABFAHRT: bei Anreise **mit dem Kfz** Parkplatz Michaelstein. **Mit dem Bus** H-253 und 258 bis Waldmühle, Mo–Fr fast stündlich, Fahrtzeit: 10 Min., Rückreise bis 19 Uhr; vorzeitige Rückreise von Rübeland nach Blankenburg (H-258) ist bis 16.30 Uhr möglich, Fahrtzeit: 25 Min. Eine Anfahrt mit dem Bus von einem zentralen Ort ist günstiger, da zwischendurch wegen schlechten Wetters oder Unpäßlichkeiten die Wanderung abgebrochen werden kann.

BESONDERE HINWEISE: Öffnungszeiten: Hermannshöhle, Baumannshöhle siehe »Wanderinfos von A–Z« S. 232; Schaubergwerk »Büchenberg« siehe »Wanderinfos von A–Z« S. 231

DER WANDERWEG

Ausgangspunkt für unsere Wanderung ist das **Kloster Michaelstein** (250 m NN) im Rippenbachtal. Wir verlassen die Klosteranlage in Richtung Blankenburg und biegen direkt hinter dem braunen Haus rechts ab, queren den Bach und steigen über eine mit Holzbohlen ausgelegte Treppe hinauf, halten uns an deren Ende rechts, betreten einen Forstweg nach rechts (Schranke) und gelangen schießlich links abbiegend auf einen Sporn, der entlang eines talförmigen Einschnittes ansteigt. Linker Hand befinden sich in dem hohen Buchenwald ein Tälchen und metertiefe Einschnitte als Reste eines alten Hohlwegs. Nach etwa 20 Minuten gabelt sich der Weg am Übergang zu einem hohen Fichtenwald. Hier müssen wir uns rechts halten. Der Fichtenbestand geht bereits nach 300 m wiederum in einen Buchenwald über. In einem langen, ansteigenden Bogen bewegt man sich über den südlichen Oberhang des Haupttales schließlich zu einem Holzverladeplatz. Hier befindet sich eine Rastgelegenheit am **Nordostrand des Silberbornsgrundes** (45 Min.). Von diesem Rastplatz aus benutzen wir den Höhenweg direkt über die vor uns liegende Anhöhe. Nach 1,5 km taucht im Buchenwald ein Futterplatz auf. Wir bleiben weiter auf dem Höhenweg. Er steigt sanft an und endet nach etwa 1 km auf dem Herzogsweg, wo etwa 100 m nach links die Bärenrücken-Hütte eine weitere Gelegenheit zur Rast bietet.

Nach dem Verlassen der Schutzhütte gehen wir die 100 m zurück und dann weiter nach Westen in das Tal des Klostergrundes mit sehr schönen Eschen und Erlen in der Tiefenlinie des Tales. An drei großen Eschen verlassen wir den Hauptweg und biegen über einen steinigen Fahrweg links ab in ein kleines, z.T. vermoortes Seitental im Wadekenholz mit einem jungen Fichtenbestand zur linken Seite. Der Weg endet schließlich auf einem Forstweg (Richtung Eggeröder Brunnen), an dem sich ein sehr schöner Rastplatz mit Blick auf den Brocken befindet. Der Weg führt nun durch den sich öffnenden Jungwald direkt hinab zur Feriensiedlung **»Eggeröder Brunnen«** (1.45 Std., Einkehr nicht immer möglich), die am Übergang von der Hochfläche zum Tal des Klostergrundes gelegen ist.

Mit dem Verlassen der Siedlung endet der Weg durch den Wald und führt nun, dem grünen Kreis als Markierung folgend, durch die freie Landschaft der Elbingeröder Kalksteinhochfläche. Zunächst steht im Untergrund grüner Schalstein, ein vulkanisches Gestein, an und geht dann in Kalkstein über. Der Weg steigt sanft und geradlinig bis zu einer flachen Anhöhe mit Fernsicht an. Zu dem bisher begleitenden Brockenmassiv und dem Wurmberg im Westen gesellen sich nun bei guten Sichtverhältnissen der 25 km entfernte Stöberhai im Südwesten und der 20 km entfernte Große Auerberg fast im Südosten.

Der Rand der Hochfläche ist an einem kleinen Wald erreicht, denn in ihm verbirgt sich bereits der steile Anfang eines Seitentälchens zum Bodetal. Nun wenden wir uns nach rechts (Markierung gelber Balken) und gelangen schließlich nach etwa 500 m auf eine alte in Serpentinen verlaufende Hainbuchenallee, die direkt nach Rübeland in das Bodetal hinabführt. Der Weg nach **Rübeland** (2.45 Std.) endet oberhalb der Baumannshöhle, die an der B 27 liegt.

Wir verlassen Rübeland über diese Straße und gelangen durch das enge Bodetal nach etwa 2,5 km zur Einmündung des Peersgrundes (vor der Rechtskurve der B 27, erkennbar am hohen Bruchsteinmauerwerk, 3.30 Std.). Hier verlassen wir die Bundesstraße und steigen im Talboden bis zur Kehre auf (davor

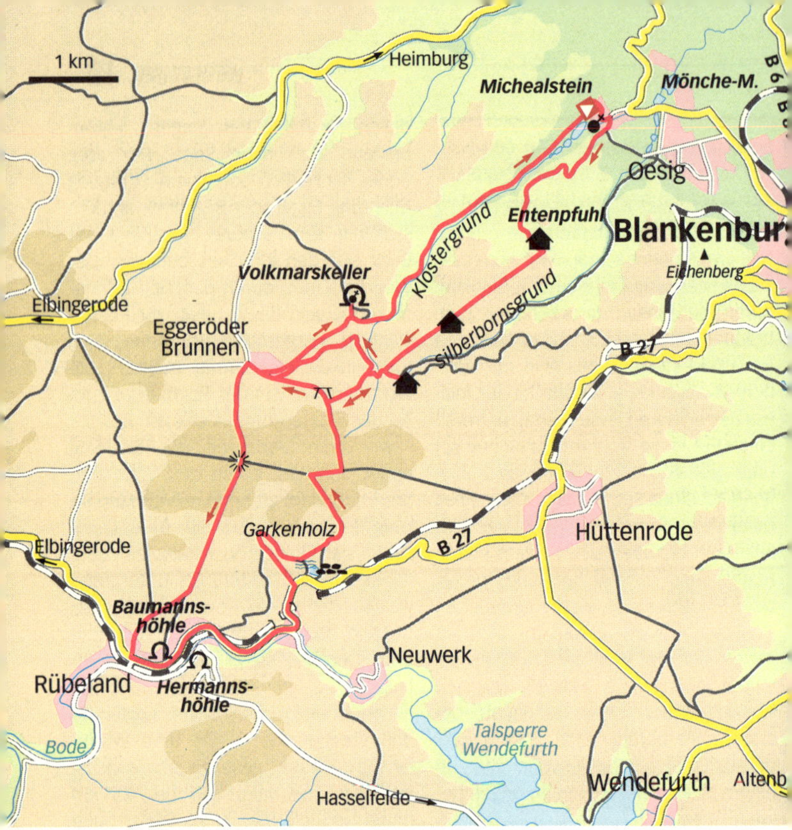

Wanderung 13: Von Michaelstein auf die Elbingeröder Hochfläche nach Rübeland

als Wegzeichen gelber Balken). Am Gegenhang führt nach einer Rechtswendung der Weg aus dem Tal heraus. Auf der Höhe zeigt sich als Markierung ein rotes Dreieck. Der Wald lichtet sich mit dem Erreichen des Geländes oberhalb der Steinbrüche. Schließlich verlassen wir das Garkenholz nach links. Vor uns taucht die freie Hochfläche auf. Auf der Höhe angekommen, sind zwei Routen nach Eggeröder Brunnen und zum Klostergrund möglich. Der direkte Weg führt uns, wenn wir die Kreuzung erreicht haben, nach links und wird uns schon vom Hinweg bekannt sein. Die rechte Alternative ist zwar länger, aber landschaftlich attraktiver. Wir biegen nach rechts ab, nach etwa 400 m wieder nach links und gehen direkt auf den Wald zu. Im Wald setzen wir, nach dem Passieren eines Gatters, den Weg in gleicher Richtung fort und treffen wieder auf den mittäglichen Rastplatz. Unmittelbar davor gehen wir auch wieder durch das moorige Seitental zum Herzogsweg und biegen nun an einigen Eschen, dem roten Kreis folgend, nach links ab. Dabei benutzen wir einen gewundenen Weg am Oberhang des Klostergrundes unterhalb Eggeröder Brunnen. An mehreren Anschnitten ist das Anstehende aufgeschlossen (z. T. Schalstein). An einem Sporn lädt eine Sitzbank zu einem Blick über das Tal ein. Der Abstieg nach Michaelstein (gelbes Quadrat) erfolgt nach dem Erreichen von **Eggeröder Brunnen** (4.15 Std.) über einen alleeartigen Weg durch den Klostergrund. Das enge Tal zeigt sich dem Wanderer stellenweise fast als Schlucht mit vielen Klippen (Ibenklippen) und Gefällstufen im Bachlauf. An den Hängen ragen schöne Einzelexemplare der Buche auf, im Talgrund fällt vor allem im Herbst der Bergahorn auf.

Abstecher: An der Abzweigung zum **Volkmarskeller** (4.30 Std.) an einem Teich und einer großen Fichte bietet sich die Gelegenheit zu rasten. Von hier führt der Weg nach links aufwärts in ein Seitentälchen. Nach einem kurzen Wegstück befindet sich dann rechts am Hang die alte **Höhlenkirche von St. Michael** im Fels. Wir gehen wieder zurück auf die Straße nach Michaelstein im Tal des Klostergrundes und setzen unseren Weg zurück zum Ausgangsort fort.

Vor den ersten von den Mönchen angelegten Fischteichen führt der Weg (gelbes Quadrat) an einer geologischen Sehenswürdigkeit vorbei: Durch eine Bohrung nach Eisenerz ist hier eine Schwefelquelle entstanden. Nach etwa 1,5 km ist die Klosteranlage wieder erreicht.

AM WEGE

Das Kloster Michaelstein: Die ersten Hinweise auf die Existenz von Michaelstein reichen ziemlich weit ins Mittelalter zurück. Nach einer Urkunde von Kaiser Otto I. aus dem Jahre 965 wurde dem Reichsstift Quedlinburg u. a. auch eine »St. Michaeliskirche bei der Höhle«, später als Volkmarskeller bezeichnet, geschenkt. Das Kloster war eine Gründung (1147) der Äbtissin Beatrix II. von Quedlinburg. Roger, der erste Abt, erhielt das Gut Eversgodesrode am Talausgang als Schenkung. 1152 wurde die Tätigkeit der Zisterzienser erstmalig erwähnt, und nach 15 Jahren wurde das Patronat des heiligen Michael auf die Neugründung übertragen, in der später zeitweise 50 Mönche gelebt haben. Die Reformation brachte das Ende des Klosters. Es wurde säkularisiert und bis 1807 als höhere Klosterschule genutzt. Nach 1815 existierte Michaelstein als ein selbständiges Dorf und wurde nach dem Zweiten Weltkrieg dem neugebildeten Land Sachsen-Anhalt zugeordnet.

Von der ursprünglichen Baumasse des Klosters ist nur noch wenig erhalten. Es erlitt im Bauernkrieg das gleiche Schicksal wie viele andere kirchliche Einrichtungen, so daß jetzt nur noch vage Vorstellungen von der Gestalt der ursprünglich vorhandenen Kirche existieren, denn nach starken Beschädigungen in den Jahren 1525 und 1533 verfiel sie schließlich vollständig. So war die Klosterkirche vermutlich eine dreischiffige Basilika mit Querschiff. Von der Gesamtanlage blieben der Kreuzgang und die romanischen Innenräume übrig. Die erhaltenen Teile beherbergen ein Musikinstrumentenmuseum und das Institut für Aufführungspraxis der Musik des 18. Jh. Sehenswert ist der Klostergarten mit 250 verschiedenen Pflanzenarten, einer Auswahl der im Mittelalter gebräuchlichen Kräuter.

Entstehung und Verbreitung von Höhlen im Harz

Im Gegensatz zur Granitlandschaft oder Gebieten mit Sandstein, Schiefer oder Vulkangesteinen, also silikatischen Gesteinen, besitzt die im Kalkstein entwickelte Landschaft einen völlig anderen Formenschatz. Die Entstehung ihrer Formen beruht vorwiegend auf der chemischen Lösung des Gesteins durch das Wasser. Die Gesamtheit dieser durch die Wirkung von Grund- und Oberflächenwasser in löslichen Gesteinen (hauptsächlich Kalkstein, seltener Gips oder Dolomit) entstehenden Formen bezeichnet man als Karst (slawisch *krs* = Fels oder *krsti* = zerbrochen; Karst = Durcheinander). In dieser Hinsicht besteht ein klarer Unterschied zwischen silikatischen Gesteinen auf der einen Seite und dem Kalkstein auf der anderen. Ein chemischer Angriff des Wassers auf die silikatischen Gesteine bleibt fast unwirksam. Völlig anders ist die lösende Wirkung des Wassers auf den Kalkstein oder Gips. Die Löslichkeit von Kalkstein wiederum ist im Vergleich zu Gips wesentlich geringer, aber im Verlauf von geologischen Zeiträumen können durch den Lösungsprozeß hervorgerufene Veränderungen gewaltige Ausmaße annehmen und landschaftsprägend sein.

Das Relief von Kalksteingebieten erfährt durch die Lösung eine vollkommen eigene Entwicklung mit besonderen und typischen Formen, die sich nun eindeutig von den Formen kalksteinfreier Gebiete, beispielsweise im Granit, unterscheiden. Da sie wegen ihrer Vielfalt und Schönheit nicht nur die Aufmerksamkeit von Geowissenschaftlern auf sich ziehen, sondern auch Laien sie interessant finden, sollen einzelne Formen erklärt werden. Charakteristisch ist für die Kalksteingebiete die ungewöhnliche Durchlässigkeit der Felsunterlage, die durchaus mit der Durchlässigkeit poröser vulkanischer Aschen vergleichbar ist.

In einer solchen Landschaft verschwindet das auf dem Boden auftreffende Regenwaser schnell im Untergrund und wird dort erst wieder zum Vorschein kommen, wo es auf eine undurchlässige Unterlage trifft. Die Oberfläche ist in bezug auf das Wasser völlig trocken und genauso wasserlos wie eine Wüste. Das macht es verständlich, daß es in Kalksteingebieten viele Täler ohne ein fließendes Gerinne, sogenannte Trockentäler gibt. Gleichzeitig ist damit auch erklärt, warum Kalksteinfelsen fast senkrechte Wände besitzen. Hier hat die Abtragung entlang der Klüfte gewirkt. In den

Die Baumannshöhle in Rübeland

Wänden treten oft ungewöhnliche Formen und sogar Hohlräume auf. Bäche oder Flüsse, die aus kalksteinfreien Gebieten kommen, verschwinden wegen der Durchlässigkeit, bilden unterirdische Wasserläufe und tauchen dort, wo sich die Gesteinsverhältnisse ändern, wieder auf. Das sind zusammengenommen die typischen Eigenschaften einer Karstlandschaft.

In der Karstlandschaft wird aber nicht nur Kalkstein bzw. Kalziumkarbonat gelöst, sondern aus der Lösung auch wieder Kalziumkarbonat abgeschieden. Dieses tritt bei

Erwärmung und Verdunstung durch Übersättigung der Kalklösung ein. Darin liegt die Ursache für die Bildung von Tropfsteinen in unterirdischen Hohlräumen. Bei der Entstehung und Entwicklung von Hohlräumen und damit von Höhlen müssen vier verschiedene Vorgänge unterschieden werden:

1. die Entstehung der Leitbahnen,
2. ihre Erweiterung zu Höhlen,
3. die Ausfüllung mit Ausfällungen (Tropfsteinen) und
4. der Verfall der Hohlräume.

Grundvoraussetzung für die Entstehung von Hohlräumen ist die Anwesenheit von Klüften und Rissen als Leitbahnen für das in das Gestein eindringende Wasser. Sie entstehen durch Spannungen im Gestein. Das Wasser folgt diesen Klüften, Brüchen und Rissen. Soll der Lösungsprozeß in Gang gehalten werden, dann muß das Karstwasser in ständiger Bewegung sein. Wenn es nämlich keinen Abfluß gäbe, würde Sättigung eintreten und der Lösungsprozeß wäre beendet. Von oben wird ungesättigter Regen oder während der Schneeschmelze Schneewasser nachgeführt.

Sobald nun die Bahnen der unterirdischen Wässer von den Stellen, wo sie versickerten, bis zu den Punkten, wo sie als Quelle zum Vorschein kommen, einen Durchfluß und damit einen Austausch gewährleisten, vollzieht sich der Vorgang der Erweiterung. Dieser erfolgt in feinen Rissen durch Lösung des Gesteins und verstärkt sich, wenn Wasser durch die im Laufe der Zeit geweiteten Risse fließen kann und mitgeführte Gesteinspartikel abschleifend wirken. Schließlich spielt für die Erweiterung eines Hohlraums oder einer Höhle die Gesteinslösung nur noch eine untergeordnete Rolle. Die Ausfüllung eines Hohlraums geschieht durch Einsturz und durch Absonderung von Tropfsteingebilden. Höhlen verfallen oder verschwinden, wenn die Höhlendecke einstürzt.

Die bekanntesten Kalksteinhöhlen des Harzes befinden sich mit der Baumannshöhle und der Hermannshöhle in bzw. bei Rübeland im Gebiet der Elbingeröder Kalksteinhochfläche. Im Westen ist in der gleichen Gesteinsart die Iberger Tropfsteinhöhle bei Bad Grund entstanden. Formen der Karstlandschaft findet man auch am Südrand des Harzes. Hier gibt es größere Täler ohne Flüsse, wie zum Beispiel das Auslaugungstal zwischen Wettelrode und Uftrungen, trichterförmige Hohlformen wie Erdfälle und Dolinen. Zwei Höhlen können auch in dieser Landschaft besucht werden. Es sind die Heimkehle bei Uftrungen im Gips und die Einhornhöhle bei Scharzfeld im Dolomit.

14

Fast ein Hochgebirgstal

Das untere Bodetal zwischen Treseburg und Thale

Auf ihrer letzten Wegstrecke durch den Harz hat sich die Bode über 200 m tief in den Gesteinsuntergrund eingeschnitten und mit Klippen und steil aufragenden Felswänden einen wilden, engen, schluchtartigen Talabschnitt geschaffen, der an manchen Stellen an ein Hochgebirgstal erinnert. Diese Wanderung gehört zu den landschaftlich schönsten und interessantesten im Harz.

WEGVERLAUF: Rundwanderung. Treseburg – Pfeil-Denkmal (1 Std.) – La-Vieres-Höhe – Hexentanzplatz (1 Std.) – Jägerstieg – Thale (30 Min.) – Katersteg – Goethefelsen – »Am Hirschgrund« – Teufelsbrücke (1.30 Std.) – Dambach (1 Std.) – Treseburg (1 Std.)

DAUER: 6 Std.

LÄNGE: 19 km

HÖHENANGABEN: Anstieg von Treseburg (277 m NN) zum Aussichtsplatz oberhalb des Bodetals (414 m NN) mit Überwindung von etwa 140 Höhenmetern

SCHWIERIGKEITSGRAD: leicht, nur längerer Anstieg oberhalb Treseburg; bei warmem Wetter Anforderungen an die Kondition

WEGBESCHAFFENHEIT: gut, nur beim Anstieg oberhalb der Teufelsbrücke ist wegen glatten Untergrundes bei feuchtem Wetter Vorsicht geboten

WANDERKARTE: TK 1:50 000 mit Wanderwegen; Wandern im mittleren Harz (Wanderkarte des Harzklubs e.V.), für den Weg durch das Bodetal kann als sehr informativer Begleiter und Orientierungshilfe beim Tourist Service in Thale, Rathausstr. 1 (gegenüber dem Bahnhof), die kleine Broschüre »Führer durch das Bodetal« gekauft werden.

WEGMARKIERUNGEN: 32C roter Kreis; 38A blaues Dreieck

EINKEHRMÖGLICHKEITEN: auf dem Hexentanzplatz, in Thale und im Hirschgrund

ANFAHRT: **Mit dem Bus** von Blankenburg Hbf. Sonntags frühestens 8 Uhr. Fahrtzeit ca. 35 Minuten, werktags ab 6 Uhr. Haltestellen Treseburg »Gasthof Forelle« und »Ferienheim Wildstein«. Eine Rückfahrt nach Thale bei umgekehrtem Beginn nur während der Sommerferien von Sachsen-Anhalt. Dann von Treseburg spätestens 17.30 Uhr.

ABFAHRT: Die Rückreise kann nach Blankenburg um 16 und 19 Uhr angetreten werden.

ANSCHLUSSWANDERUNG: Wanderung Nr. 15 (Friedrichsbrunn)

BESONDERE HINWEISE: Seilbahn zum Hexentanzplatz

DER WANDERWEG

Die Wanderung beginnt in **Treseburg** am **Parkplatz unmittelbar an der Bode.** Wir verlassen den Ort in Richtung Süden bis zum Haus Nr. 26 der Ortsstraße, queren hinter dem Wegweiser die Luppbode und folgen dem Weg 32C (roter Kreis) bis Hexentanzplatz. Im Tal beginnt ein kontinuierlicher, etwa 30 Minuten dauernder Anstieg und führt an einzelnen kleinen Klippen vorbei durch Mischwald, der vorwiegend aus Eichen, Buchen und Hainbuchen besteht, auf die Anhöhe. Unmittelbar vor dem Ende des Anstiegs wird an einer Plattform der Blick in das Bodetal mit Treseburg freigegeben.

Auf der Höhe ändern sich die Wegverhältnisse. Wir biegen nach rechts auf die hauptsächlich durch Buchenwald führende Forststraße ab. An der Schutzhütte »An der Hagedornstraße« verlassen wir die Forststraße und gehen nach links in ein kleines Seitental des Bodetales, um uns dann beim Erreichen der Talsohle des Dambachtales nach rechts zu wenden. Auf dem Anstieg zur Hochfläche lädt im hohen Buchenwald unweit des **Pfeil-Denkmals** (1 Std.) ein Sitzplatz zum Verweilen ein. Wir bleiben auf demselben Weg und treffen etwa 1,1 km nach Verlassen des Denkmals auf die Fahrstraße Thale–Friedrichsbrunn. Unmittelbar an der Straße biegen wir dann links nach Norden ab. Wir bleiben in Höhe eines nach links abzweigenden Pfades auf dem Hauptweg, gehen nach halbrechts weiter und folgen der Markierung bis zum Rastplatz unmittelbar vor dem Tierpark. Der Weg führt nun durch den Wald am Zaun des Zoos entlang.

Ein Schild auf der linken Seite weist auf den 200 m entfernten Aussichtspunkt **La-Vieres-Höhe** hoch über der Bode hin. Auf diesem **Abstecher** befindet sich der Betrachter unmittelbar gegenüber den imposanten, fast senkrechten Granitwänden der Roßtrappe und über dem im Tal liegenden, romantischen Plätzchen des Hirschgrundes.

Wieder auf dem Weg oberhalb des Bodetales erreichen wir den **Hexentanzplatz** (2 Std.), der in einer Höhe von 451 m NN fast 240 m über dem Talgrund gelegen ist. Der Blick in das Tal ist für einen Mittelgebirgswanderer ungewöhnlich. Der tiefe und enge Taleinschnitt der Bode hat hier am Rand des Harzes eher den Charakter einer alpinen Schlucht. Leicht rosa, durch Klüfte in große Quader aufgeteilt, zeigt sich der anstehende Granit. Am oberen Talrand sind pfeilerförmige Felsburgen als Klippen stehengeblieben. Taleinwärts ändert sich der Charakter der Landschaft durch weniger steile, z. T. mit Blockhalden besetzte Hänge. Mit der Stille der Wälder ist es am Hexentanzplatz vorbei. Auf dem riesigen Parkplatz lassen an- und abfahrende Busse und Pkw den Besucherstrom nicht abreißen. Einen zusätzlichen Beitrag zum Pulsieren der Menschenmassen leistet die von Thale heraufführende Seilbahn.

Auf dem vom Parkplatz des Hexentanzplatzes abzweigenden Weg zum Harzer Bergtheater muß man sich für etwa 300 m in den Strom der Ausflügler einordnen. Fast völig allein sind wir wieder, wenn wir dann etwa 100 m vor dem Harzer Bergtheater rechter Hand dem Wegweiser folgen und über den romantischen, manchmal etwas beschwerlichen, aber doch gut gesicherten **Jägerstieg** nach Thale hinabsteigen. Im oberen Teil windet sich der Steig teilweise über Treppen an Granitwänden und -klippen entlang, bis wir schließlich unten im östlichen Seitental der Bode an einem kleinen Staudamm ankommen. Wir benutzen die hier beginnende Walpurgisstraße in Richtung **Thale** (2.30 Std.) und biegen nach etwa 300 m nach links in die Rudolf-Breitscheid-Straße ab, um in das Bodetal zu gelangen. Nach etwa 400 m zweigt links die Hubertusstraße ab, die am Friedenspark vorbei direkt in das Bodetal führt. Von der Hubertusbrücke in Höhe der Seilbahn-Talstation sehen wir nun die über große Granitblöcke hinwegströmende Bode vor uns. Sie wird uns auf dem zweiten Abschnitt der Wanderung durch eine der schönsten Talstrecken im gesamten Harz begleiten. Bis zum 11 km entfernten Treseburg liegt eine Tallandschaft vor uns, deren schluchtartiger Charakter uns trotz bequemen Weges auf den ersten 4 km in Atem halten und später auf der sich anschließenden Strecke in einer fast lieblichen Umgebung aufatmen lassen wird. Schautafeln am Wegesrand informieren über die lokale Tier- und Pflanzenwelt. Außerdem sind die 20 wichtigsten Sehenswürdigkeiten des Tales auf dieser Strecke durch Holztafeln ausgewiesen (siehe »Führer durch das Bodetal«).

An der Seilbahn-Talstation folgen wir dem Talweg 38A (blaues Dreieck). Er führt nun auf der linken Talseite (Nordwestseite) durch Wald. Am **Katersteg,** der zweiten von vier Brücken bis Treseburg, erinnert das Relief einer Wildkatze daran, daß an dieser Stelle der Förster Raspe im Jahre 1907 in einer Nacht sieben Exemplare des »Harzer Tigers« erlegt haben soll. Unweit dieses Punktes ragt der Granit mit einer steilen Klippe in das Bodetal. Ursprünglich besaß dieser Fels den Namen Siebenbrüderfelsen. Nach der Sage sollen hier sieben böse Brüder eine schöne Jungfrau überfallen haben. Sie rief die Berggeister um Hilfe, die ihr dadurch halfen, daß sie die Gewalttäter in sieben Felsen verwandelten, deren Gestalten heute u. a. den Köpfen eines Uhus, einer Katze, eines Elefanten und eines Teufels ähneln. Anläßlich des 200. Geburtstages von Johann Wolfgang von Goethe am 28. August 1949 taufte der Kulturbund den Felsen in **Goethefelsen** um. Goethe hielt sich 1784 im Bodetal auf.

Wanderung 14: Das untere Bodetal zwischen Treseburg und Thale

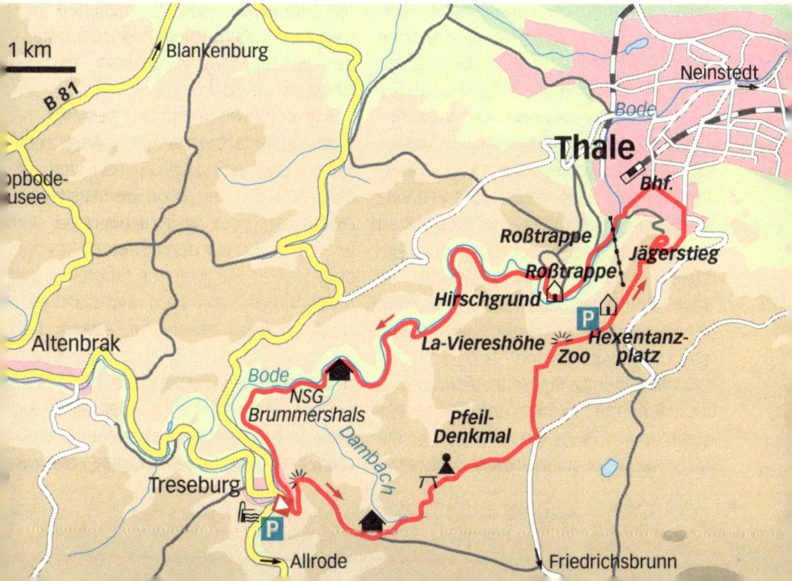

Das Tal wird nun zunehmend enger. Idyllisch gelegen ist die Gaststätte **»Am Hirschgrund«** unmittelbar unterhalb des Sporns der Roßtrappe.

Nach einer Rast über der Bode kann man über die Jungfernbrücke auf der anderen Uferseite über den schon im Jahre 1818 angelegten Fußsteig über Waldkater nach Thale zurückkehren und über Serpentinen zum Hexentanzplatz hinaufsteigen.

Wir aber setzen den Weg durch das Tal fort. Wenige hundert Meter oberhalb der Jungfernbrücke trifft man am Hang die im deutschen Wald selten gewordene Eibe an. Sie steht inzwischen unter besonderem Schutz. Etwas ungewohnt ist auch der Anblick von Kiefern in dieser Umgebung, die wegen ihrer Anspruchslosigkeit auch auf Felsgraten gedeiht. Der Weg steigt an, und noch bevor er seine Fortsetzung über die Teufelsbrücke auf der anderen Talseite findet, beginnt für einen **möglichen Abstecher** der Aufstieg der Schurre (alter Jägerpfad, um 1850 ausgebaut) über die Blockhalden zur Roßtrappe. Mit dem Queren der 1863 gebauten **Teufelsbrücke** (4 Std.) verlassen wir den nördlichen Teil des Bodetales. Bis Treseburg haben wir noch 8 km zurückzulegen. Über den Granit steigt nun der Pfad zu einem Sporn eines deutlich ausgeprägten Mäanderbogens an.

Steil ragen dort noch die Granitwände auf. Bis hierher hat nur dieses Gestein den Charakter des Tales geprägt, denn wegen der hohen Widerständigkeit des Granites gegenüber der Erosion, konnte die Bode nur ein enges, klammartiges Tal schaffen. Zu diesem Talabschnitt gehört auch der auf dieser Strecke einzusehende Bodekessel, ein sog. Strudeltopf oder Kolk mit einem Durchmesser von etwa fünf Metern, den die hinabstürzende Bode mit ihrer Gesteinsfracht aus dem Felsuntergrund im Laufe der Jahrtausende herausgeschliffen hat. Diese besonderen Verhältnisse im Bereich des Flußbettes erschwerten die bis ins vorige Jahrhundert betriebene Flößerei. Ein ursprünglich vorhandener Wasserfall behinderte den Transport der Baumstämme. Er wurde im Jahre 1784 gesprengt. Der Granit steht hier am Tal noch bis in eine Höhe von 100 m über der Talsohle an. Weit oberhalb des Flusses künden glattgeschliffene Felspartien von der erodierenden Wirkung der vorzeitlichen Bode.

Nach Überwindung des Anstiegs ändert sich der Charakter des Tales. Wir haben die Obergrenze des Granits erreicht. Das Rauschen der Bode nimmt ab, die Hänge sind nicht mehr so schroff. An dieser Stelle sind direkt am Weg besondere Gesteinsverhältnisse aufgeschlossen. Der Granit steht im Kontakt mit dem Nebengestein, das unter der Hitzeeinwirkung der ursprünglichen Granitschmelzmasse zu einem Hornfels verändert wurde.

Wir verlassen das Granitgebiet. Mit Annäherung an Treseburg wird das Gelände flacher, und die Wege sind leichter begehbar. Der hier wachsende Laubwald besteht aus Rotbuchen, Hainbuchen, Sommerlinden und dem Bergahorn. Im Gebiet des Naturschutzgebietes Brummershals in Höhe einer Schutzhütte an der Mündung des **Dambaches** (5 Std.) wächst mit z. T. über 20 m hohen Bäumen ein alter Baumbestand. Am nordöstlichen Ausläufer des Hagedornberges springt noch einmal eine fast schwarze und senkrechte Klippe aus Hornfels spornartig bis zur Bode vor, bis dann schließlich nur noch kleinere Klippen am Wegrand auftauchen.

Auf dem letzten Kilometer vor **Treseburg** wird der Weg schließlich flach.

AM WEGE

Hexentanzplatz: Der etwa 240 m hoch über der Bode liegende Hexentanzplatz spielte offensichtlich schon in der Jungsteinzeit zusammen mit der Roßtrappe

Granitklippen am Hexentanzplatz über der Bode

eine große Rolle in den kultischen Vorstellungen der Vorfahren. Die Bezeichnung »Hexentanzplatz« ist von einer Kultstätte der *»Hagedisen«* in vorchristlicher Zeit abgeleitet. (*hag* = Zaun, Hecke, Gehege; norwegisch mundartlich *tysja* = Elfe, zerzauste Frau.) Aus Hagedisen wurde wahrscheinlich im Laufe der Zeit durch eine allmähliche Sprachumwandlung »Hexen«.

Es ist anzunehmen, daß an der Roßtrappe und auf dem Hexentanzplatz bereits vor 3500 Jahren sog. Volksburgen, von ihrer Funktion her Fluchtburgen, errichtet wurden.

Auf dem Gelände des Hexentanzplatzes befindet sich auch das 1903 von Dr. Ernst Wachler (1871–1945) gegründete Harzer Bergtheater. Es ist die älteste Naturbühne Deutschlands und bietet 1400 Zuschauern Platz. In der Zeit von Mai bis September werden hier alljährlich Aufführungen aus den Bereichen Schauspiel, Oper, Operette für alt und jung angeboten.

Thale: Bereits im Jahre 825 wurde hier mit dem Kloster Wendhusen das älteste Kloster des Harzes gegründet. Die benachbarte Siedlung, das spätere Thale, hatte ursprünglich den Namen *»Dorp to dem Dale«*.

Die bei Thale und Treseburg vorkommenden Erze wurden dort mit Holzkohle verhüttet. Die Gewinnung von Eisen geht bis in das 12./13. Jh. zurück. Großer Holzreichtum in der unmittelbaren Umgebung begünstigte die Eisenverarbeitung. Eine erste urkundliche Erwähnung finden die Hütten im Jahre 1445. 1686 erfolgte die Gründung des Vorläufers der späteren Eisenhüttenwerke Thale. Thale ist heute eine Stadt mit 17 000 Einwohnern.

15

Höhen und Tiefen um Friedrichsbrunn

Wanderung nach Treseburg durch Seitentäler der Bode

Auf dieser Wanderung führt einmal der Weg in umgekehrter Weise von einem Ort auf der Höhe durch ein Seitental hinab zur tief eingeschnittenen Bode und zum beschaulichen Ort Treseburg. Der Rückweg führt durch das Luppbodetal hinauf auf die bewaldete Hochfläche zwischen Allrode und Friedrichsbrunn.

WEGSTRECKE: Rundwanderung. Friedrichsbrunn, Kirche – Schutzhütte »Lehmwandschlucht« – Wiedertäuferei (1 Std.) – Treseburg (45 Min.) – Rabental – Brumshals (1.15 Std.) – Hohle Eiche (15 Min.) – Adlereiche – Friedrichsbrunn, Kirche (1.15 Std.)

DAUER: 4.15 Std.

LÄNGE: 16,5 km

HÖHENANGABEN: ca. 200 Höhenmeter beim Anstieg von Treseburg (275 m NN) zur Höhe des Kellerborn (465 m NN)

SCHWIERIGKEITSGRAD: mittel; im Tiefenbachtal und im Rabental streckenweise ein etwas beschwerlicher Weg

WEGBESCHAFFENHEIT: besonders auf der Höhe sehr gut, stellenweise steinig und feucht auf dem Anstieg durch das Rabental

WANDERKARTE: TK 1:50 000 mit Wanderwegen; Wandern im Ostharz,

Wanderung 15: Wanderung nach Treseburg durch Seitentäler der Bode

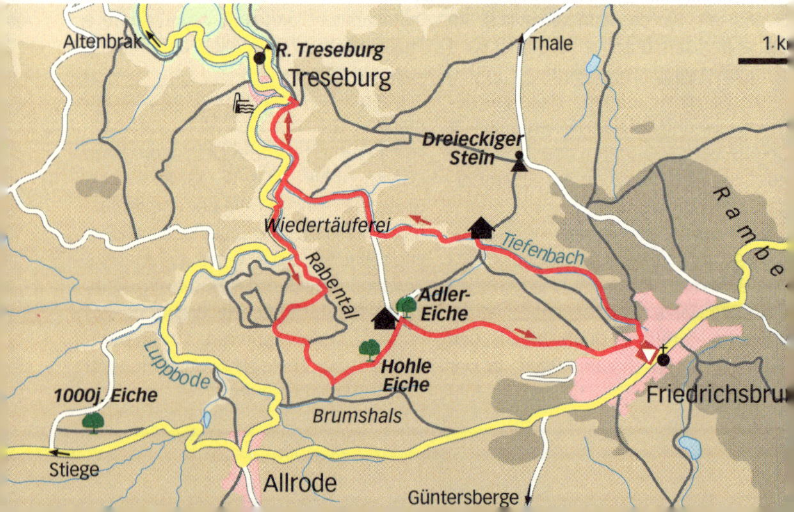

mittleren Harz (Wanderkarte des Harzklubs e.V.)

WEGMARKIERUNGEN: gelber Balken, roter Balken, gelbes Quadrat, rotes Qudrat

EINKEHRMÖGLICHKEIT: in Treseburg

AN- UND ABFAHRT: von Quedlinburg/ Bad Suderode **mit dem Bus** (Linie 31) bis Friedrichsbrunn Ortsmitte, Fahrtzeit etwa 30 Min., ab Bad Suderode etwa 17 Min. Bus-Anreise von Thale möglich. **Mit dem Kfz** aus dem Raum Halberstadt und Magdeburg über Quedlinburg.

ANSCHLUSSWANDERUNG: nach Thale durch das Bodetal (Wanderung 14)

BESONDERE HINWEISE: Bademöglichkeit im Freibad Treseburg

DER WANDERWEG

Friedrichsbrunn ist ein 1774/75 gegründetes preußisches Kolonistendorf und wurde nach Friedrich II. benannt. Die ersten Einwohner lebten vor allem von der Holzfällerei und der Köhlerei und später dann am Ende des 19. Jh. von der Anzucht und dem Verkauf von Weihnachtsbäumen, bis ab 1890 immer mehr der Fremdenverkehr an Bedeutung gewann.

Etwa gegenüber der **Kirche in der Ortsmitte** von Friedrichsbrunn gehen wir nach Nordwesten in die Forststraße. Unmittelbar hinter den letzten Häusern fängt der Wald an. Nachdem wir die Forststraße bis zum Ende durchgegangen sind, biegen wir nach rechts zum Schützenplatz ab und begeben uns bereits nach 50 m nach links auf die Waldstraße. Hinter der Hochspannungsleitung verläuft die Route nach links als »Siebenwasserweg« in das Tiefenbachtal. Im Talanfang passieren wir eine Kläranlage auf der linken Seite.

In diesem obersten Teil des Tales herrschen Fichten und Lärchen im Baumbestand vor. In den unteren Partien werden die Nadelgehölze von den Buchen abgelöst. Wir gehen auf der nördlichen Talseite am »Hotel zum Tiefenbach« vorbei und gelangen zu einem Fischteich, wo eine große Fichte als Naturdenkmal steht. Unterhalb des Fischteiches bleiben wir im Bereich der Talsohle, folgen einem Pfad durch eine Schonung und erreichen nach Querung des Baches einen Forstweg am rechten Ufer. Durch höheren Wald setzen wir die Wanderung rechts abbiegend in einer abwechslungsreichen Tallandschaft fort. An den Hängen tauchen Klippen auf und verleihen dem Tal einen schluchtartigen Charakter. Einzelne dieser mit Flechten und Moosen besetzten Härtlinge bestehen aus Kieselschiefer. Im Talgrund gedeihen, dem feuchten Standort entsprechend, Eschen und Erlen. Etwa auf halber Strecke (Markierung gelber Balken) durch das Tiefenbachtal mündet unser Talweg in den Verbindungsweg Thale–Allrode ein. Wir biegen nach rechts ab, queren wiederum den Bach und gehen am Meilenstein nach links über die Talsohle weiter. Die Wegverhältnisse bessern sich. Unmittelbar darauf passieren wir die **Schutzhütte »Lehmwandschlucht«.** Etwa eine Stunde, nachdem wir Friedrichsbrunn verlassen haben, erreichen wir in diesem einsamen Tal mit seinen steilen und hohen Hängen und Klippen das Gebiet der **Wiedertäuferei** (1 Std.) und verlassen nach weiteren 1,5 km schließlich über eine Forststraße das Tiefenbachtal, das in das Luppbodetal einmündet. Hier ändert sich das Wegezeichen (gelbes Quadrat und roter Balken). Nach der Rechtswendung in das Haupttal begleitet uns nun die Luppbode bis nach Treseburg, und 20 Minuten später werden im Talgrund das Schwimmbad und die

ersten Häuser des Ortes sichtbar. Mit dem Betreten **Treseburgs** (1.45 Std.) haben wir unser Mittagsziel erreicht. Die uns auf dem letzten Teil der Wegstrecke begleitende Luppbode mündet in die Bode. Zum Mittagsmahl kann man sich einer der von Fontane so gerühmten Bodeforellen zuwenden.

Wer sich ein wenig in der nahen Umgebung von Treseburg umsehen möchte, sollte der Ruine der Treseburg und dem Kriegerdenkmal einen Besuch abstatten. Beide sind auf einem von der Bode umflossenen Sporn gelegen und bieten etwa 50 m über dem Tal einen schönen Ausblick auf Treseburg und den Verlauf der Bode.

Nach dem Ausflug in die Geschichte Treseburgs treten wir den Rückweg durch das Luppbodetal an. Wir verlassen Treseburg hinter dem Haus der Ortsstraße Nr. 26, dem gelben Quadrat und roten Balken folgend, auf dem gleichen Weg, auf dem wir angekommen sind. An der Einmündung des Tiefenbachtals bleiben wir jedoch im Luppbodetal und gehen weiter talaufwärts.

In dem engen Tal begleiten viele Klippen und ein alter Bergbaustollen den gut begehbaren, aber nicht immer trockenen Weg. Nach etwa 30 Min. (ab Treseburg) biegt unser Weg nach links in das als Kerbtal ausgebildete **Rabental.** Wegen seiner Steilheit ist der Pfad etwas beschwerlicher. Nach etwa 1 km verlassen wir das Rabental nach rechts in ein Tälchen, dessen Formen schon bald nicht mehr so steil sind wie die vorhergehenden. Der Übergang zu einem flachen Muldental zeigt an, daß die Hochfläche bald erreicht ist. Auf der Höhe mündet der Weg in eine Wegspinne ein. Wir halten uns ganz links und treffen nach etwa 500 m auf eine Forststraße (rechts abbiegen), die talwärts bis zur Abzweigung nördlich des **Brumshalses** (3 Std.) durchzugehen ist. Dort biegen wir nach links auf den mit einem roten Quadrat gekennzeichneten Höhenweg, eine Forststraße, ab. Die bequeme Forststraße führt an der **Hohlen Eiche** (3.15 Std.), einem mehrere Jahrhunderte alten Baum, vorbei. 10 Minuten später kann man das nächste Naturdenkmal, die **Adlereiche,** bewundern. Bei Abzweigungen in diesem Bereich folgen wir weiter dem roten Quadrat. Der bequeme Fahr- und Wanderweg läßt die letzte Strecke leichter zurücklegen, so daß bald Friedrichsbrunn und der hinter dem Ort aufragende Ramberg zu sehen sind. Der Rest des Weges verläuft am Rande der zur Bode entwässernden Seitentäler über eine sehr gute Forststraße durch Mischwald mit z. T. sehr hohen alten Bäumen und einem schönen Ausblick auf Friedrichsbrunn. Im Ort führt diese Straße zur »Forststraße«, auf der wir nach rechts abbiegen und zum Ausgangspunkt an der **Kirche** zurückkehren.

Es ist bei dieser Wanderung angebracht, am Vormittag bzw. in der frühen Mittagszeit in das Tal nach Treseburg hinabzusteigen und am Nachmittag wieder über die Höhen zurückzukehren, denn gerade im Herbst könnte der Aufstieg von Treseburg auf die Hochfläche sonst im Dunkeln verlaufen.

AM WEGE

Die Treseburg: Die sich ursprünglich auf einem Sporn über der Bode erhebende Burg wurde 965 erbaut. Erwähnung findet sie in Aufzeichnungen aus dem Jahre 1080 über Kämpfe Heinrichs IV. mit den Sachsen. 1525 fiel die Burg der Zerstörung im Bauernkrieg zum Opfer. Burgplatz, Wälle und Graben einschließlich einiger Mauerreste sind heute unter einer Grasnarbe verschwunden. Erst im Jahre 1777 wurde der Ort Treseburg gegründet. Die ersten Häuser wurden mit Steinen der geschleiften Burg erbaut.

16

Burgfelsen und Felsenburgen

Wanderung am Rand von Blankenburg von Burg Regenstein zur Teufelsmauer

Die Wanderung beginnt in einer nicht gerade attraktiven Industrielandschaft. Aber bereits nach weniger als 1 km Fußmarsch befindet man sich inmitten der Felslandschaft des Regensteins, die mit ihren Schluchten bestens für die Aufführung des Freischütz geeignet wäre. Auch nach dem Verlassen des wildromantischen Höhenrückens bleibt die Beschaulichkeit auf der Wanderung durch das Goldbachtal mit seinen ehemaligen Mühlen erhalten.

WEGVERLAUF: Rundwanderung. Bahnhof Blankenburg – Festung Regenstein (30 Min.) – Regensteinmühle – Goldbacher Mühle (1.30 Sd.) – »Birkentalsmühle« – Mönchemühle (45 Min.) – Gasthaus »Waldfrieden« – Eichenberg (1 Std.) – Großes Schloß (45 Min.) – Rathaus – Kleines Schloß – Teufelsmauer (30 Min.) – Bahnhof Blankenburg (30 Min.)

DAUER: 5.30 Std.

LÄNGE: 19,5 km

HÖHENANGABEN: steilerer Anstieg vom Eichenbergweg (300 m NN) auf den Eichenberg (413,5 m NN)

SCHWIERIGKEITSGRAD: leicht–mittel; leichte Kletterei am »Großvater«

WEGBESCHAFFENHEIT: Im Bereich des Goldbachtales können einzelne Abschnitte bei Regen rutschig sein.

WANDERKARTE: TK 1:50 000 mit Wanderwegen; Wandern im Ostharz, mittleren Harz (Wanderkarte des Harzklubs e.V.)

WEGMARKIERUNGEN: rotes Dreieck, grüner Kreis, gelbes Kreuz, blauer Kreis

EINKEHRMÖGLICHKEITEN: Regenstein, »Birkentalsmühle«, Haus »Waldfrieden«, Schloß

AN- UND ABFAHRT: Anreise **mit dem Kfz** aus dem Raum Magdeburg über die B 81, von Braunlage über die B 27 und Bad Harzburg über die B 6. Anreise **mit dem Bus** von Thale bzw. Wernigerode mit der Linie H-253, Fahrtzeit: 15 bzw. 25 Min.; Anfahrt **mit der DB** von Königshütte ca. 1 Std., von Halberstadt 30 Min.

ANSCHLUSSWANDERUNG: Wanderung Nr. 13

BESONDERE HINWEISE: Die Burgruine Regenstein ist vom 1.5.–10.10. täglich von 9–18 Uhr und vom 1.11.–30.4. Mi–So von 9–16 Uhr geöffnet.

DER WANDERWEG

Ausgangspunkt ist der **Bahnhof** von **Blankenburg.** Wir biegen nach Verlassen des Bahnhofs nach rechts in die Friedenstraße ein und gelangen dann wiederum nach rechts auf die Weinbergstraße. Dabei folgen wir dem roten Dreieck und dem grünen Kreis. Der Weg führt uns zunächst an Industriebauten vorbei, später durch die Unterführung der Eisenbahnstrecke Blankenburg–Königshütte. Über einen breiten, geraden Feldweg gehen wir direkt auf den Waldrand zu. Nun steigt das Gelände über einen Waldpfad in Richtung Festung Regenstein an. Unsere Route führt durch ein Tälchen. Rechts und links türmen sich Felsen aus (äußerlich) grauem Sandstein auf. Einzelne metergroße Blöcke sind herabgestürzt und liegen unterhalb der Wände. Die durch die Felsen und das Dunkel des Waldes erzeugte dramatische Stimmung vermittelt das Gefühl, sich auf einer Naturbühne zu bewegen. Etwa 600 m lang wandern wir durch diese Szenerie, wobei auch ein treppenartiger Steig zu überwinden ist. Der Weg endet vor einer Mauer, in der erst im letzten Moment der Durchlaß sichbar wird. Plötzlich, wieder ins Helle tretend, befinden wir uns mitten in der **Festungsanlage Regenstein** (30 Min.).

Die Festung ist aus landschaftlicher und strategischer Sicht außerordentlich günstig gelegen. Von den hoch hinaufragenden Felsen hat man eine sehr gute Rundumsicht. Außerdem läßt sich der weiche Kreidesandstein leicht bearbeiten, so daß schon in sehr früher Zeit Räume in den Fels geschlagen wurden.

Somit ist es nicht verwunderlich, daß an diesem Platz nachweislich schon vor 8000 Jahren in der Steinzeit Menschen lebten, wie es zahlreiche Funde belegen. In geschichtlicher Zeit wurde die Burg im Jahre 1169 das erste Mal erwähnt. Sie ist die älteste deutsche Steinburg. Später wurde Regenstein zum Stammhaus des Regensteiner Grafenhauses, eines Geschlechts, das vom 12. bis 14. Jh. einen großen Einfluß im Harz und seinem Vorland besaß. In der Folgezeit war der Regenstein Raubritternest. 1599 fiel die Burg an das Her-

Festung im Fels: Regenstein

Wanderung 16: Am Rand von Blankenburg von Burg Regenstein zur Teufelsmauer

zogshaus Braunschweig und danach an Kurbrandenburg. Der Große Kurfürst Friedrich Wilhelm baute sie zur Festung aus. Im Siebenjährigen Krieg verjagten Frankreichs Truppen die Besatzung, zogen sich aber vor Friedrich dem Großen zurück, der schließlich 1758 die alte Festung schleifen ließ.

Nach unserem Abstecher in die Geschichte des Regensteins verlassen wir die Festungsanlage über die Fahrstraße. Etwa 200 m hinter dem Tor und vor dem Parkplatz biegen wir, dem gelben Kreuz folgend, rechts ab in den Kiefernwald mit seinen kleinen Felsburgen. Nach 500 m benutzen wir einen rechts abzweigenden Pfad zu einem alten Hohlweg aus dem Mittelalter. Es handelt sich um einen Teil des Wirtschaftsweges vom Vorwerk und der Bedienstetensiedlung Nienrode zur Festung Regenstein. Die Wagenräder haben im Laufe der Zeit tiefe Rinnen in den Sandstein-Untergrund gefräst. An steileren Abschnitten des Weges sind Stufen in den Fels eingearbeitet, um den Zugtieren das Steigen zu erleichtern. Ein seitlicher Laufsteg war für die Gespannführer vorgesehen.

Wir folgen dem Weg 200 m nach unten und biegen dann links ab, um zur **Regensteinmühle** zu gelangen. Sie befand sich im Besitz der Grafen von Regenstein, wurde in der zweiten Hälfte des 12. Jh. erbaut und war bis Mitte des 15. Jh. in Betrieb. Die Anlage verfiel, bis sie im 17. und 18. Jh. in das Verteidigungssystem der Festung Regenstein einbezogen wurde. Dadurch erlitt sie im Jahre 1758 dasselbe Schicksal wie die Festung und wurde gesprengt. Gegen Ende der 1980er Jahre wurde sie wieder ausgegraben und restauriert. Das Antriebswasser erhielt die Mühle über einen 2 km langen Graben aus dem Goldbach. Zwei 20 m lange Stollen durch den Fels stellen die Verbindung zu den Wasserrädern am Hang her. Die hier verwendeten Mühlsteine kamen aus den verschiedensten Gegenden Deutschlands.

Wir folgen dem Wassergraben und begeben uns nach rechts auf einen Weg durch ein kleines Tal, wo wir an der nächsten Gabelung den linken Weg benutzen. Nach 200 m haben wir den Waldrand erreicht. Die nach links abbiegende Schotterstraße bringt uns nach etwa 1 km zur **Goldbacher Mühle** (1.30 Std.), deren Anfänge als Mahlmühle bis in das 14. Jh. zurückreichen.

Nachdem wir die Mühle passiert haben, queren wir die B 6/81 und bie-

Das Große Schloß oberhalb von Blankenburg

gen vor dem Goldbach nach links in die Aue ab. Ab hier verläuft der Weg über den Talboden und ist unbefestigt.

Etwa 1 km gehen wir am Ufer des Goldbaches entlang. Dann queren wir ihn und setzen unsere Wanderung über einen befestigten Fahrweg bis zur nächsten Mühle, dem heutigen **Gasthof »Birkentalsmühle«,** fort. Diese befand sich nach der ersten Erwähnung 1283 im Besitz des Ortes Heimburg. 1900 wurde der Betrieb eingestellt, und 1930 erfolgte der Umbau zu einem Gasthaus. An der Mühle queren wir den Bach erneut und betreten nun einen Auenwald, dessen Boden mit Bärlauch *(Allium ursinum)* bedeckt ist, der nach der Blüte im Mai einen knoblauchartigen Geruch verströmt. Der Waldabschnitt endet nach 1,2 km an der **Mönchemühle** (2.45 Std.), die bereits 1267 von den Mönchen des Klosters Michaelstein erworben wurde.

Der Weg führt nun durch Laubwald an einer Reihe von Teichen vorbei, die jeweils mit dem Bach verbunden sind. Am Ende des Waldweges gehen wir nach rechts über die Brücke und treffen auf den **Gasthof »Waldfrieden«**, der zur Stärkung einlädt. Wenn wir hinter dem Haus an der Schranke auf die Forststraße gelangen, müssen wir links abbiegen. Wir verlassen das Tal des Goldbaches (Markierung blauer Kreis), gehen am Ortsrand von Oesig bergauf in den Wald hinein, überqueren eine Bahnlinie und steigen zur Wilhelm-Raabe-Warte auf dem **Eichenberg** (3.45 Std.) hinauf. Sie wurde 1896 als Aussichtsturm errichtet (413,5 m NN). Der Aufstiegsweg (Eichenbergweg) biegt am östlichen Sporn des Eichenberges etwa 200 m vor der Stadt nach rechts ab und ist ziemlich steil (Überhöhung auf 750 m etwa 120 Höhenmeter). Auf dem Gipfel bietet sich die Umgebung von Blankenburg dem Auge des Betrachters dar. Über den Aufstiegsweg kehren wir wieder zum Eichenbergweg zurück und setzen die Wanderung in Richtung Blankenburg fort.

Der Eichenbergweg endet an der Rübelandstraße, die wir nach links stadteinwärts gehen, bis auf der rechten Seite die Welfenstraße abzweigt. An ihrem Ende beginnt die Schulstraße, auf deren rechter Seite wir dann schließlich über den Herzogsweg zum **Großen Schloß** (4.30 Std.) hinaufsteigen, das wegen seiner exponierten Lage schon die ganze Zeit sichtbar war.

Ursprünglich stand auf der Anhöhe hoch über der Stadt die schon im Jahre 1123 erwähnte und 1548 zu einem Renaissanceschloß umgebaute Blankenburg. In seiner heutigen Form existiert das Schloß seit 1731 und diente seinerzeit Herzog Ludwig Rudolf von Braunschweig-Wolfenbüttel als Residenz. Direkt unterhalb des Schlosses befindet sich die Bergkirche St. Bartholomäus, deren Bau vermutlich im 13. Jh. begonnen wurde. Die ursprünglich romanische Basilika erfuhr im 14. Jh. einen Ausbau zu einer dreischiffigen gotischen Hallenkirche.

Nur wenig unterhalb der Kirche trifft man stadteinwärts auf den Markt und auf das im Jahre 1233 erbaute **Rathaus.** 1584 erfolgte auf gotischen Resten ein Umbau im Renaissance-Stil. Später eingemauerte Kanonenkugeln erinnern an den Beschuß der Stadt im Dreißigjährigen Krieg. Über dem Eingangsportal ist das Wappen der Braunschweiger Herzöge, über dem Balkon das Wappen der Stadt angebracht.

Ein architektonisches Kleinod ist das **Kleine Schloß** (1725) mit seinem Barockgarten. Vom Rathaus folgen wir der Marktstraße bis zum Ende, wo dann auf der rechten Seite das ursprüngliche fürstliche Gartenhaus steht.

Über das Schloßgelände verlassen wir die städtischen Gemäuer. Vor dem Schloß beginnt der Weg zur letzten Sehenswürdigkeit dieser Wanderung. Wir gehen auf der Schnappelberg-Straße nach rechts und treffen nach 300 m auf den Großvaterweg. Er steigt auf der linken Seite der Straße zum besten Aussichtspunkt einer Mauer an, die zwar der Teufel geschaffen haben soll, die aber in Wirklichkeit ein Produkt der Gesteinswiderständigkeit und der Abtragung ist: Es ist die **»Teufelsmauer«** (5 Std.). Vom Großvaterweg führt zwischen den Garagen des Hotels »Großvater« ein Steig über den Sandsteinrücken bis zu dem »großväterlichen« Aussichtsfelsen, wo wir noch einmal den zurückgelegten Wanderweg mit all seinen Stationen betrachten können. Mit diesen schönen Eindrücken nehmen wir den Abstieg in Angriff. Sorgfältig sichernd verlassen wir die nicht immer leicht begehbaren Felsen, bis wir schließlich auf die Straße »Teufelsmauer« stoßen. Das letzte Stück des Abstiegs führt uns über die Hasselfelder Straße stadteinwärts bis zum Lühner Torplatz. Über die an der Westernhäuser Straße (B 6) abbiegende Herzogstraße kommt das Ziel, der **Bahnhof** (5.30 Std.), in Sicht.

AM WEGE

Der Goldbach: Die Wasserkraft des Goldbaches wurde in der Vorzeit intensiv genutzt. So existierten 1795 allein innerhalb des Klosterbereiches Michaelstein 19 Teiche und neben der Mönchemühle zwei Ölmühlen und eine Papiermühle.

Blankenburg: Die Stadt am Nordrand des Harzes ist der Hauptort des vormals gleichnamigen Fürstentums. Sie wurde im 13. Jh. gegründet und war Sitz der Regensteiner Grafen. Ende des 16. Jh. fiel die Stadt an das Herzogtum Braunschweig. Beherrschendes Gebäude ist das Schloß, das von den Herren von Blankenburg bewohnt wurde, bevor es die Regensteiner und nach deren Aussterben die Herzöge von Braunschweig übernahmen. Kirchen und Klöster stammen vereinzelt aus einer Zeit, die fast 1000 Jahre zurückreicht. 1182 belagerte Friedrich Barbarossa die Stadt und zerstörte sie schließlich. Im Dreißigjährigen Krieg wurde Blankenburg von den Reichstruppen heimgesucht. 1836 richtete eine Feuersbrunst einen verheerenden Schaden an: sie zerstörte 60 Häuser. Das Schloß erlitt sogar mehrmals dieses Schicksal. Der Neubau stammt aus dem Jahre 1590. Hier wurde die Mutter der österreichischen Kaiserin Maria Theresia geboren.

Wernigerode, Rathaus

17

Kunstvolles Fachwerk – romantische Plätze und Winkel

Stadtbesichtigung von Wernigerode mit Wanderung auf den Armeleuteberg

Trotz des starken touristischen Zuspruchs dieser Kleinstadt am nördlichen Harzrand gehört ein Besuch von Wernigerode in das Programm eines Wanderaufenthaltes im Harz. Der Bummel durch das Stadtzentrum gipfelt im Aufstieg zum Schloß und klingt mit einer Wanderung durch die nahen Wälder aus.

WEGVERLAUF: Stadtgang (3 Std.) – Schloß – Holfelder Platz – Pisseckenweg – Berghotel »Armeleuteberg« (1.30 Std.) – Parkplatz (1.30 Std.)

DAUER: 6 Std.

LÄNGE: 13 km

HÖHENANGABEN: 200 Höhenmeter auf dem Weg vom Schloß (280 m NN) auf den Armeleuteberg (478 m NN)

SCHWIERIGKEITSGRAD: mittel; steiler Anstieg oberhalb Nöschenrode

WEGBESCHAFFENHEIT: Straße und Waldweg

Wanderung 17: Stadtbesichtigung von Wernigerode mit Wanderung auf den Armeleuteberg

WANDERKARTE: TK 1 : 50 000 mit Wanderwegen; Wandern im Ostharz, mittleren Harz (Wanderkarte des Harzklubs e.V.) und Stadtplan von Wernigerode

WEGMARKIERUNGEN: blaues Kreuz, grünes und rotes Dreieck

EINKEHRMÖGLICHKEITEN: verschiedene in Wernigerode; Berghotel »Armeleuteberg«; Forsthaus »Christianental«, Öffnungszeiten. täglich 10–20 Uhr mit Tiergarten; Schloßterrasse Wernigerode, Öffnungszeiten: Oktober–April Di–So 10–18 Uhr, Mai–September Mo–So 10–18 Uhr, Oktober–April Mo Ruhetag.

AN- UND ABFAHRT: **Mit dem Kfz** von Halberstadt und Magdeburg über die B 81, von Goslar und Bad Harzburg über die B 6 und aus dem Hochharz über die B 244. Bei einer Anreise mit dem Kfz stellt man das Fahrzeug am besten auf dem großen Parkplatz an der Halberstädter Straße ab.

BESONDERE HINWEISE: Wegen des starken Touristenzuspruchs empfiehlt es sich, die Wanderung an einem Sonntag sehr früh am Vormittag zu beginnen.

STADTRUNDGANG UND WANDERUNG

Für einen ausführlichen Stadtbummel, den man am bestem am großen **Parkplatz an der Halberstädter Straße** beginnt, sollte man sich etwa 3 Std. Zeit nehmen. Am schönsten – und am ruhigsten – gestaltet sich die Stadtbesichtigung am frühen Sonntagvormittag. Den Rundgang beenden wir mit einer Besichtigung des Schlosses. Vor der nachmittäglichen Wanderung durch die Berglandschaft südlich von Wenigerode bietet die Schloßterasse Gelegenheit zur Rast und zur Stärkung.

Unterhalb der Schloßterrasse verlassen wir das Umfeld der Schloßanlage über den Großen Christianentalweg. Etwa 500 m hinter dem Schloß biegen wir nach rechts ab auf den Bohlweg mit dem Theobaldifriedhof, queren in Höhe des **Holfelder Platzes** die Nöschenröder Straße. Dort können wir uns am zentralen Wanderpunkt an der Promenade über die Streckenführung der Wanderung informieren. Wir benutzen den mit einem blauen Kreuz markierten Wanderweg, gehen das Zillierbachtal etwa 1,5 km aufwärts über den Pulvergarten und Am Vogelsang bis zum Getränkemarkt »Bierkiste«. Dort steigen wir auf dem **Pisseckenweg** (grünes Dreieck) nach rechts durch ein kleines Tal auf die Höhen mit der Scharfenstein-Klippe. In einem großen Bogen gehen wir über die Höhen zum Ernst-Moritz-Arndt-Weg und zum Kaiserturm, dessen Besteigung sich wirklich lohnt. Von diesem haben wir einen schönen Ausblick auf Wassigerode und auf die Umgebung des Brockens. Schließlich erreichen wir auf dem Petersberg das **Berghotel am Armeleuteberg** (4.30 Std.), wo wir eine Kaffeepause einlegen können.

Der Armeleuteberg war ursprünglich im Besitz des Klosters Ilsenburg und wurde 1464 von Graf Heinrich von Wernigerode dem St. Georgs-Hospital geschenkt. Seine Insassen wurden als arme Leute bezeichnet. Das erste Berggasthaus wurde 1906 errichtet, brannte aber bereits 1911 wieder ab. Der im gleichen Jahr errichtete Neubau steht heute noch.

Der Abstieg erfolgt über den Försterplatz nach rechts hinab über den mit dem roten Dreieck markierten Weg. Er mündet direkt in die Salzbergstraße ein, die wir dann in Höhe der Bahn über das Westerntor stadteinwärts verlassen. Die Westernstraße führt uns direkt in die Breite Straße und zum **Parkplatz** (6 Std.) zurück.

18

»Teufelswerk« am Harzrand – die Teufelsmauer

Von historischen Gemäuern in Gernrode zur Quarzitmauer bei Neinstedt

Unmittelbar vor dem Harz ragt nördlich von Thale die aus Quarzitfelsen bestehende Teufelsmauer von Neinstedt senkrecht auf. Sie ist wegen ihres unvermittelten Auftretens eine geologische Sehenswürdigkeit. Als Ausgleich zu diesem »Teufelswerk« ist in die Wanderung der Besuch eines der schönsten sakralen Gebäude, der weit über den Harz hinaus bekannten romanischen Stiftskirche St. Cyriakus, einbezogen.

WEGVERLAUF: Streckenwanderung. Gernrode, Stiftskirche St. Cyriakus – Bad Suderode – Neue Schenke (45 Min). – Lauenburg (30 Min.) – Stecklenburg (30 Min.) – Neinstedt (45 Min.) – Teufelsmauer (45 Min). – Weddersleben (Haltestelle Quedlinburger Straße, (30 Min.)

DAUER: 3.45 Std.

LÄNGE: 13 km

HÖHENANGABEN: längerer Anstieg mit Überwindung von 230 Höhenmetern von Bad Suderode (290 m NN) zur Lauenburg (420 m NN)

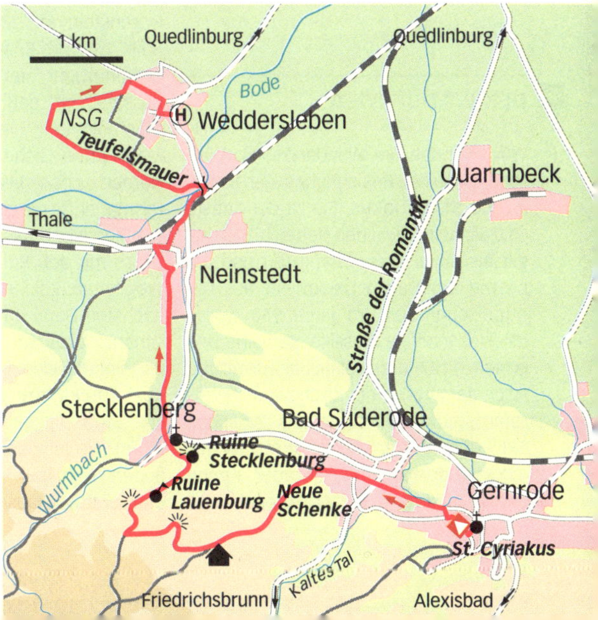

Wanderung 18: Von historischen Gemäuern in Gernrode zur Quarzitmauer bei Neinstedt

SCHWIERIGKEITSGRAD: leicht

WEGBESCHAFFENHEIT: gut; z.T. schmaler Pfad an der Teufelsmauer

WANDERKARTE: TK 1:50 000 mit Wanderwegen; Wandern im Ostharz (Wanderkarte des Harzklubs e.V.)

WEGMARKIERUNGEN: weißes N und Kreuz auf schwarzem Grund, blauer Kreis, rotes und grünes Quadrat, grüner Balken und grünes Kreuz

EINKEHRMÖGLICHKEITEN: in Neinstedt und Weddersleben sowie in Quedlinburg

AN- UND ABFAHRT: Anfahrt **mit dem Kfz** von Halberstadt-Quedlinburg über die B 185 bis zum Parkplatz an der Stiftskirche. Anfahrt **mit dem Bus** (Linie 318) bis Haltestelle »Rathenaustraße« von Quedlinburg bzw. Aschersleben, Fahrtzeit: 15 bzw. 45 Min. Anreise aus den gleichen Richtungen und außerdem aus Harzgerode und Thale **mit der Bahn** möglich. Fahrt von Weddersleben (Quedlinburger Straße) nach Quedlinburg mit Linie 9.

DER WANDERWEG

Wir beginnen die Wanderung in Gernrode mit einer Besichtigung der **Stiftskirche St. Cyriakus.** Sie ist der älteste Sakralbau im östlichen Deutschland und gilt als eines der wertvollsten und am besten erhaltenen Denkmäler aus der ottonischen Zeit. Im Jahre 963 wurde die dreischiffige Basilika geweiht und erhielt 1127 die westliche Turmfront. Nach dem Verfall der Kirche in der Postreformationszeit wurde sie zwischen 1859 und 1865 grundlegend restauriert.

Nach der Besichtigung der Kirche begeben wir uns auf den Europäischen Fernwanderweg »Niederlande–Harz–Dessau« (weißes N und Kreuz auf schwarzem Grund und blauer Kreis), der direkt an der Basilika vorbeiführt, nach Bad Suderode. Im Kalten Tal queren wir die Landstraße nach Friedrichsbrunn, gehen über die Grünstraße bis zum freien Platz und beginnen, indem wir uns rechts halten, auf dem mit einem grünen und einem roten Quadrat gekennzeichneten Wanderweg den Aufstieg zur **»Neuen Schenke«** (45 Min.). Hinter der Schenke sind über einen steileren Anstieg 80 Höhenmeter zu überwinden. Auf der Höhe angekommen, müssen wir nach etwa 300 m an der Weggabelung rechts abbiegen. Der erste Sporn bietet eine schöne Aussicht auf das Harzvorland mit Quedlinburg am Horizont. Nach weiteren 500 m mündet dieser Weg in einen nahezu in Nord/Süd-Richtung verlaufenden Wanderweg, auf dem wir rechts abbiegen und der uns direkt zur Ruine Lauenburg mit der Vorburg führt.

Die **Lauenburg** (1.15 Std.) gehörte einst zu den größeren Burgen des Harzes. Sie wurde im Jahre 1164 erstmalig erwähnt und spielte in den Auseinandersetzungen zwischen den Halberstädter Bischöfen und den Herren von Regenstein im 13. Jh. eine wichtige Rolle. Bis zum Ende des 15. Jh. war sie bewohnt. Ihr Verfall wurde dadurch beschleunigt, daß die Ruine als Steinbruch diente.

Bei guter Sicht kann man dann im Norden schon das Tagesziel, die Teufelsmauer, zwischen Neinstedt und Weddersleben erkennen. Von dem Sporn mit den Ruinen führt nun unser Weg hinab (Zeichen grüner Balken) zur nächsten Burgruine, die ebenfalls eine schöne Aussicht verspricht. Unmittelbar vor Stecklenberg liegt die Ruine der **Stecklenburg** (11. bis 14. Jh., 1.45 Std.).

Am Ortseingang von Stecklenberg ändert sich das Wegezeichen. Hinter den ersten Häusern der Schulgasse

Zwei Felstürme der Teufelsmauer bei Neinstedt

queren wir den Wurmbach und folgen nun den neuen Wegweisern. An Obstgärten vorbei erreichen wir **Neinstedt** (2.30 Std.), passieren die Kirche auf der linken Seite, gelangen auf die Straße Thale–Quedlinburg und biegen auf ihr nach rechts und kurz darauf nach links ab. Nach etwa 500 m quert die Route die Bahnlinie Thale–Quedlinburg. Mit dem Passieren der Bodebrücke befinden wir uns schon in unmittelbarer Nähe zur Teufelsmauer. Hinter der Brücke biegt dann der Weg direkt an einem Wäldchen vorbei nach links zur Teufelsmauer ab, deren Felsen unvermittelt etwa 15 m steil in den Himmel ragen. Der Weg führt unmittelbar an der **Teufelsmauer** (3.15 Std.) entlang zu einem kleinen Sattel hinunter. Im Nordwesten ist zu erkennen, daß auch dort, wenn auch deutlich unscheinbarer, das anstehende quarzitische Kreidegestein an die Oberfläche tritt. Wir folgen der Mauer über ihre ganze Länge. Dann wendet sich der Weg – immer noch mit dem grünen Dreieck markiert – dem Dorf **Weddersleben** zu. Von der an der Hauptstraße gelegenen Haltestelle »Quedlinburger Straße« können wir nun die Rückfahrt mit dem Bus antreten. Bei genügend Zeit sollte man dem nun sehr in die Nähe gerückten Quedlinburg einen Besuch abstatten.

19

Mit Wanderschuh und Fahrkarte

Mit der Selketalbahn von Gernrode nach Mägdesprung und zu Fuß zurück

Auf dieser Wanderung soll ein Transportmittel in Anspruch genommen werden, das im östlichen Harz noch regelmäßig verkehrt und sich großer Beliebtheit erfreut. Nach der nostalgischen Reise mit der Dampflok wird das Reisegebiet zwischen Alexisbad und Gernrode dann zu Fuß erobert.

i

WEGVERLAUF: Streckenwanderung. Alexisbad (Bahnhof) – Luisentempel (30 Min.) – Köthener Hütte – Selkefall (30 Min.) – Mägdesprung (30 Min.) – Heinrichsburg (30 Min.) – Sternhaus (30 Min.) –Heiliger Teich (1 Std.) – Osterteich (30 Min.) – Gernrode (Bahnhof, 30 Min.)

DAUER: 4.30 Std.

LÄNGE: 16,5 km

HÖHENANGABEN: weniger als 200 Höhenmeter

Selketalbahn in Alexisbad

SCHWIERIGKEITSGRAD: leicht

WEGBESCHAFFENHEIT: Anstieg zur Heinrichsburg z. T. steil und uneben

WANDERKARTE: TK 1 : 50 000 mit Wanderwegen; Wandern im Ostharz (Wanderkarte des Harzklubs e.V.)

WEGMARKIERUNGEN: blauer Kreis, grüner Kreis, roter Kreis, gelbes Kreuz

EINKEHRMÖGLICHKEITEN: Mägdesprung, Sternhaus

AN- UND ABFAHRT: Anfahrt **mit dem Kfz** von Halberstadt-Quedlinburg über die B 185 bis zum Parkplatz am Bahnhof. Anfahrt mit dem Bus (Linie 318) bis Haltestelle »Bahnhof« von Quedlinburg bzw. Aschersleben, Fahrtzeit: 15 bzw. 45 Min. Anreise aus den gleichen Richtungen und außerdem aus Harzgerode und Thale mit der Bahn möglich. Selketalbahn von Gernrode nach Alexisbad, Fahrtzeit 50 Min. Durchfahrt von Quedlinburg möglich.

ANSCHLUSSWANDERUNG: Wanderung Nr. 17, Besuch von Sankt Cyriakus in Gernrode

Wanderung 19: Mit der Selketalbahn von Gernrode nach Mägdesprung und zu Fuß zurück

DER WANDERWEG

Die Wanderung beginnt der Zugfahrt von **Gernrode** nach Alexisbad, dem ältesten Kurort im Harz.

Der Zug setzt sich in Gernrode in 210 m Höhe in Bewegung und erklettert in weiten Bögen durch das Wellbachtal die nördliche Randstufe zum Harz. Nach etwa 7 km Fahrt durch eine ruhige Tallandschaft ist eine Höhendifferenz von 200 m zu überwinden. In Höhe der Station Sternhaus Ramberg ist der Anstieg geschafft. Auf der mit Buchenwäldern bestandenen Hochfläche kann der Fahrgast für wenige Minuten »Höhenluft« in einer Höhe von rund 400 m NN genießen, dann rollt der Zug hinab in ein Seitental der Selke, bis schließlich die Spur der Selke bei Mägdesprung aufgenommen wird. Die nächste Station ist das einst mondäne Alexisbad, und damit ist die Fahrt für uns auch beendet. Der Zug legt die 14,6 km lange Strecke in 49 Min. zurück. Dabei bewegt er sich mit gemütlichen 18 km/h durch die Harzlandschaft.

Wir verlassen nach der Ankunft **Alexisbad** nach Norden über die Talstraße und den Uferweg der Selke. Nach dem Passieren der letzten Häuser des Ortes, etwa dort, wo die Bahn die Straße quert, beginnen wir auf der rechten Talseite den Aufstieg zu den Höhen. Der Pfad ist steinig. Herausragende Gesteinsrippen erfordern unsere Aufmerksamkeit beim Steigen (Stolpergefahr). Wir kommen in einen Laub-Mischwald, in dem im Frühjahr Buschwindröschen blühen. Nach 10 Min. haben wir die Höhe erklommen und können vom **Luisentempel** (30 Min.) zum ersten Mal auf die Schlucht der Selke und ihre Umgebung schauen, soweit Sträucher und Bäume nicht die Sicht behindern. Das Gelände steigt unmittelbar hinter dem Selketal zum Ramberg an.

Der Klippenweg führt uns als Höhenweg in ein Seitentälchen oberhalb der Selke. Dort informiert ein Lehrpfad über die Eigenheiten der umgebenden Natur. Zum Selketal führen die Überreste mehrerer Hohlwege hinab. Wahrscheinlich sind es Relikte einer alten Verbindung von Harzgerode zum Selketal. Wir gehen, immer in gleicher Höhe bleibend, am Rand steiler Hänge das Tal aus, wobei unser Weg zu einem Sporn führt. Eine halbe Stunde nach dem Beginn des Aufstiegs gelangen wir zu einer Sitzbank, von der wir in aller Ruhe den Anblick der umgebenden Landschaft genießen können. Im Westen grüßt der bewaldete Ramberg mit der Viktorshöhe und dem Friedenstal herüber. Unsere nächste Station ist die **Köthener Hütte.** Auffallend viele Hainbuchen säumen den Weg am Oberrand des Selketales. Außerdem sind die Hänge mit Buchen, Eichen, stellenweise mit Birken und sogar mit Bergahorn bestanden. Die Sicht ist noch besser als am letzten Haltepunkt. Im Süden zeigt sich am Horizont sogar der Große Auerberg mit dem Josephskreuz.

An dieser Stelle verlassen wir die Höhen und steigen hinab ins Tal zum Selkefall. Etwa 20 m hinter der Hütte schlängelt sich in Serpentinen ein Pfad an Klippen vorbei in die Tiefe. In 5 Minuten ist man unten. Beim **Selkefall** (1 Std.) hat der Fluß einen im Tal befindlichen Mäanderbogen durchtrennt. Das Wasser ergießt sich in einzelnen kleinen, weniger als 1 m hohen Stufen zu Tal. Über die Talstraße erreichen wir **Mägdesprung** (1.30 Std.).

Mägdesprung war, wie viele Orte im Harz, von der Metallproduktion und -verarbeitung geprägt. 1646 nahm ein Eisenhüttenwerk den Betrieb auf, das ab dem 19. Jh. mit seinen Eisenkunstguß-Erzeugnissen große Bekanntheit erlangte.

Wir folgen dem Flußlauf bis zum Ortszentrum, queren dort die Selke und die B 185 und biegen nach rechts auf die Talstraße in Richtung Selkemühle ab. An der Bushaltestelle hinter der Einmündung gehen wir nach links den Hang hinauf (Markierung grüner Kreis) und gelangen in ein Seitental der Selke, dessen Verlauf wir auf einem Uferweg weiter aufwärts folgen. Etwa 1 km nach dem Beginn des Aufstiegs queren wir erneut die B 185 und steigen durch einen Laubmischwald mit Eschen, Eichen, Hainbuchen und Buchen über einen steilen und steinigen Pfad zur **Heinrichsburg** (2 Std.), deren Überreste wir auf der Höhe in Ruhe besichtigen können.

Die Heinrichsburg wurde 1290 das erste Mal erwähnt. Sie diente als Schutzburg für die Verbindung von Nordhausen nach Gernrode und soll bereits am Anfang des 13. Jh. vom Grafen Stolberg errichtet worden sein. Die günstige Lage zur Straße mit vielversprechenden Schutzzolleinnahmen ließ sie bald zu einem Raubritternest werden. Der Graf von Hohnstein und Nordhäuser Bürger zerstörten sie 1344. Nach einem Wiederaufbau fiel sie schließlich im 16. Jh. endgültig dem Verfall zum Opfer.

Hinter der Burg folgen wir der alten Handelsstraße durch Buchenwald zum **Sternhaus** (2.30 Std.). Auf der Seite des Sternhauses setzen wir den Weg parallel zur Straße bis zur Station Haferfeld fort und durchqueren dabei eine ebene Waldlandschaft.

Vor der Station Haferfeld verlassen wir die Hochfläche und begeben uns nach rechts in das anfänglich flachmuldige Wellbachtal (gelbes Kreuz). Auf dem zum Harzvorland hinabführenden Weg werden die Hänge höher und steiler, und noch vor dem heiligen Teich geht das Tal in ein enges Kerbtal über. Eine Oase der Ruhe erreichen wir mit dem **Heiligen Teich** (3.30 Std.), den Laubbäume verschiedenster Art umsäumen. Eine kleine Schutzhütte bietet sich zur Rast an – ein Grund mehr, in dieser idyllischen Umgebung zu verweilen.

Der Talboden wird auf unserem Weiterweg allmählich breiter, und wir gelangen in den Ostergrund und schließlich zum Talausgang am **Osterteich** (4 Std.). Hier geht der Harz in das Vorland über. Die Vegetation zeichnet sich durch eine Vielfalt aus, die sich besonders deutlich bei den Blütenpflanzen zeigt.

Wir wenden uns Gernrode zu und gehen auf dem Steilen Weg und der Osterallee der Ortsmitte zu. Hier muß man dann rechts abbiegen, um nach 500 m zum **Bahnhof** (4.30 Std.) zu gelangen.

AM WEGE

Die Harzer Schmalspurbahnen (HSB): Gegen Ende des 19. Jh. wurde damit begonnen, das Eisenbahnstreckennetz im Harz auszubauen. Im westlichen Teil des Harzes sind die angelegten Strecken, aus Rentabilitätsgründen längst stillgelegt worden. Im Ostharz blieb neben kleineren Strecken das 131 km lange Streckennetz der Harzer Schmalspurbahnen (Spurweite: 1 m) erhalten. Fahrten mit den von Dampflokomotiven gezogenen gelbroten Zügen erfreuen sich vor allem bei den Touristen großer Beliebtheit und zählen sicher zu den Höhepunkten eines Harzbesuches. Ein gemütliches, wenn auch nicht ganz umweltfreundliches Verkehrsmittel bietet im Zeitalter der Hochgeschwindigkeitszüge eine Bummelfahrt durch attraktive Landschaften an. Die Harzer Schmalspurbahnen unterhalten das größte Streckennetz ihrer Art in Europa und bedienen drei Strecken. Das sind:

1) Die Selketalbahn als ältester Abschnitt (1887 angelegt). Er beginnt im Norden in Gernrode und endet am Verbindungspunkt der Eisfelder Talmühle. Dort ist ein Anschluß nach Nordhausen über die Harzquerbahn möglich.

2) Die Harzquerbahn, die den nördlichen und südlichen Harzrand zwischen Wernigerode und Nordhausen verbindet.

3) Die Brockenbahn, die sich größter Beliebtheit erfreut. Ohne Mühe können sich Harzbesucher, wenn ihnen der Aufstieg auf den Brocken zu strapaziös erscheint oder aber die Fahrt mit der Bahn ein besonderes Erlebnis bereiten soll, auf den höchsten Gipfel Norddeutschlands transportieren lassen. 1897 wurde die erste Fahrt auf den Brocken durchgeführt.

Alexisbad ist der älteste Kurort im Harz. Nachdem 1755 heilkräftiges eisen-, mangan- und schwefelhaltiges Wasser in der Umgebung entdeckt worden war, entstand ein kleiner Badeort, der sich sehr schnell zu einem bei der Hautevolee beliebten Bade- und Kurort entwickelte. Den Namen erhielt Alexisbad von Herzog Alexius von Anhalt-Bernburg. Auch Heinrich Heine und Karl Maria von Weber wußten die Annehmlichkeiten von Alexisbad zu schätzen.

20

Wasser für den Bergbau

Wanderung vom Rehberger Graben zum Oderteich und auf den Bruchberg

Diese Wanderung bietet sich als ein ausgedehnter Sonntagsspaziergang auf einer fast historischen Strecke an. Hoch über der Oder begleitet der mit Wasser des Oderteiches gefüllte Rehberger Graben den nahezu ebenen Weg durch eine wildromantische Waldlandschaft mit steil aufragenden Felswänden. In der Höhe des Oderteiches und am Bruchberg wird die Umgebung flacher; Moore bestimmen den Charakter der Landschaft.

i

WEGVERLAUF: Rundwanderung. Parkplatz »Dreibrodetal« – Rehberger Grabenhaus – Goethe-Platz (1 Std.) – Oderteich (1 Std.) – Sonnenkappe (45 Min.) – Clausthaler Flutgraben – Sonnenberger Wegehaus (1 Std.) – Sonnenberger Graben – Parkplatz »Dreibrodetal« (1.15 Std.)

DAUER: 5 Std.

LÄNGE: 19 km

HÖHENANGABEN: weniger als 200 Höhenmeter

SCHWIERIGKEITSGRAD: leicht

WEGBESCHAFFENHEIT: vorwiegend gut

AUSRÜSTUNG: im Herbst Taschenlampe

WANDERKARTE: TK 1:50 000 mit Wanderwegen; Wandern im mittleren Harz, Westharz (Wanderkarte des Harzklubs e.V.)

WEGMARKIERUNGEN: 15D blaues Dreieck, 18E gelber Kreis, 18C blaues Dreieck, 16C blauer Kreis

EINKEHRMÖGLICHKEITEN: »Rehberger Grabenhaus«, im Sommer 11–18.30, im Winter 11–19.30 Uhr, Mo Ruhetag; sonst nur »Sonnenberger Wegehaus«

AN- UND ABFAHRT: Parkplatz Dreibrodetal, **mit dem Kfz** aus dem Norden über Bad Harzburg A 395 und B 4, aus dem Osten und Westen jeweils B 242; Bushaltestelle Jordanshöhe; vorzeitige Rückkehr über Bushaltestellen Oderteich bzw. Sonnenberger Wegehaus möglich

ANSCHLUSSWANDERUNG: St. Andreasberg (Wanderung Nr. 12)

DER WANDERWEG

Vom **Parkplatz »Dreibrodetal«** queren wir die Straße und benutzen die Zufahrtsstraße zum Gasthof »Rehberger Grabenhaus«. Am Ende der asphaltierten Straße teilt sich der Weg. Wir müssen den linken Weg (15D blaues Dreieck) nehmen, der kurz darauf den Bach Kellwasser quert. Nun geht es auf das Rehberger Grabenhaus zu; dahinter biegt der Weg allmählich in das Odertal ein. Uns begleitet nun auf einer Länge von 7 km der Rehberger Graben. Er leitete das Wasser aus dem Oderteich und den Seitentälern der Oder über den Gesehrstollen den Bergwerks- und Hüttenbetrieben in St. Andreasberg zu. Die Anlage des Grabens war im 18. Jh. eine technische Meisterleistung. Mit den Arbeiten an dem noch heute beeindruckenden System wurde 1713 begonnen. Heute nutzt man das Wasser zur Stromerzeugung.

Am Rand des Weges befinden sich Steinbrüche, in denen für die Ausmauerung des Rehberger Grabens Granitblöcke gebrochen wurden. Da der Transport des gebrochenen Gesteins bis in das 19. Jh. Schwierigkeiten bereitete, legte man entlang des Grabens in relativ geringen Abständen mehrere kleine Brüche an. Als Bindemittel zwischen den Steinen wurde nicht Kalk, sondern der ebenfalls vor Ort anstehende Granitgrus (siehe S. 163) verarbeitet. Der Transport der zugehauenen Steine war ein mühsames Unterfangen, denn als Transportgeräte wurden ausschließlich Schubkarren, sog. »Laufkarren«, verwendet.

Nach etwa einer halben Stunde erreichen wir das **Rehberger Grabenhaus** (erbaut 1772), heute ein Gasthaus; ursprünglich bewohnte es der für die Überwachung des Grabens verant-

Steile Hänge und Fichtenwald kennzeichnen die Landschaft des oberen Odertals

Wanderung 20: Vom Rehberger Graben zum Oderteich und auf den Bruchberg

wortliche Grubensteiger. Er hatte dafür zu sorgen, daß eine stetig gleich große Wassermenge zum Antrieb der Räder in den Gruben floß. Eine sprunghafte Zunahme der Wasserführung bei Gewittergüssen oder ein erhöhter Abfluß während der Schneeschmelze konnten ein Überlaufen des Wassers und damit Erosionsschäden am Grabensystem hervorrufen. Um dies zu vermeiden, war ein ständiger Bereitschaftsdienst nötig, der eventuell auftretende Schäden bei Tag und bei Nacht verhindern bzw. beseitigen konnte.

Nach etwa 1 Std. haben wir die Hohen Klippen am **Goetheplatz** am Osthang des 890 m hohen Rehberges erreicht. Die Klippen bestehen in den oberen Partien aus Hornfels. An der Basis steht Granit an (siehe »Goethe im Odertal«, S. 144).

In diesem Streckenabschnitt des Rehberger Grabens bereiteten die mit großen Granitblöcken übersäten Hänge beim Bau des Grabens besondere Schwierigkeiten. Steile Felsvorsprünge ragten in die Trasse hinein; über längere Strecken war das Gelände sumpfig. In seiner ursprünglichen Konzeption konnte der Graben nicht gebaut werden und mußte den natürlichen Gegebenheiten angepaßt werden. Durch dieses Gelände wurde das Wasser weitestgehend in Holzrinnen, sog. »Gefludern«, geleitet, was den Aufbau von Auflagerbänken notwendig machte. Dafür mußten Granitblöcke wegeräumt und vorspringende Felsnasen abgetragen werden, die die abgesteckte Trasse des Grabens behinderten. Auf die Auflagerbänke wurden dann die Holzrinnen gelegt.

Die nördlich des Rehberges von den Hängen herabfließenden Bäche sind gefaßt. Diese Maßnahmen ermöglichten die energietechnische Ausbeutung des fließenden Wassers, das direkt von den Hängen dem Graben zufließt. Das im Oderteich gespeicherte Wasser konnte für trockenere Zeiten zurückgehalten werden. Die Fassung eines Baches ist mit einem »Fehlschlag« ausgestattet, der es erlaubt, überschüssiges Wasser direkt der Oder zuzuführen. Damit wurde sichergestellt, daß die Bäche bei erhöhter Wasserführung während der Schneeschmelze oder bei starken Gewittern keine Schäden anrichten konnten. In solchen Situationen mußte der Grubensteiger die »Schütztafeln« herausziehen. Auch heute ist das System noch in Betrieb, da die Wasserkraft zur Stromgewinnung genutzt wird.

Etwa 300 m vor dem Oderteich taucht ein Granitaufschluß auf. Der Granit ist meist tiefgreifend (mehr als 20 m) zu Grus verwittert. Als Reste des Anstehenden hängen mehr als metergroße frische Granitblöcke in der Wand, die wegen ihrer besonderen Form auch als Matratzen oder Wollsäcke bezeichnet werden.

Nur etwa 100 m weiter befindet sich im Tal oberhalb der »Hühnerbrühe-Fassung« ein kleines Blockmeer. Nach dem Besuch des Granitaufschlusses ist es nicht schwer, seine Entstehung nachzuvollziehen (vgl. »Zur Entstehung von Blöcken, ...«, S. 161).

In diesem Talabschnitt weitet sich das Tal, was in dieser Form ungewöhnlich erscheint. Dabei ist zu bedenken, daß das obere Einzugsgebiet der Oder auch eine von den Eiszeitgletschern geprägte Landschaft ist, denn das obere Odertal war während der letzten Eiszeit mit einem Talgletscher ausgefüllt, der sich als Ausflußgletscher eines den Hochharz bedeckenden Plateaugletschers bis tief in das Tal ausbreitete. Der Oderteich befand sich bereits im Bereich des Plateaugletschers.

Schließlich kommen wir am Staudamm des **Oderteiches** (2 Std., siehe S. 93) an. Wir folgen dem Weg 18E (gelber Kreis) am Westufer des Sees. Hier trifft man noch einen alten Fichtenbestand an, der ohne die menschliche Einflußnahme aufgewachsen ist.

Etwa 1,8 km oberhalb der Sperrmauer geht das Seeufer in das Ufer der Rotenbeek über. Der Boden ist mit großen Grasbülten (= kleine grasbewachsene Hügel in der Moorlandschaft) und einzelnen Jungerlen bedeckt. Quer über den Weg wachsende Wurzeln mahnen zur Vorsicht, zumal der Untergrund zusehends feuchter wird. Bohlen helfen schließlich, die unsicheren Passagen zu überbrücken. Bald stößt der von Oderbrück herüberführende Wanderweg zu unserem Uferweg hinzu.

An dieser Stelle beginnt nun nach links der Anstieg zum Bruchberg (Kennzeichnung weiterhin 18E gelber Kreis). Ein Stück weiter lädt an der Einmündung des Märchenweges ein Sitzplatz zur Rast ein. Anschließend folgen wir dem vom Bruchberg kommenden Bachlauf. Wir befinden uns noch im Granitgebiet, wie ein Aufschluß auf der rechten Seite in einer 6 m hohen Böschung belegt.

Der Moor-Charakter nimmt im Bereich der nur spärlich mit Bäumen bestandenen **Sonnenkappe** (2.45 Std.) zu. Wir gelangen nun auch hinsichtlich der Gesteinsverhältnisse in das Gebiet des Bruchberges, denn die hier anzu-

Goethe im Odertal

Der Goetheplatz mit den Hohen Klippen am Osthang des Rehberges

Am Goetheplatz ist eine geologische Sehenswürdigkeit aufgeschlossen, deren Freilegung der Erosionsarbeit der Oder zu verdanken ist. Diese hat den Osthang des Rehberges durchschnitten und damit die anstehenden Gesteine sichtbar gemacht. So befindet sich 40 m über dem Rehberger Graben die Grenze zwischen dem Granit und dem Hornfels. 1783 und 1784 erkannte Goethe an dieser Stelle, daß die jüngere Granitschmelze in die älteren Schiefer und Grauwacken eingedrungen war und diese vor allem unter der Einwirkung von Hitze zu Hornfels umwandelte. Goethe und Freiherr von Tebra hatten sich die Mühe gemacht, im September 1783 über die Blockhalde zum Anstehenden hinaufzusteigen. Von Tebra berichtet über den Besuch der Rehberger Klippen folgendes:

»Aber unser romantischer Weg führte uns vom Oderteichdamme in einer mehr auf Dienstleistungen sich beziehenden Richtung auf den Rehbergersgraben herunter nach Andreasberg und so nah an der Rehbergerklippe vorbei. Diese hohe, nahe am Graben senkrecht dastehende Felswand war mit einem großen Haufen heruntergestürzter Bruchstücke von Tisch- und Stuhl- und Ofengrößen verschanzt, von welchen sogleich viele zerschlagen wurden. Unter ihnen fanden sich mehrere von jenen Doppelgesteinarten: Granit mit aufgesetztem, eingewachsenem dunkelblauem, fast schwarzem, sehr hartem (jaspisartigen) Tongestein. ›Die können nirgends

treffenden Gerölle bestehen hauptsächlich aus dem Quarzit des Acker-Bruchberg-Zuges. An der Kreuzung im Wald verlassen wir den rechts abbiegenden Weg 18E (Bohlweg), gehen geradeaus weiter und steigen über einen steinigen Weg hinauf zum **Clausthaler Flutgraben.** Am Graben selbst biegen wir nach links ab (Markierung 18C blaues Dreieck) und betreten die Hangmoorlandschaft des Bruchberges. Im Umfeld der Sonnenkappe bis zum nächsten Bach am Osthang des Bruchberges erscheint der Baumbewuchs noch weitestgehend ungeschädigt. Doch dann zeigen größere Flächen einen vollständigen Baumausfall (Fichten). In den 70er Jahren d. Jh. standen hier noch gesunde Bäume. In Wassernähe des Flutgrabens treten immer mehr Moospolster (z. T. sehr schönes Stern- und Torfmoos) auf. Vereinzelte Birken gesellen sich zum Baumbestand.

Nachdem wir dem Flutgrabenweg für etwa 3 km gefolgt sind, biegen wir nach links auf eine abwärts führende Forststraße ab. In den tiefer gelegenen Partien geht der hier partiell vorhandene hohe Fichtenbestand am Ende des Flutgrabenweges in eine Hangmoorlandschaft anders herkommen als von jener Klippe da vor uns.‹ ›Dahin müssen wir‹, antwortete mein Freund. ›Behutsam! vorsichtig!‹ schrie ich ihm nach, ›die moosbedeckten, schlüpfrigen Felsstücke liegen gefahrvoll durch einander, wir können die Beine dazwischen brechen‹. ›Nur fort! Nur fort!‹, antwortete er voraneilend, ›wir müssen noch zu großen Ehren kommen, ehe wir die Hälse brechen!‹ Und wir kamen zusammen heran an den Fuß der Felswand, wo wir dann gar deutlich den Abschnitt des schwarzen Gesteins auf dem blaß fleischroten Granit in gar langer Linie sich hinziehend erkennen konnten. Aber, unserer ziemlichen Größe ungeachtet, erreichen mit unsern Händen konnten wir sie doch nicht. ›Wenn du dich fest hinstellen wolltest‹, sagte mein Freund zu mir, ›so wollte ich jene in den Fels eingewachsene Strauchwurzel ergreifen, mich im Anhalten an an sie hebend auf deine Schulter schwingen, und dann würde ich den so kenntlichen Abschnittsstrich wenigstens mit der Hand erreichen können.‹ So geschah's und wir hatten das seltne Vergnügen, den merkwürdigen Abschnittsstrich von hier eingewurzeltem Urgebirge, roten Granit und drauf stehendes dunkel-, fast schwarzblaues Tongestein nahe zu sehen, sogar mit Händen zu greifen.«

Diese halsbrecherische Unternehmung über die Halde in den Grenzbereich der beiden anstehenden Gesteine hätten die beiden auf der Achtermannshöhe leichter haben können (siehe Wanderung Nr. 21).

200 m nördlich des Goetheplatzes gibt eine Lücke im Baumbestand den Blick auf den Gegenhang und die Berglandschaft im Hintergrund frei. Dort erhebt sich am Horizont die kuppenförmige Achtermannshöhe mit dem Hornfels auf dem Gipfel.

mit einem Altersklassenwald über. Dazwischen breitet sich die gewölbte Oberfläche eines schönen Hochmoores mit einer mehr als 2 m mächtigen Torfschicht aus. Der Weg endet an der Harz-Hochstraße (B 242). Nach der Querung setzen wir den Weg nach links Richtung Sonnenberger Wegehaus fast parallel zur Straße fort. Bis dahin müssen wir noch eine Wegstrecke von knapp 1 km durch einen kleinen Wald und über eine Wiese zurücklegen.

Südlich des Parkplatzes am **Sonnenberger Wegehaus** (3.45 Std.) beginnt der letzte Abschnitt der Wanderung (16C blauer Kreis) mit einem Anstieg über den Westhang des Sonnenberges. Bei der Abzweigung an der etwa 2 km vom Wegehaus entfernten Hütte halten wir uns links und folgen dem **Sonnenberger Graben.** Es ist der dritte Graben, der uns auf dieser Wanderung begleitet. Der Weg ist steinig und daher unbequem. Die Mühen mit den Unebenheiten werden mit einer Sicht auf die Umgebung von St. Andreasberg entlohnt. Wir orientieren uns an dem Lauf des Wassergrabens und erreichen die L 519 ca. 400 m oberhalb des **Parkplatzes »Dreibrodetal«.**

21

Künstliche Wasserwege und natürliche Wasserspeicher im Hochharz

Durch die Moorlandschaft zwischen Brocken und Bruchberg

Wir befinden uns im wasserreichsten Teil des Harzes. Auf einem nährstoffarmen Untergrund breiten sich im sog. Torfhäuser Hügelland größere Moorteppiche aus. Hier entspringen die wichtigsten Flüsse des Hochharzes. Es ist ein geheimnisvolles Gebiet zwischen den höchsten Gipfeln des Harzes, in dem Felsburgen aus einer ebenen Umgebung herausragen und häufig Nebelschwaden über Moore und Wälder hinwegziehen.

i

WEGVERLAUF: Rundwanderung. Torfhaus – Wolfswarte (45 Min.) – Sonnenkappe – Oderbrück (1.30 Std.) – Breitesteinklippen – Achtermannshöhe (45 Min.) – Schwarzer Sumpf – Bodebruch – Dreieckiger Pfahl (1 Std.) – Hopfensäcke – Goetheweg – Torfhaus (1.15 Std.)

DAUER: 5.15 Std.

LÄNGE: 18 km

HÖHENANGABEN: Die zu überwindenden Höhenunterschiede sind unbedeutend.

SCHWIERIGKEITSGRAD: leicht

WEGBESCHAFFENHEIT: Anstieg zur Wolfswarte schlecht, ein Bach fließt über den Weg, auch der Anstieg von der Sonnenkappe zum Clausthaler Flutgraben ist unbequem.

AUSRÜSTUNG: festes Schuhwerk

WANDERKARTE: TK 1:50 000 mit Wanderwegen; Wandern im Westharz, mittleren Harz (Wanderkarte des Harzklubs e.V.)

WEGMARKIERUNGEN: 18B roter Balken, 18C, 18H blaues Dreieck, 18E gelber Kreis, 12C, 12D, 31K grünes Dreieck, 35L roter Kreis, 17J grünes Dreieck, 35E blauer Kreis im weißen Dreieck, 10F roter Kreis im weißen Dreieck

EINKEHRMÖGLICHKEITEN: Gasthaus »Oderbrück«

AN- UND ABFAHRT: **Mit dem Bus** aus Richtung Bad Harzburg Bhf. bzw. Braunlage mit Linie 422 Fahrtzeit: je 20 Min., **mit dem Kfz** bis Parkplatz Torfhaus aus dem Norden über A 395 und B 4, aus dem Süden und Osten B 4 und B 27

ANSCHLUSSWANDERUNG: Altenau, Bruchberg; Wanderung Nr. 9

BESONDERE HINWEISE: Die Moore sind besonders empfindliche Naturschutzgebiete und dürfen nicht betreten werden!

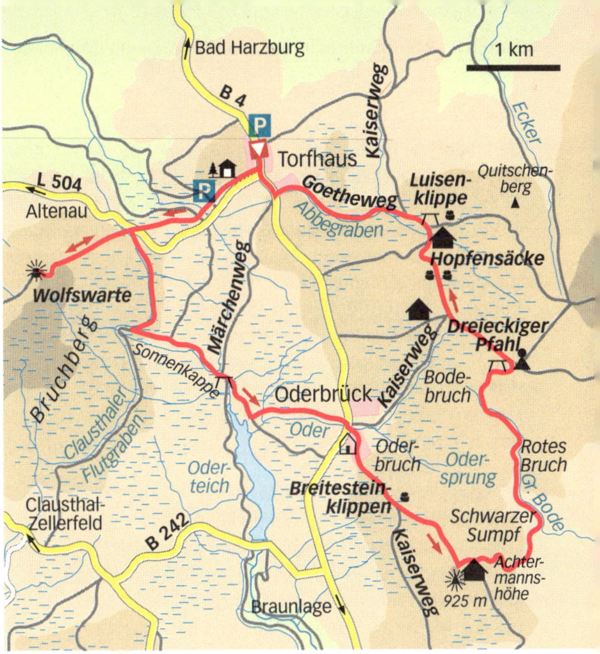

Wanderung 21:
Durch die Moorlandschaft zwischen Brocken und Bruchberg

DER WANDERWEG

Zwischen dem Brockenmassiv und dem Rücken des Acker-Bruchberg-Höhenzuges erstreckt sich ein plateauartiges Hochflächengebiet mit kleinen, z. T. kuppenförmigen Erhebungen. Es wird von den Geowissenschaftlern als das Torfhäuser Hügelland bezeichnet und schließt die Moorlandschaft zwischen Brocken und Bruchberg in sich ein. Im Untergrund steht vorwiegend wasserspeichernder Granitgrus an. Wir begeben uns in eine Moorlandschaft, die, vollgesogen wie ein Schwamm, den Ursprung für eine Reihe wichtiger Harzflüsse darstellt. Die Bezeichnungen Bodebruch, Oderbruch oder Eckersprung deuten schon an, in wessen Quellgebiet man sich befindet.

Lange Zeit war diese einsame Landschaft mit ihren kümmerlich wachsenden Bäumen für den wirtschaftenden Menschen uninteressant, bis der Torf als Energieträger für den hohen Brennstoffbedarf im Hüttenwesen entdeckt wurde. So wurde fast unmittelbar nach der Gründung der freien Städte, bedingt durch die beginnende Holzknappheit im Jahre 1573, bei Torfhaus damit begonnen, Torf zu stechen. Es blieben nur wenige Moore übrig. Sie sind heute unter Schutz gestellt.

Auf der Wanderung wird das Moorgebiet von Nordwesten nach Südosten durchmessen. Wir starten in **Torfhaus** am großen **Parkplatz** und gehen auf der Straße in Richtung Altenau. An der Jugendherberge vorbei führt vom unteren Ende des Parkplatzes, etwa 700 m unterhalb der Abzweigung von der B 4, der Weg 18B (roter Balken) durch mooriges Gelände etwa parallel zur Straße. Nach Betreten des Waldes kreuzen wir zwei Bachläufe. Der folgende Anstieg endet an der Straße nach Altenau (L 504) fast unterhalb des Anstieges zur Wolfswarte. Hier angekommen, halten wir uns 30 m nach rechts und queren die Straße. Nach einem steinigen und feuchten Anstieg (18C blaues Dreieck) von etwa 1 km befinden wir uns auf der 918 m hohen **Wolfswarte** (45 Min.), einer Felsburg mit kleinem Blockstrom im Quarzit. Es handelt sich um den

Acker-Bruchberg-Quarzit, ein sehr widerständiges Gestein mit einem Alter von ca. 345–357 Millionen Jahren (vgl. S. 79f.).

Von dieser am Nordwesthang des Bruchberges gelegenen Felsburg sieht man die nur geringfügig höhere, flache Kuppe des 930 m hohen Bruchberges, dessen Waldbestand offensichtlich durch verschlechterte Umweltverhältnisse so sehr gelitten hat, daß manche Areale schon fast oder sogar völlig kahl gefallen sind. Im Südwesten schaut man auf die Berge um Altenau.

In der Höhenlage, die unsere Wanderung berührt, herrschen rauhe klimatische Verhältnisse. Niedrige Jahres-Durchschnittstemperaturen und mehr als 1000 mm Niederschlag im Jahr, der bis zur Hälfte als Schnee fällt, lassen das Gedeihen eines Buchenbestandes nicht mehr zu. So bilden Moorfichtenwälder die natürliche Waldgesellschaft. Unter dem gegebenen rauhen Klima, den besonderen Grundwasserverhältnissen und den Bodenbedingungen kommt in dieser Moorlandschaft nur ein lockerer Besatz sehr langsam wachsender Fichten mit einer Wuchshöhe von kaum über 5 m auf. Vergesellschaftet ist die Fichte mit der Karpatenbirke und der Schwarzerle, die als einzige Baumarten auch unter den extrem sauren Bodenbedingungen (siehe das durch Huminsäuren braun gefärbte Wasser in den Gerinnen) gedeihen können. Dabei ist der Erle als Standort die Nähe zu den Wasserläufen vorbehalten. Hier wurden in den letzten Jahren auch Anpflanzungen vorgenommen.

Wir verlassen die Wolfswarte über den gleichen Weg, den wir beim Anstieg genommen haben. An der Straße angekommen, folgen wir nach rechts dem Clausthaler Flutgraben durch eine vermoorte Umgebung, bis nach 1,2 km ein steiniger und etwas steilerer Weg nach links den Hang hinunterführt. Wir passieren an der nächsten Kreuzung den Bohlweg und betreten die offene Moorlandschaft der **Sonnenkappe** (18E gelber Kreis). Hier ist auch der Wechsel vom Quarzit zum Granit im Untergrund zu suchen, denn allmählich bleiben die Quarzitgerölle am Weg aus. Hinter der Einmündung des »Märchenweges« und dem Sitzplatz begeben wir uns in das Einzugsgebiet der Oder, der wir über den Weg 12C (grünes Dreieck) bis **Oderbrück** folgen. Hier bietet sich zur Stärkung eine Einkehr im gleichnamigen Gasthaus (2.15 Std.) an. Die Pause sollten wir aber nicht zu lange ausdehnen, denn es stehen uns noch eine kleine Gipfelbesteigung und rund 12 km Wegstrecke bevor.

Bei der Fortsetzung des Weges müssen wir darauf achten, die richtige Richtung (31K, 12D grünes Dreieck) auf dem Kaiserweg einzuschlagen. In unserem Falle führt der Weg an einzelnen Gebäuden vorbei und setzt sich als buckeliger und steiniger Talweg fort, wobei er streckenweise durch den engeren Bereich des Bachbettes aufwärts führt. Der begleitende Nadelwald erscheint vom Aufbau eher langweilig. Heidelbeeren herrschen in der Strauchschicht vor, dazwischen breiten sich große Grasbüschel aus. Erst oberhalb des Bachbettes erkennt man den Charakter des alten Kaiserweges an den verlegten Platten und den noch erhaltenen rinnenförmigen Radspuren. Etwa auf halber Strecke zur Achtermannshöhe tauchen auf der linken Seite die **Breitesteinklippen** mit ihrer dichten Pakkung von plattenartigen Wollsäcken auf. An der Weggabelung kurz hinter den Klippen müssen wir darauf achten, den linken Weg zu nehmen, um auf die Achtermannshöhe zu gelangen.

Nach etwa einem Kilometer stehen wir am Fuß der noch etwa 25 m höher aufragenden Felsburg mit dem Gipfel. Bis vor wenigen Jahren stand hier neben einer Schutzhütte die sog. Kamelfichte, eine Kiefer. Sie ist inzwischen nicht dem Schneebruch, sondern dem Vandalismus zum Opfer gefallen.

Bei klarem Wetter schweift der Blick von der Achtermannshöhe weit ins Umland

Die wie eine Blockhalde erscheinende und fast baumfreie Kuppe kann nur über einen als Treppe befestigten Weg bestiegen werden. Unmittelbar unterhalb des Gipfels sieht man dann den anstehenden Granit, der plötzlich in ein sandsteinartiges, wesentlich dunkleres Gestein, den Hornfels, übergeht. An dieser Stelle befindet sich die Kontaktzone zwischen dem Granit und der älteren, hier aber darüber anstehenden Grauwacke (siehe S. 12f.).

Bei klarem Wetter ist die Fernsicht von der **Achtermannshöhe** (3 Std., 925 m NN) über die Harzlandschaft überwältigend. Im Norden ragen die Masten der Sendeanlagen um Torfhaus aus der Wald- und Moorlandschaft heraus. Im Süden taucht der Gebirgsrand mit dem dahinter gelegenen Thüringer Becken auf.

Die Waldregion der Umgebung war in der Eiszeit von einem Plateaugletscher bedeckt, der sich uhrglasförmig über die Landschaft wölbte und aus dem im Nordosten der Brocken herausragte. Wir befinden uns mitten in dieser ehemaligen Gletscherregion.

Der Abstieg führt nun geradewegs hinab in das Tal der Kleinen Bode über den Weg 35L (roter Kreis), wo sich der Fichtenwald nach etwa 1 km zur Moorlandschaft des **Schwarzen Sumpfes** öffnet. Dort treffen wir auf die als Bach daherplätschernde Große Bode, die bis zum **Bodebruch,** ihrem Quellgebiet, unser Wegbegleiter sein wird. Nach Querung der jungfräulichen Bode ermöglicht ein Pavillon einen Überblick über diese ungewöhnliche Hochmoorlandschaft des Bodebruchs. Der Quellraum des wohl bekanntesten Harzflusses ist ein fast waldfreies, sich uhrglasförmig aufwölbendes Hochmoor in ca. 830 m Höhe. Von den Pflanzen kann man neben Binsen und der sich im Herbst goldbraun färbenden Rasensimse die Besenheide und die seltenere Glockenheide erkennen. Im Sommer tauchen die weißen büscheligen Blütenstände des Wollgrases auf. Unter den Zwergsträuchern herrschen die Heidelbeere und die Preiselbeere vor, von den Bäumen treten nur einzelne kleine Fichten in Erscheinung.

Es ist nun nur noch eine kurze Wegstrecke bis zum **»Dreieckigen Pfahl«** (4 Std.). An diesem alten Grenzstein im Brockenfeld befindet sich ein Rastplatz. Wir setzen den Weg durch das Moorgebiet des Brockenfeldes fort und benutzen nun den hier beginnenden Wanderweg 35E (auch 17J, grünes Dreieck). An der nächsten Weggabelung halten wir uns rechts und treffen auf den Kaiserweg (blauer Kreis im Dreieck), wo bald beiderseits des Weges die granitischen **Hopfensäcke** auftauchen. Dort befindet sich in etwa die Wasserscheide zwischen der Weser und der Elbe bzw. dem Nord- und dem Südharz. Hinter den Hopfensäcken führt der Weg hinab zur Abbe. Dabei passieren wir eine Schutzhütte und gelangen nach der Querung des Baches in Höhe der Luisenklippe nach links auf den **Goetheweg** (10F roter Kreis im Dreieck) ab. An der nächsten Abzweigung verlassen wir den Kaiserweg, indem wir nach links abbiegen. Ab hier weist uns der aus der Abbe hervorgegangene Abbegraben als Begleiter den Weg zurück nach **Torfhaus** (5.15 Std.).

AM WEGE

Die Eberesche oder der Vogelbeerbaum: In den Höhen über 800 m löst ein unscheinbarer Laubbaum die in den tieferen Lagen vorherrschende Buche ab. Er befindet sich hier auf seinem natürlichen Standort und soll gerade im Naturschutzgebiet des Hochharzes als Waldpflanze die Bedeutung und Verbreitung wiedererlangen, die er einst besaß.

Es ist die durchschnittlich bis zu 10 m hohe und anspruchslose Eberesche. Am auffälligsten sind ihre orangefarbenen Beeren, deren Dolden von unpaarig gefiederten, bis zu 30 cm langen Bättern umgeben sind. Nur bei genauerer Betrachtung fallen bei den eiförmigen Blättern die scharfen sägezahnförmigen Konturen auf, ein ideales Motiv für Gegenlichtaufnahmen. Sie gedeiht auch in unserem Wandergebiet, wo sie sich auf nährstoffarmem Boden unter die Bergfichten mischt. In früheren Zeiten muß sie in diesem Raum häufiger anzutreffen gewesen sein, denn in Nachbarschaft des besuchten Gebietes gibt es den Quitschenberg. Die Quitsche ist aber nichts anderes als die Eberesche. Ihr Name ist wahrscheinlich von *eburos,* dem keltischen Wort für Eibe, abgeleitet, die zwar im Bodetal noch an den Hängen oberhalb des Hirschgrundes wächst, aber bei den Ibenklippen oder am Iberg längst verschwunden ist. Bei den Eiben besitzen nur die weiblichen Pflanzen rote Beeren.

Die Harzmoore und ihre Entstehung

Eine starke Durchfeuchtung eines nährstoffarmen Untergrundes ist die Voraussetzung für die Bildung von Hochmooren. Hohe Niederschläge und schlecht durchlässiger Untergrund bei geringer Verdunstung behindern die natürliche Zersetzung abgestorbener Pflanzenteile und begünstigen den Moorbildungsprozeß, da Regenwasser nahezu nährstoffrei ist. Dadurch ist nur hochspezialisierten Pflanzenarten, wie beispielsweise Torfmoosen, eine Existenzmöglichkeit gegeben. Die Bezeichnung »Hochmoor« bezieht sich allerdings nicht auf die Anwesenheit von Moorflächen in Hochlagen, sondern auf eine durch bessere Wachstumsbedingungen für Torfmoose bedingte Aufwölbung der Moorflächen in ihrem Zentrum. Solche Moore wachsen etwa 1 mm/Jahr in die Höhe. In einem Jahrtausend kann also eine Torfschicht von einem Meter Dicke entstehen. Die wesentlichen, das Moor aufbauenden Torfmoose besitzen die Fähigkeit, Niederschlagswasser schnell aufzusaugen und in großen Mengen festzuhalten. Pro Quadratmeter Moorfläche können 6–7 l Wasser 8–14 Tage lang festgehalten werden. So bildet sich im Hochmoor über dem alten Grundwasserspiegel ein neues Wasserkissen aus. Moore sind also ideale Rückhaltespeicher und verhindern damit einen schnellen Abfluß des Regenwassers.

Die Mooroberfläche zeigt viele Unregelmäßigkeiten, die durch geringe örtliche Veränderungen der Lebensbedingungen verursacht werden. So wechseln wassergefüllte Vertiefungen, die sog. *Schlenken,* mit flachen und weniger feuchten *Bulten* oder *Bülten* einander ab. In einigen Hochmooren befinden sich kleine Tümpel, sog. *Kolke*, deren Wasser Verbindung zum mineralischen Untergrund hat und nährstoffreicher ist.

Die meisten Moore im Harz sind durch den Niederschlag und durch besondere Bodenverhältnisse (nährstoffarme Gesteine im Untergrund) entstanden, wie zum Beispiel das Goethe-Moor auf dem Weg zum Brocken. Weitaus seltener sind da schon die Moore, die ihre Existenz den Niederschlägen allein verdanken. Reine, durch den Gesteinsuntergrund bedingte Moore trifft man im Brockengebiet am Nordwesthang und als Quellgebiet der Ilse an.

Aufgrund der besonderen Boden- und Niederschlagsverhältnisse sind die Moorbildungen im Oberharz nach Alter,

Ausdehnung und Vielfalt in Europa einzigartig und daher von besonderer Bedeutung für die Wissenschaft und für den Naturschutz. Sie gehören zu den wenigen, noch intakten Hochmooren in Deutschland und reagieren aufgrund ihrer Nährstoffarmut außerordentlich empfindlich auf den Eintrag von Nährstoffen und auf eine Verdichtung, die sich durch die Tritte bei einer Begehung einstellen würde. Aus diesem Grunde darf man offene Moorflächen nur auf den vorgesehenen Steigen betreten, denn durch das Betreten und Verdichten der schwammartigen Moospolster gelangt sauerstoffreiches Wasser in den Untergrund, wo dann sauerstoffzehrende Organismen das Moos zersetzen und damit den Hochmoorboden abbauen.

Dadurch, daß Pflanzenreste unter der Einwirkung von Huminsäuren über Jahrtausende hinweg konserviert wurden, liefern Moore genügend Material, um die Zusammensetzung und die erdgeschichtliche Entwicklung der Pflanzenwelt in der Moorlandschaft zu studieren. Bei den Untersuchungen bestimmt man die Zusammensetzung der im Moor erhaltenen Pollengemeinschaften. Pollenkörner sind für die Ermittlung vorzeitlicher Pflanzengemeinschaften deshalb so gut geeignet, weil die Wandungen der Körner der Zersetzung widerstehen. Über die mikroskopische Pollenanalyse kann die Entstehungsgeschichte eines Moores rekonstruiert werden.

Moorlandschaft am Brocken

Der Beginn der Vermoorung im Oberharz reicht bis zum Ausklingen der letzten Eiszeit vor ungefähr 10 000 Jahren zurück. Eine größere Ausbreitung der Moore setzte in der niederschlagsreichen Zeit des Atlantikums vor 5500 Jahren ein und endete vor etwa 2500 Jahren, als sie ihre heutige Größe erreicht hatten. Die Mächtigkeit der Moore im Oberharz beträgt – soweit sie noch vorhanden sind – 1 bis 5 m, in seltenen Fällen sogar mehr. Der Brennstoffbedarf der Hüttenbetriebe hat im 18. Jh. dafür gesorgt, daß viele Moore im Oberharz verschwanden (s. S. 31).

Häufig grenzen Niedermoorbereiche an die typischen Hochmoore. In der Pflanzendecke dieser Moorlandschaft treten zwei Grasarten hervor. Es sind das etwa 30 cm hohe Pfeifengras *(Molinia)* oder das Schmalblättrige Wollgras *(Eriophorum vaginatum)* mit seinen weißen baumwollartigen Blütenbüscheln. Als häufigste Segge kommt die 30–80 cm hohe Schnabelsegge *(Carex rostrata)* vor, von den Baumarten treten bestenfalls die Fichte, die Moorbirke und die Eberesche in Erscheinung.

Bedingt durch die höheren Niederschläge befinden sich die großen Moorflächen im Bereich des Torfhäuser Hügellandes auf dem vergrusten Granit und dem Quarzit im Bereich des Bruchberges in einer Höhenlage von mehr als 700 m NN. Die Moore sind zugleich das hydrologische Zentrum des Harzes mit einer Reihe von Quellen wichtiger Flüsse, wie beispielsweise der Sieber, der Oder, der Bode, der Ecker und der Radau. Um den Brocken trifft man eine Reihe von kleinflächigen Mooren (mehr als 30) meistens in Hanglagen an.

Bemerkenswert in der Pflanzengemeinschaft der Harzer Moore sind außer der Heidelbeere *(Vaccinium myrtillus)*, der Moosbeere *(Oxycoccus palustris)*, der Rauschbeere *(Vaccinium uliginosum)* und der Preiselbeere *(Vaccinium vitis idaea)*, die Rosmarinheide *(Andromeda polifolia)*, der Insekten fangende Sonnentau (*Drosera rotundifolia*, geschützt!) und die Zwergbirke *(Betula nana)*, die hier als Eiszeitrelikt an wenigen Stellen vorkommt. Die Anwesenheit des Sonnentaus ist ein Anzeichen dafür, daß der Boden nicht genügend Stickstoff enthält. Pflanzen wie der Sonnentau decken ihren Nährstoffbedarf deshalb mit tierischer Kost. Charakteristisch sind auch die Schwarze Krähenbeere *(Empetrum nigrum)* und die Blüten der Haarsimse. Ab und zu leuchten die weißen Büschel der Wollgräser *(Eriophorum scheuchzeri)* auf.

22

Prähistorische Stätten auf dem Wurmberg

Wanderung von Schierke auf den Wurmberg und zurück

In unmittelbarer Nachbarschaft des Brockens ist der fast 1000 m hohe Wurmberg einer der auffälligsten Berge des Harzes. Von seinem Gipfel, in diesem Falle von der ehemaligen Skisprungschanze, belohnt er den Bergwanderer bei gutem Wetter mit einer herrlichen Aussicht für die Anstrengungen des Aufstiegs.

WEGVERLAUF: Rundwanderung. Schierke Hotel »Bodeblick« – Scherstorklippen (30 Min.) – Parkplatz »Kaffeehorst« (45 Min.) – Große Klippe – Wurmberg (45 Min.) – ehemalige Grenze (15 Min.) – Schierke Hotel »Bodeblick« (45 Min.)

DAUER: 3 Std.

LÄNGE: 10 km

HÖHENANGABEN: 250 Höhenmeter vom Parkplatz »Kaffeehorst« (720 m NN) bis zum Gipfel (971 m NN)

Wanderung 22: Wanderung von Schierke auf den Wurmberg und zurück

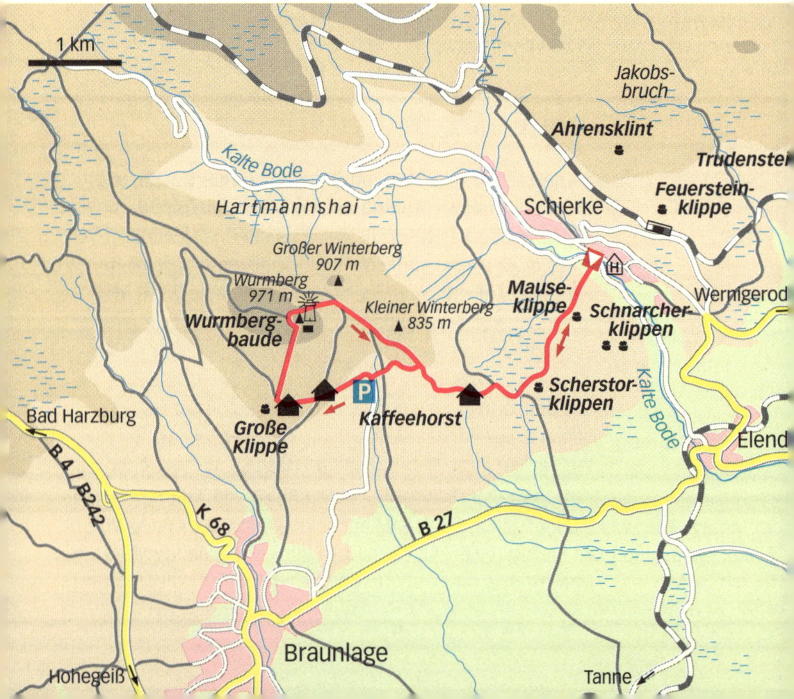

Blick auf das Brockenmassiv mit dem Wurmberg (links)

SCHWIERIGKEITSGRAD: Mittel; wegen ihrer Steilheit sind der Anstieg auf den Wurmberg oberhalb der Großen Klippe und der unmittelbare Abstieg etwas beschwerlich. Sie erfordern Kondition und vorsichtiges Gehen.

WEGBESCHAFFENHEIT: durchweg gut

WANDERKARTE: TK 1 : 50 000 mit Wanderwegen; Wandern im Westharz, mittleren Harz (Wanderkarte des Harzklubs e.V.)

WEGMARKIERUNGEN: 30E gelbes Dreieck, 18D

EINKEHRMÖGLICHKEITEN: Wurmbergbaude

AN- UND ABFAHRT: **Mit dem Kfz** aus dem Raum Magdeburg über Blankenburg auf der B 27, ebenso aus dem Raum Göttingen auf der B 27 über Braunlage. **Mit der Harzquerbahn** von Wernigerode bei einer Dauer von 1 Std.; **mit der Bus-Linie** 76 von Braunlage 22 Min. Bei einer Fahrt von Wernigerode verkehrt die Linie H-257 vormittags alle zwei Stunden nach Elend. Die Busfahrt von Wernigerode dauert 32 Min.

ANSCHLUSSWANDERUNG: Achtermannshöhe (Wanderung Nr. 21)

BESONDERE HINWEISE: Liftbenutzung von und nach Braunlage möglich. Als Alternative kann die Aufstiegsroute auch von Braunlage aus über »Kaffeehorst« gegangen werden. **Achtung:** Im Bereich der ehemaligen Grenze sollten die markierten Wege wegen Minengefahr nicht verlassen werden.

DER WANDERWEG

Wir beginnen in **Schierke** am **Hotel »Bodeblick«.** Über die Treppe verlassen wir das Bodetal und gehen über den Weg 30E (gelbes Dreieck) auf den Wald zu (570 m NN). Nach dem Passieren der letzten Häuser betreten wir das Waldgebiet, statten der Mäuseklippe einen kurzen Besuch ab und setzen dann den Weg durch einen Jungwald mit schönem Ausblick auf den Wurm- und Winterberg fort. Hinter der etwa 1 km weiter im Südwesten befindlichen **Scherstorklippen** (30 Min.) trifft der Weg auf einen Plattenfahrweg, auf dem wir nach rechts abbiegend weiterwandern. Bereits nach 500 m verlassen wir diese Piste wieder nach links und steigen über einen Forstweg zu einer von jungem Fichtenwald umgebene Schutzhütte an. In einem leichten Bogen steigt die Forststraße an. Dabei kann unser Blick vom Rand eines Fichtenhochwaldes nach Südosten über die in dieser Höhe (500–700 m NN) schon typische Fichtenwaldlandschaft um Elend und Tanne schweifen. In der sumpfigen Umgebung gedeiht als charakteristische Pflanze der Europäische Siebenstern mit seinen weißen Blüten *(Trientalis europaea).* Vom Rand des Hochwaldes setzen wir den Anstieg über die Forststraße bis zur Gabelung noch etwa 100 m fort. Dann wenden wir uns nach links und betreten eine durch den Wald führende Plattenstraße. Am Ende des Weges öffnet sich der Wald zum Bremketal in Höhe einer Schutzhütte. Im Südwesten erblicken wir den Stöberhai und am Horizont das Thüringer Becken, bei klarer Sicht sogar den Thüringer Wald. Das Tagesziel, der Wurmberg, ragt nun fast unmittelbar vor uns auf.

Wir queren den Bremker Bach. Dahinter erreichen wir den **Parkplatz »Kaffeehorst«** (1.15 Std.). Durch eine Schonung führt eine Asphaltstraße zur Lokalität »Bratwurst« und auf den Südsporn des Wurmberges. Auf dem Sporn gibt eine ungewöhnlich strukturierte Felsburg in 824 m Höhe Anlaß, einen Moment zu verweilen. Die Abfolge der horizontalen Klüfte ist hier im Granit so dicht, daß man beim ersten Blick glaubt, ein Sedimentgestein vor sich zu haben. Die Vorstellung von der wollsackartigen Anordnung der zutage getretenen Granitblöcke als Verwitterungsform dieses Gesteins kann durch einen Besuch der fast am Weg befindlichen **Großen Klippe** wieder zurechtgerückt werden, denn dort sind die Blöcke in der erwarteten Form ausgebildet.

Der nun fällige Anstieg zum Wurmberggipfel erfolgt zunächst über die

Fortsetzung der Forststraße, dann durch eine breite, steil ansteigende Schneise (150 Höhenmeter bis zum Gipfel) zur Wurmbergbaude.

Der Gipfel des **Wurmberges** (2 Std., 971 m NN) ist in doppelsinniger Bedeutung des Wortes »verbaut«. Man sieht ihn wegen der Verbauung nur unvollständig, und die »Baumasse« fügt sich nicht gerade unauffällig in das Landschaftsbild ein.

Nach einer kurzen Verschnaufpause nehmen wir die Besteigung des Sprungschanzenturms in Angriff und begeben uns damit an den einzigen über 1000 m über NN gelegenen Punkt im Harz außerhalb des Brockenmassivs. Die Aussicht gewährt tiefe Einblicke in den Unterharz im Osten. Deutlich sind die Kalksteinbrüche zwischen Elbingerode und Rübeland zu erkennen. Dahinter taucht der Ramberg bei Friedrichsbrunn auf. Im Südosten ist durch seine Kastenform und das Josephskreuz der Große Auerberg ein-

Klippe am Südhang des Wurmbergs

deutig zu identifizieren. Schierke liegt, der Brocken hingegen erhebt sich fast unmittelbar vor dem Betrachter. Über Braunlage hinaus ragt als markante Erhebung der 700 m hohe Stöberhai auf. Schwenkt man den Blick nach Westen, dann beherrscht der Höhenzug des Ackers mit dem sich anschließenden Bruchberg die Szenerie am Horizont. Davor fallen die Achtermannshöhe und weiter links der Rehund der Sonnenberg auf.

Wir verlassen den Sprungschanzenturm wieder. Den richtigen Weg für den Abstieg zu finden, ist hier oben gar nicht so einfach. Die Kennzeichnung der Wege auf dem Gipfel des Wurmberges läßt manchen Wunsch offen. Aus dem Grunde ist es angeraten, sich nach der Karte und der Umgebung zu orientieren. Nicht ohne die vorgeschichtliche Anlage mit wohlgeordneten Steinblöcken studiert zu haben, beginnen wir den Abstieg nach Norden, um nach wenigen Metern nach Osten abzubiegen, wo wir über einen ausgetretenen Weg auf den ehemaligen Auslauf der Sprungschanze zugehen. Der Nordosthang des Wurmberges ist noch bewaldet und dicht mit auffallend großen Heidelbeersträuchern bestanden. Der Auslauf endet an der **ehemaligen Grenze** (2.15 Std.).

Hier wenden wir uns nach rechts und tangieren dabei den Großen und Kleinen Winterberg. Unmittelbar vor dem steileren Abfall der Piste zweigt spitzwinklig der »Ulmer Weg« nach links in den Wald ab (18D). An dieser Stelle ist der Ausblick auf den bewaldeten Südharz von besonderer Schönheit. Durch vermoorten Fichtenwald steigen wir nun hinab zum 3,5 km entfernten Schierke und erreichen nach etwa 700 m die vom Hinweg schon bekannte Abzweigung auf den Plattenweg zum Parkplatz Kaffeehorst. Ab diesem Punkt entspricht der Rückweg nach Schierke dem Hinweg. Sicher ist noch genügend Zeit, sich die fast am Weg befindlichen Scherstor- und die Schnarcherklippen genauer anzusehen. Der Ausgangspunkt in **Schierke** ist schließlich wieder nach 3 Stunden erreicht.

AM WEGE

Prähistorische Stätten auf dem Wurmberg: Im Jahre 1949 wurden am Osthang des Wurmberggipfels die Überreste einer vorgeschichtlichen Kultstätte freigelegt, die aus einer 80 m langen Treppe aus Hornfelsblöcken besteht. Die Treppe endet auf einem Plateau, von dem ein gepflasterter Weg zu einem Ringwall führt. Im Zentrum des Walls befinden sich Mauerreste und ein Umlauf. Die Bedeutung dieser Baureste ist bis heute unbekannt. Vielleicht wurden hier Sterne beobachtet.

23

Die Felsburgen der Schnarcherklippen

Von Elend durch das Bodetal auf die Höhen südlich von Schierke

Die Wanderroute ist schon etwas seitab der großen Wanderströme im Brockengebiet gelegen, aber keineswegs weniger attraktiv. Der Anstieg von Elend ist bestens geeignet, sich an einem Nachmittag die Füße zu vertreten und dabei den Gang durch einen schluchtartigen Abschnitt des Bodetals und den Anblick skurril anmutender Felsformen zu genießen. Vielleicht hört der Wanderer auf der Höhe die »Schnarchgeräusche« des um die Klippen streichenden Windes.

i

WEGVERLAUF: Rundwanderung. Elend, Holzkirche – Schnarcherklippen (45 Min.) – Barenberg (15 Min.) – Elend (45 Min.)

DAUER: 1.45 Std.

LÄNGE: 5,5 km

HÖHENANGABEN: Steil ist der Anstieg aus dem Elendstal (530 m NN) zu den Schnarcherklippen (670 m NN). Wenn auch nur 140 Höhenmeter überwunden werden, so geschieht das auf einer Strecke von weniger als 1 km.

SCHWIERIGKEITSGRAD: mittel, da steile Pfade

WEGBESCHAFFENHEIT: im Tal gut

WANDERKARTE: TK 1:50000 mit Wanderwegen; Wandern im Westharz, mittleren Harz (Wanderkarte des Harzklubs e.V.)

WEGMARKIERUNGEN: 17H blaues Dreieck und Kreuz bis zur Querung der Bode, grüner Kreis bzw. gelber Balken

EINKEHRMÖGLICHKEITEN: keine

AN- UND ABFAHRT: **Mit dem Kfz** aus dem Raum Magdeburg über Blankenburg auf der B 27, ebenso aus dem

Die Holzkirche von Elend

Raum Göttingen auf der B 27 über Braunlage. **Mit der Harzquerbahn** von Nordhausen und Wernigerode bei einer Fahrtdauer von 1.50 Std. bzw. 1.25 Std. **Mit der Bus-Linie** 76 von Braunlage 13 Min. Von Wernigerode verkehrt die Linie H-257 vormittags alle zwei Stunden nach Elend. Die Busfahrt dauert etwa 40 Minuten.

ANSCHLUSSWANDERUNG: Wanderung Nr. 22 zum Wurmberg

BESONDERE HINWEISE: Das Besteigen der Klippen erfolgt, wie ausdrücklich auf einem Hinweisschild betont wird, auf eigene Gefahr. Bei Gewitter sind die Felsen sofort zu verlassen.

DER WANDERWEG

Es ist ungewöhnlich, in dieser Höhe des Harzes (höher als 500 m NN) einen so engen Talabschnitt anzutreffen. Eingezwängt zwischen dem fast 700 m hohen Barenberg und den deutlich über 600 m NN aufragenden Feuersteinen hat die Kalte Bode zwischen Elend und Schierke ein Tal in den vielfältigen Gesteinsuntergrund geschnitten, das als das Elendstal bekannt ist. Trotz des Unbehagen verheißenden Namens kann diese Talstrecke mit romantischen Abschnitten im unteren Bodetal oder dem Ilsetal durchaus konkurrieren.

Der Aufbruch erfolgt von der **Holzkirche** in **Elend** (510 m NN). Nach der Querung der vor dem Kirchplatz vorbeiführenden Straße (B 27) begibt man sich auf den links vor dem großen langgestreckten Haus vorbeiführenden Weg »Elendstal«, der in einer Linkskurve hinter der Bahnunterführung als alte Talstraße zum 2 km entfernten Schierke seinen Anfang nimmt (Weg 17H blaues Dreieck und Kreuz). Am Beginn der engen Talstrecke kann man als über 140 Jahre altes Naturdenkmal die 41 m hohe Fichte »Talwächter« bewundern. Der Durchbruch der Kalten Bode hat hier ein enges Tal mit bis zu 180 m hohen, mit Felsen besetzten Hängen (auf der Seite des Barenberges) geschaffen. Es lohnt sich auf jeden Fall, an den Gefällstrecken näher an den Fluß heranzugehen. **Achtung:** im unmittelbaren Flußbereich können die Felsen außerordentlich glatt sein. Am Weg wechseln Schiefergesteine verschiedenster Ausprägung einander ab. In der Höhe der Elendsburg steht zum Beispiel harter Kieselschiefer an.

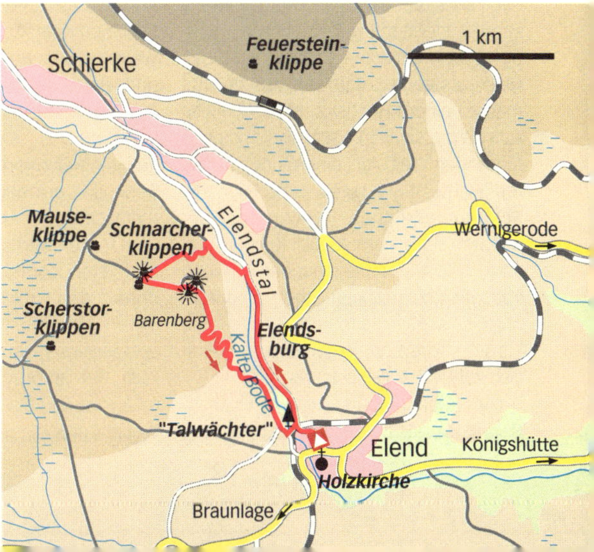

Wanderung 23: Von Elend durch das Bodetal auf die Höhen südlich von Schierke

Ein **Abstecher** (Abzweigung etwa 500 m nach Betreten des Tals) zu den Resten der Burg kann in die Wanderung miteinbezogen werden. Allerdings braucht man viel Phantasie, um sich auf einem relativ kleinen Plateau eine Burg vorstellen zu können.

Bis zum Wechsel auf die andere Talseite und zum Beginn des Aufstiegs sind insgesamt etwa 1,2 km zurückzulegen. Die schluchtenwaldartige Vegetation wird von der Buche beherrscht, in deren Bestände je nach Hangposition vornehmlich Fichten – zum Teil sehr schöne Exemplare –, aber auch Ahornbäume eingestreut sind.

Nach dem Queren der Bode steigt der Weg zunächst in Serpentinen steil zu den Schnarcherklippen an. In der Höhe der Brücke ist auch der Übergang von den Sedimentgesteinen im Süden zum Brockengranit zu suchen, denn der Aufstieg erfolgt in einem wilden Granitblockmeer mit einzelnen kleinen Klippen. Nach dem Verlassen der beeindruckenden Hanglandschaft gelangen wir auf freierem Gelände in einen hohen Fichtenwald. Bereits 50 m nach dem Betreten biegen wir links ab und gehen, dem gelben Balken als Zeichen folgend, an der Waldgrenze entlang, um dann die benachbarte Schonung über einen nach links führenden und nur schwierig zu erkennenden Pfad zu queren. Wichtig ist es, auf die große Buche am Waldrand zuzugehen. Von dort aus gelangt man zu einem Hochsitz und schließlich zu dem zu den Schnarcherklippen führenden Weg. Aus einem noch jüngeren Fichtenwald ragen schließlich die **Schnarcherklippen** (45 Min.) auf der rechten Seite heraus. Die Klippen stehen dicht nebeneinander. Wenn Südostwind zwischen ihnen hindurchbläst, so sind an Schnarchen erinnernde Töne zu hören. Um die Felsburg ranken sich zahlreiche Geschichten.

Die Klippen sind zwar mit Eisengeländern gesichert, doch ist bei Auf- und Abstieg Vorsicht geboten. Von der Plattform hat man eine schöne Sicht auf Schierke und das Brockenmassiv mit der Heinrichshöhe, der runden Kuppe des Erdbeerkopfes und den Hohneklippen. Im Westen wird der Rundblick vom Wurmberg beherrscht, dahinter sind die Berge nördlich von St. Andreasberg zu sehen.

Für den Rückweg nach Elend wählen wir die von den Schnarcherklippen über den 695,6 m hohen **Barenberg** (1 Std., Markierung grüner Kreis bzw. gelber Balken) führende Route. Der Weg zu dem etwa 400 m entfernten Barenberg beginnt zwischen den beiden Klippen, quert nach etwa 50 m den Aufstiegsweg und führt direkt zum Gipfel mit seinem schönen Ausblick auf Schierke und die dahinter aufragenden Höhen. Von den Klippen in Gipfelnähe führt in vielen Windungen ein steiler Pfad wieder nach Elend zurück. In Höhe der Bahnstrecke wird der Fluß gequert, und damit geht es auf der gleichen Route wie auf dem Hinweg wieder zum Ausgangspunkt in **Elend** zurück.

AM WEGE

Elend: In der kleinen Ortschaft zwischen Braunlage und Schierke leben 510 Einwohner. Sie liegt auf einer Weitung des Bodetals in 506 m NN und besitzt die kleinste Holzkirche Deutschlands (erbaut 1897). Dieser beschauliche, an der Kalten Bode gelegene Ort verdankt seinen Namen Benediktinermönchen der Asketengemeinschaft von Nursia, die sich selbst verbannten und sich auf der verlassenen Elendsburg niederließen, was unter den damaligen Umständen einem Aufenthalt im Ausland (lat. *eliendi, alienus*), in der Fremde, gleichkam. Der Ursprung des Ortes geht auf einen im 11. bis 12. Jh. gegründeten Weiler zurück.

Zur Entstehung von Blöcken, Blockhaufen, Klippen oder Felsburgen und Blockmeeren

Geheimnisumwittert und manchmal fast furchterregend erscheinen die von den Einheimischen als Steine oder Klippen bezeichneten Felsburgen oder riesigen Einzelblöcke in der Harzer Berglandschaft. Dieser Eindruck verstärkt sich noch, wenn sie im Nebel mit unscharfen Umrissen aus ihrer Umgebung auftauchen. Unwillkürlich setzt man bei ihrem Anblick das Wirken unheimlicher Kräfte voraus. Kann sich aber die Ratio durchsetzen, dann wird diesen Formen der Zauber genommen. Es fällt auf, daß Einzelblöcke, Ansammlungen einzelner, kaum verlagerter Blöcke oder Blockhaufen, große Ansammlungen verlagerter Blöcke oder Blockmeere und Felsburgen mit Blöcken im ursprünglichen Gesteinsverband im Harz fast ausschließlich an die Granitlandschaft gebunden sind.

Da lohnt es sich, die Umgebung von Schierke genauer anzusehen, denn dort sind große Teile des Brockenmassivs mit metergroßen Blöcken übersät, oder regelrechte Felsburgen, von den Einheimischen als Klippen bezeichnet, ragen aus dem Untergrund. Die Blöcke fügen sich zu Block- oder Felsenmeeren zusammen, wie sie auch einzelne Hänge im Fichtelgebirge, Odenwald, Bayrischen Wald oder im Schwarzwald bedecken. Bei ihrem Anblick stellt man sich die Frage, wie sie an ihren jetzigen Ort gelangt sind.

Da bekannt ist, daß die höheren Mittelgebirge während der letzten Eiszeiten in den Gipfelregionen vergletschert waren, liegt es nahe anzunehmen, daß die Blöcke ein Produkt der Gletscherarbeit sind und von ihnen transportiert wurden. Diese Erklärung mag zutreffend sein, wenn man diese Erkenntnis auf die höheren Regionen der Mittelgebirge bezieht. Da nun Blockansammlungen aber auch in tieferen Lagen und in gleicher Verteilung in wärmeren Regionen, ja sogar in den Tropen vorkommen und außerdem von Gletschern hinterlassene Schrammen vermissen lassen, wird es außerordentlich schwierig, wenn nicht sogar unmöglich, ihre Anwesenheit durch das Wirken der Gletscher zu erklären. Der Lösung des Problems kommt man da schon näher, wenn man sich Aufschlüsse oder gar größere Steinbrüche mit dem verwitterten anstehenden Granit anschaut. Im Harz gibt es davon einige.

Die Entstehung eines Blockmeeres im Granit

(aus WAGENBRETH & STEINER 1985, 74).

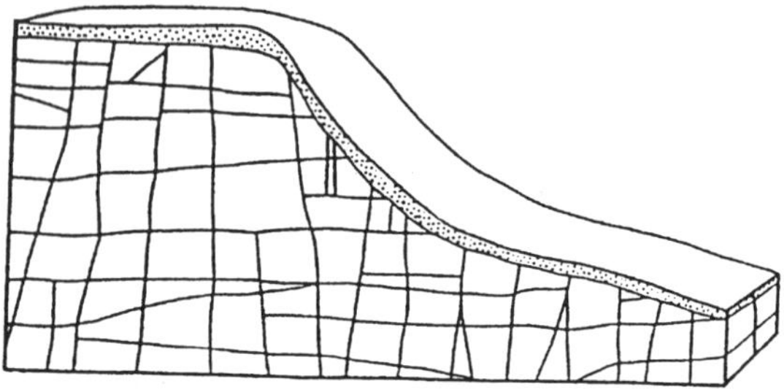

1 Weitständig geklüfteter, an der Oberfläche anstehender Granit mit dünner Verwitterungsdecke

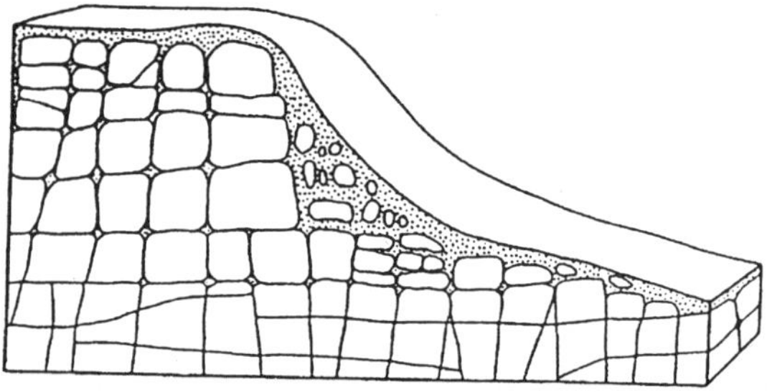

2 Fortschreiten der Verwitterung durch Vergrusung entlang der Klüfte. Zurundung der Blöcke durch die Verwitterung. Blockbildung

3 Grusmasse wurde in Steilhanglage abgetragen, Herausbildung einer Felsburg, wo sich noch die meisten Blöcke im Gesteinsverband befinden

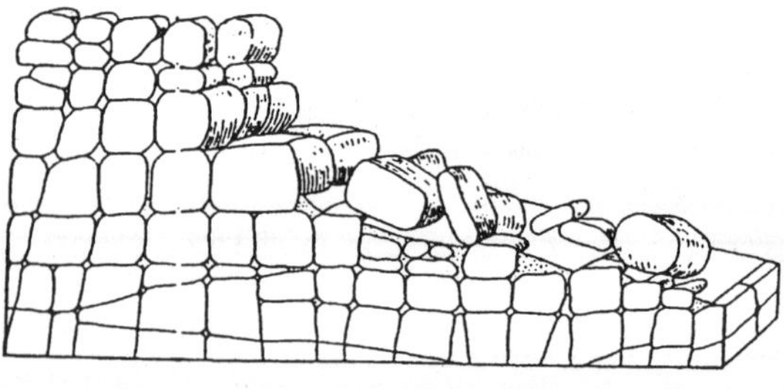

4 Auflösung der Felsburg durch Frostsprengung und Abgleiten der Blöcke durch Bodenfließen (Solifluktion). Grusmasse ist durch Abtragung entfernt worden. Zurück bleibt ein Blockmeer

Als besonders schönes Beispiel kann die aufgelassene Grube am Rehberger Graben (siehe S. 143) im Odertal unterhalb des Oderteiches herangezogen werden. Dort schwimmen in einer sandigen bis feinkiesigen Masse, dem Grus, metergroße Granitblöcke, teils einzeln oder noch im Verband. Etwa dezimeterbreite Fugen zwischen den Blöcken werden von dieser Masse ausgefüllt. Das läßt uns zumindest vermuten, wo die Blöcke herkommen. Der Granit ist vergrust, und dieser Zustand läßt sich noch bis in eine Tiefe von manchmal mehr als 20 m verfolgen. Das heißt, ein intensiv wirkender Verwitterungsvorgang muß die Mineralbindung aufgelöst haben.

Ein so tiefreichender Angriff der Verwitterung auf das Gestein kann nicht mit dem heutigen Klima im Harz und auch schon gar nicht mit dem Eiszeitenklima, das nur zu einer Bildung eckiger Blöcke führt, erklärt werden. Durch Vergleiche der Granitverwitterung in anderen Klimaräumen sind Geowissenschaftler zu dem Ergebnis gelangt, daß das subtropische Klima, beispielsweise im Mittelmeerraum, mit heißen und trockenen Sommern und fast frostfreien regenreichen Wintern am besten geeignet ist, über einen langen Zeitraum eine so tiefreichende Vergrusung hervorzurufen. Grundvoraussetzung für die Blockbildung ist aber, daß im Granit die senkrechten Klüfte als Verwitterungsbahnen weit genug voneinander entfernt sind. Stehen nun die Klüfte eng, dann wird der Granit recht schnell wegen der Vielzahl der Verwitterungsbahnen zersetzt sein.

Solange nun der Granit tiefgründig verwittert, ohne daß dabei auch die Abtragung wirkt, wird sich die Landschaft kaum verändern. Wirkt sie aber langsam, dann wachsen durch das Abschwemmen des Gruses allmählich einzelne Blöcke aus dem Boden. In der Umgebung des Brockens befinden sich aber regelrechte Blockmeere mit übereinandergelagerten Blöcken. Das bedeutet doch, daß in der jüngeren geologischen Vergangenheit ein wesentlich stärkerer Abtragungsprozeß auf den Grus gewirkt haben muß.

Da kommt uns nun das Eiszeitalter, das Pleistozän, mit seinem auf den damals existierenden Dauerfrostboden wirkenden Abtragungsprozeß des Bodenfließens, der Solifluktion, entgegen. Wegen der großen Porosität versickert unter frostfreien Bedingungen das Niederschlagwasser im tiefgründig vergrusten Granit sehr schnell, ohne daß eine nennenswerte Abtragung stattfindet. Im Pleistozän waren aber während der Kaltzeiten die Hohlräume wegen der niedrigen Temperaturen mit Eis ausgefüllt, sie waren plombiert, also wasserdicht. Der Dauerfrostboden muß zeitweise bis in eine Tiefe von mehr als 10 m hinab gereicht haben. Während der Sommermonate reichten in den Kaltzeiten die Temperaturen gerade aus, den tiefgefrorenen und plombierten Boden oberflächlich auftauen zu lassen. Da der tiefere Untergrund nun wasserstauend wirkte, bildete sich ein wasserdurchtränktes, leicht bewegliches Gemisch, der Auftauboden.

Selbst von Flächen mit einer geringen Neigung konnten riesige Grusmassen einschließlich der darin befindlichen Blöcke zu Tal rutschen. In Abflußrinnen oder gar Tälern bildeten sich dann regelrechte Blockströme oder in flachen Mulden Block- oder Felsenmeere als Hinterlassenschaften dieses außerordentlich effektiv wirkenden Abtragungsprozesses. Die Blockmeere verdanken also ihre Entstehung zwei verschiedenen Klimata, einmal dem Zeitalter der Vergrusung, was sicher mehr als 2,5 Millionen Jahre zurückliegt, und dann den Kaltzeiten des Eiszeitalters, als im Harz zeitweise ein Klima herrschte, das dem Nordrußlands oder Spitzbergens vergleichbar ist. Blieb die Verbindung ursprünglich überlagernder Blöcke von dem Abtragungsprozeß unberührt, dann wuchsen aus der Landschaft allmählich die Klippen oder Felsburgen, was gerade in Hangposition oder Hangnähe zu beobachten ist.

Besonders schöne Beispiele sind die Schnarcherklippen (S. 160), der Ahrensklint, die Feuersteinklippe (S. 171), der Trudenstein oder die Hohneklippen (S. 178) im Brockengebiet oder die Hexenküche bzw. die Kästeklippe im Okergranit (S. 63). Manchmal kann aber auch nur eine Anhäufung von riesigen Blöcken erhalten bleiben, wie es bei den Dreibrodesteinen nördlich von St. Andreasberg (S. 107) der Fall ist.

Natürlich können auch Felsburgen und Blockmeere in anderen Gesteinen entstehen. Voraussetzung ist ein grobblockiges Gefüge, was genauso im Quarzit auf dem Acker-Bruchberg (Wolfswarte (S. 147f.)) zutrifft. Hier fehlt allerdings die Vergrusung. Derartige Formen verdanken aber in erster Linie ihre Entstehung der hohen Widerständigkeit des Gesteins gegenüber der Verwitterung und der Abtragung. Eine Sonderform ist die Teufelsmauer am Nordrand des Harzes (S. 133). Die mauerartige Form dieser ungewöhnlichen Sehenswürdigkeit beruht auf der fast senkrechten Stellung einer harten Gesteinsschicht in einer weniger widerständigen Umgebung, die abgetragen worden ist.

24

Ilsestein, Paternoster-Klippe und Bremer Weg

Auf den Spuren Heinrich Heines durch das Ilsetal

Eine Wanderung durch das Ilsetal gehört sicherlich zu den Höhepunkten eines Harzbesuches, auch wenn man es unterläßt, sie in den Aufstieg zum Brocken gipfeln zu lassen. Auf den steil aufragenden Klippen hat man das Gefühl, mitten im Gebirge zu sein, obwohl der Harzrand nur wenige Kilometer entfernt ist. Nach Süden ist der Blick auf bewaldete Bergrücken und den Brocken gerichtet.

WEGVERLAUF: Rundwanderung. Parkplatz Ilsental – Ilsestein (45 Min.) – Paternosterklippe (15 Min.) – Plessenburg (15 Min.) – Bremer Schutzhütte (1 Std.) – Zanthierplatz – Parkplatz Ilsental (1.15 Std.)

DAUER: 3.30 Std.

LÄNGE: 13,2 km

HÖHENANGABEN: ein etwas längerer Anstieg aus dem Tal (300 m NN) zum Ilsestein (474 m NN) mit einer Überwindung von ungefähr 175 Höhenmetern

SCHWIERIGKEITSGRAD: mittel; einige steile Passagen im Sandtal und Ilsetal, Paternosterklippe

WEGBESCHAFFENHEIT: gut

AUSRÜSTUNG: festes Schuhwerk

WANDERKARTE: TK 1:50 000 mit Wanderwegen; Wandern im Westharz, mittleren Harz (Wanderkarte des Harzklubs e.V.)

WEGMARKIERUNGEN: 22A roter Kreis, rotes Dreieck und roter Balken, 9E grüner Balken

EINKEHRMÖGLICHKEITEN: Waldgasthaus »Ilsestein«, Öffnungszeiten: Oktober–Februar Di–So 10–17 Uhr; März–September 9.30–18 Uhr; Mo Ruhetag;
Waldgasthaus »Plessenburg«, Öffnungszeiten: Oktober–Februar Di–Do 10–17 Uhr, Ruhetag: Mi (nicht in den Ferien), März–September Mo–So 10–18 Uhr

AN- UND ABFAHRT: **Mit dem Bus** von Wernigerode Kom-Bahnhof nach Ilsenburg, Fahrtzeit: 20 Minuten; **mit der Bahn** von Halberstadt, Magdeburg; Anfahrt mit **dem Kfz** über die B 6 von Wernigerode, Magdeburg bzw. Bad Harzburg zum Parkplatz im Ilsetal beim Kurparkhotel.

ANSCHLUSSWANDERUNG: Aufstieg zum Brocken

DER WANDERWEG

Nach dem Verlassen des **Parkplatzes** benutzen wir die Talstraße zum Kurparkhotel, gehen hinter dem Hotel auf die Ilse zu und kommen zum Mühlgraben. Hier wird anschaulich, daß die Wasserkraft der Ilse schon seit dem Mittelalter genutzt wurde, denn dieser kleine Fluß überwindet auf der verhältnismäßig kurzen Strecke von 10 km von der Quelle im Brockenbett bis zum Ausgang des Ilsetals einen Höhenunterschied von 600 m. Es ist gut vorstellbar, daß die Energie eines solchen Flusses nur durch wasserbauliche Maßnahmen gebändigt und nutzbar gemacht werden konnte. Mehrere für die Nutzung der Energie im Flußlauf eingebaute Wehre verminderten die Fließgeschwindigkeit. Seit dem 11. Jh. nutzten Betriebe verschiedenster Art die Wasserkraft der Ilse. So trieb der am Wehr abgehende Mühlgraben allein 3 Fertigungsstätten.

Nach dieser Einstimmung auf das Ilsetal werden wir neugierig auf die Verfassung der heutigen Ilse und ihrer Umgebung. Wir gehen flußaufwärts durch einen hohen Wald, der von der Buche beherrscht wird. Der Weg führt unmittelbar, an kleinen Felsen vorbei, an der Ilse entlang. Vor der Einmündung des Talweges auf die Talstraße passieren wir die Gebäude einer ehemaligen Drahthütte, die 1785 in Betrieb genommen und 1925 als Achsendreherei stillgelegt wurde. Weiter oberhalb befindet sich das Brunnenhaus der Prinzeß-Ilse-Quelle. Sie ist ein Säuerling, ein für den Harz relativ seltener Quelltyp. Durch eine Rohrleitung wird das Wasser zum 300 m talabwärts liegenden Sauerbrunnenwerk geleitet, wo der wohlschmeckende und bekömmliche Harzer Tafelbrunnen abgefüllt wird.

Nach 10 Minuten haben wir die Abzweigung zum Ilsestein erreicht. Wir biegen links ab und benutzen die gleichmäßig ansteigende Schotterstraße. In einer Kehre endet der vom Blochhauer heraufführende Weg (eine Alternative für den Aufstieg). Bis zur Plessenburg folgen wir nun dem Weg 22A (roter Kreis). Fast unmittelbar vor dem Ilsestein ragt die unscheinbare Adlerklippe aus dem Buchen- und Fichtenwald auf. Dann taucht auf einem kleinen Plateau das Waldgasthaus »Ilsestein« auf, und dahinter befindet sich der bis zu einer Höhe von 474 m NN aufragende **Ilsestein** (45 Min.). Es ist ein – was besser vom Tal aus zu erkennen ist – markanter, 150 m hoher Granitfelsen, der durchaus einem Vergleich mit der Roßtrappe im Bodetal standhält. Die exponierte Lage hoch über dem Tal wurde, wie Ausgrabungen im Jahre 1955 bestätigt haben, zum Bau einer Burg genutzt. Die hier entdeckten Reste stammen von einer im Jahre 1003 erbauten Trutzburg, die aber schon 1107 wieder zerstört wurde. Heute befindet sich auf der Spitze dieser Felsenburg ein eisernes Kreuz zum Gedenken an die Gefallenen der Kriegsjahre 1813/14. Graf Anton zu Stolberg ließ es am 18. Oktober 1814 aufstellen.

Die Umgebung des Ilsesteins ist im oberen Teil mit Birken und Kiefern bestanden, also eine typische Vegetation für einen felsigen Untergrund. Gleiche Verhältnisse herrschen auch an und auf der etwa 1 km im Südwesten gelegenen Paternosterklippe.

Es ist verständlich, daß in einer morphologisch ruhigen Landschaft ein fast senkrechter Felsenturm ungewöhnlich erscheint und den Besucher Heinrich Heine veranlaßte, ihn zu beschreiben:

»Der Ilsestein ist ein ungeheurer Granitfelsen, der sich lang und keck aus der Tiefe erhebt. Von drei Seiten umschließen ihn die hohen, waldbedeckten Berge, aber die vierte, die Nordseite, ist frei, hier schaut man in das unten liegende Ilsenburg und die Ilse, weit hinab ins niedere Land. Auf der turmartigen Spitze des Felsens steht ein großes eisernes Kreuz, und zur Not ist da noch Platz für vier Menschenfüße.«

Da der größte Teil des Anstiegs schon geschafft ist, könnte wir dies zum Anlaß nehmen, ein wenig in dem gemütlichen Gasthaus zu verweilen.

Anschließend nehmen wir den Weg vom Ilsestein zur Plessenburg in Angriff. Es ist ein leicht ansteigender Steig, hinter der Paternosterklippe dann eine fast ebene Forststraße. Im Tal zwischen Ilsestein und Paternosterklippe befindet sich ein kleines Blockmeer. Mit dem Erreichen der **Paternosterklippe** (1 Std.) verlassen wir das Ilsetal. Die Talhänge werden mit der Annäherung an die Plessenburg flacher, und die Blockstreu auf den Hängen nimmt zu. An der **Plessenburg** (1.15 Std.) stehen die Gebäude auf einer Lichtung mit einzelnen schönen Bergahorn-Bäumen und Eschen.

Die Wanderung setzen wir nun links hinter dem Gasthaus abbiegend über den Weg mit dem roten Dreieck fort. Wir bewegen uns am Nordhang des Dreisage-Blocksberges entlang und queren vor dem letzten Anstieg der Wanderung zur Bremer Hütte ein Seitental der Ilse. An den ersten Klippen des Unteren Gebbertsberges gibt der Wald den Blick auf die Berge am Nordrand des Harzes frei.

Unterhalb der **Bremer Hütte** (2.15 Std.) beginnt nun der Talabschnitt mit den Ilsefällen. Wir steigen über den Bremer Weg (9E grüner Balken) durch den schönsten Teil des Ilsetals hinab. Die Ilse rauscht und springt an den auf dem Talgrund liegenden Granitblöcken vorbei oder ergießt sich über sie hinweg, so daß sie von vielen begeisterten Wanderern beschrieben wurde. Heinrich Heine war nicht der einzige Dichter, der die liebliche Ilse besang:

»Es ist unbeschreibbar, mit welcher Fröhlichkeit, Naivität und Anmut die Ilse sich hinunter stürzt über die abenteuerlich gebildeten Felsstücke, (die sie in ihrem Lauf findet), so daß das Wasser hier wild emporzischt (und schäumend überläuft, dort aus allerlei Steinspalten … in reinen Bögen sich ergießt) und unten wieder über die kleinen Steine hintrippelt wie ein munteres Mädchen. Ja die Ilse ist eine Prinzessin, die lachend und blühend den Berg hinabläuft.«

Wanderung 24:
Auf den Spuren Heinrich Heines durch das Ilsetal

Bei aller Begeisterung von Heinrich Heine sollte nicht verschwiegen werden, daß er zumindest im unteren Ilsetal die Natur schon nicht mehr pur erlebt hat. Wir passieren das Heinrich-Heine-Denkmal und die unteren Ilsefälle und gelangen am Ende zum Ausgang des Sandtales. Wir queren die Straße und folgen bald auf der linken Seite wieder der Ilse dem Heinrich-Heine-Weg unmittelbar am Westhang des Tales. Dieser neben der Straße verlaufende Weg endet am **Zanthierplatz** unterhalb des Ilsesteins. Bis zum Ausgangspunkt am **Parkplatz** (3.30 Std.) haben wir nun noch etwa 1 km zurückzulegen.

Brockenbesteigung durch das Ilsetal: Von der Bremer Hütte bietet sich zusätzlich zur Ilsetal-Wanderung eine besonders schöne Brockenbesteigung an. Dabei wechseln wir die Talseite und steigen am Osthang des Oberen Meineckenberges auf. Oberhalb eines Taleinschnitts trifft der Pfad auf den Weg 9E, die Hermannstraße, auf der wir nun zur **Hermannsklippe** ansteigen. Von der Hermannsklippe beginnt der eigentliche Brockenanstieg auf der Nordseite des Berges. Immerhin sind es noch 400 Höhenmeter bis zum Gipfel. Unmittelbar hinter der Klippe biegen wir links ab und passieren in 900 m NN die Bismarckklippe. Auf dem Kleinen Brocken bringt die Verebnung der Kleinen Brockenfläche eine kleine Verschnaufpause vor dem endgültigen Gipfelsturm. Mit dem Queren der Bahntrasse überschreiten wir die Baumgrenze und betreten die subalpine Heide der Gipfelregion. 1.30 Stunden nach dem Aufbruch an der Bremer Hütte haben wir den **Brockengipfel** geschafft. Der Abstieg erfolgt über die Brockenstraße bis zum **Brockenbett** (2.15 Std.). Wir folgen nach links dem fast geradlinigen Verlauf der verdeckten Ilse bis zur **Bremer Hütte** (zusätzliche 3.30 Std.).

AM WEGE

Ilsenburg: Nach der Wanderung durch das Ilsetal sollte unbedingt noch ein Abstecher hinauf zur Ilsenburg gemacht werden. Zusammen mit dem Klosterkomplex und der Klosterkirche aus dem 11. Jh. ist die Burg ein bedeutendes Bauwerk aus der Romanik. Im 9. Jh. existierte hier die Jagdpfalz Elysynaburg (= Erlenburg), die 995 erstmals urkundlich erwähnt wurde, denn am 7. Juli 995 stellte Otto III. in der Jagdpfalz Elysynaburg einen Schutzbrief für das Kloster Drübeck aus. Drei Jahre nach dieser Erwähnung wurde die königliche Jagdpfalz dem Bischof Arnulf von Halberstadt geschenkt. Im Jahre 1003 wurden die Umbauarbeiten zu einem Benediktiner-Mönchskloster aufgenommen und 1018 abgeschlossen. Zur gleichen Zeit entstand auf dem Ilsestein die Trutzburg. Bischof Burchard »Buko« von Halberstadt ließ von 1078 bis 1087 eine flachgedeckte, dreischiffige kreuzförmige Basilika in dem Kloster errichten. In der Folgezeit entstand das Dorf Ilsenburg als Hörigensiedlung. Ihre Bewohner lebten von der Gewinnung und Bearbeitung von Eisen. Ilsenburg war in dieser Hinsicht ein sehr gut geeigneter Standort, denn das Erz stand in der Umgebung an. Der Buchenwald lieferte das Holz für die Holzkohleherstellung und die Ilse die Wasserkraft. Das 12. Jh. brachte Ilsenburg anfangs kein Glück. 1107 wurde die Burg auf dem Ilsestein zerstört, 1120 vernichtete ein Brand die aus Holz gebauten Klosteranlagen. Der Wiederaufbau dauerte 50 Jahre. Teile der alten Klosteranlage sind bis in die Gegenwart erhalten geblieben. Dazu gehören Refektorium, Dormitorium und der Kapitelsaal.

Das Kloster ging im Jahre 1609 in den Besitz des Grafen zu Stolberg-Wernigerode über. Er ließ es zu einem herrschaftlichen Wohnsitz umbauen. Heute ist in dem ehemaligen Schloß ein Hotel untergebracht.

25

Von den Klippen auf den Brocken

Anstieg von Schierke auf den höchsten Harzgipfel

Von Schierke bieten sich einige Möglichkeiten an, auf den Brockengipfel zu gelangen. In unserem Falle ist der Anstieg über den Ahrensklint, Glashüttenweg und das Brockenbett gewählt worden. Auf dem Abstieg lernt der Bergwanderer das Moorgebiet des Eckernloch kennen.

WEGVERLAUF: Rundwanderung: Parkplatz (Hotel »Heinrich Heine«) – Bahnhof Schierke (15 Min.) – Feuersteinklippe – Ahrensklint (30 Min.) – Brockenbett (45 Min.) – Abzweigung Goetheweg (30 Min.) – Brockengipfel (30 Min.) – Abzweigung Eckernloch (15 Min.) – Schutzhütte Eckernloch (15 Min.) – Bodetal (30 Min.) – Ortsmitte Schierke (45 Min.) – Parkplatz Hotel »Heinrich Heine« (15 Min.)

DAUER: 4.30 Std.

LÄNGE: 13 km

HÖHENANGABEN: Vom Parkplatz Schierke (610 m NN) bis zum Brockengipfel (1142 m NN) sind 530 Höhenmeter zu überwinden.

SCHWIERIGKEITSGRAD: Mittel; der Anstieg ist recht bequem, allerdings

Wanderung 25: Anstieg von Schierke auf den höchsten Harzgipfel

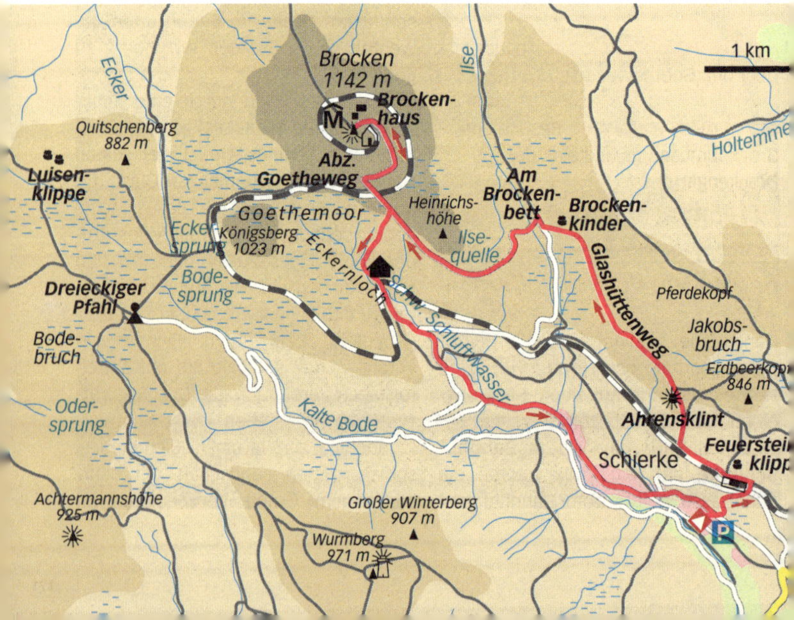

erfordert das kontinuierliche Steigen eine gute Kondition und eine gewisse Beharrlichkeit.

WEGBESCHAFFENHEIT: In den moorigen Abschnitten beim Abstieg durch das Eckernloch ist auf feuchte und glatte Stellen zu achten.

WANDERKARTE: TK 1:50 000 mit Wanderwegen; Wandern im Westharz, mittleren Harz (Wanderkarte des Harzklubs e.V.)

WEGMARKIERUNGEN: grünes Dreieck, gelber Kreis, grünes Kreuz

EINKEHRMÖGLICHKEITEN: auf dem Brocken

AN- UND ABFAHRT: **Mit dem** eigenen **Kfz** und **dem Bus** von Braunlage (Linie 76) oder von Wernigerode (Linie H-257 b) bis Haltestelle Hotel »Heinrich Heine« in Schierke, Fahrtzeit 20 bzw. 35 Min., oder **mit der Brockenbahn** (von Wernigerode 1 Std. Fahrtzeit, sehr teuer), wo man direkt vom Bahnhof aufbrechen kann und eine Viertelstunde steileren Anstiegs einspart.

ANSCHLUSSWANDERUNG: Abstieg über den Goetheweg nach Torfhaus

BESONDERE HINWEISE: Besuch des Brockenmuseums und evtl. des Brockengartens

DER WANDERWEG

Der Aufstieg beginnt am großen **Parkplatz** oberhalb des **Hotels »Heinrich Heine«** und führt auf einem Steig über einen mit Granitblöcken übersäten bewaldeten Hang hinauf zum **Bahnhof Schierke** (15 Min.). Wir queren die Bahntrasse rechts vom Bahnhof und wenden uns dahinter sofort links. Nach etwa 300 m weist auf der rechten Seite ein Schild zu einer der bekanntesten Klippen im Harz, der **Feuersteinklippe,** die auf der rechten Seite über einen Waldpfad zu erreichen ist. Im Gegensatz zu vielen anderen, in Auflösung begriffenen Felsburgen besitzt sie einen kompakten, turmförmigen Aufbau. Sie ist eine außerordentlich gleichmäßig geformte, ca. 30 m hohe Felsburg mit fast senkrechten Wänden und einer Vielzahl von horizontalen Klüften, die sie wie einen akkurat übereinandergestapelten Matratzenhaufen aussehen lassen.

Die Wanderung wird auf dem Weg parallel zu den Gleisen fortgesetzt (grünes Kreuz). Ca. 1 km hinter dem Bahnhof biegt ein Pfad nach rechts in den Fichtenwald. Über einen wurzelreichen Untergrund wandern wir allmählich bergauf und treffen auf den Weg (gelber Kreis), der an der Gabelung links zum **Ahrensklint** (45 Min., 822 m NN) hinaufführt. Dort sollte man sich bei gutem Wetter auf jeden Fall die Mühe machen, über die eisernen Leitern auf die Felsgruppe zu steigen, um die Sicht auf das Ziel, den Brocken, und auf die bewaldete Landschaft um Tanne im Süden und Südwesten sowie auf den Wurmberg zu genießen.

Über einen Pfad durch eine Schonung betreten wir schließlich den Glashüttenweg (grünes Kreuz), der seinen Namen von der ehemaligen Glashütte im Jakobsbruch erhielt. Dieses Moorgebiet befindet sich nördlich des Erdbeerkopfes, der zusammen mit den Hohneklippen im Hintergrund aufgetaucht ist. Zügig geht es über den ausgebauten Weg durch Fichtenwald voran, so daß wir bald auf der sattelförmigen Verebnung des **Brockenbettes** (1.30 Std.) stehen. Es ist nicht verwunderlich, daß in einer solch niederschlagsreichen Landschaft mit nährstoffarmem Granit Verebnungen im

Der Brocken

Ein Steckbrief zum höchsten Berg Norddeutschlands

Es gibt wohl kaum einen anderen Berg in Deutschland, der bei Besuchern oder Bergwanderern einen so starken Zuspruch findet wie der Brocken. Seitdem er mit der deutsch-deutschen Vereinigung seine Bedeutung als militärischer Horchposten verloren hat, ist er einer der meistbesuchten Berge unserer Republik. Bei schönem Wetter wandern, pilgern, steigen und fahren täglich bis zu 50 000 Menschen auf den baumlosen Gipfel.

Die Herkunft des Namens wird verschiedenartig gedeutet und wurde nie eindeutig geklärt. Nach einer Version soll er vom mittelhochdeutschen *bruoch* (siehe Rotes Bruch, Bodebruch etc.) = Moor, Sumpf abgeleitet worden sein, was einleuchtet, wenn man sich an den Hängen und in den Verebnungen umsieht. Andere sind der Auffassung, daß Brocken auch von »Brakenberg« stammen könne, denn Braken sind alte, abgestorbene Bäume – eine durchaus nachvollziehbare Deutung. Mehr Phantasie gehört schon dazu, denjenigen Glauben zu schenken, die meinen, der Brocken sei der »zerbrochene Berg«, und die auf die vielen herumliegenden Granitblöcke hinweisen.

Der Brocken hebt sich als höchster Berg des Harzes mit 1142 m deutlicher als manch anderer Mittelgebirgsgipfel aus seiner Umgebung heraus. Egal, aus welcher Himmelsrichtung man das Brockenmassiv betrachtet, immer wieder wird der Eindruck vermittelt, daß es als »Bergland im Gebirge« auf der Hochfläche des Harzes aufsitzt. Beherrschendes Gesteinselement ist der Granit.

Die klimatischen Verhältnisse auf dem höchsten Berg des Harzes können in bezug auf die Temperatur mit denen auf Island verglichen werden. Wegen seiner inselartigen Lage als Mittelgebirge im norddeutschen Raum weist das Klima des Harzes Besonderheiten auf, denn feuchte atlantische Luftmassen prallen gegen das Gebirge, so daß sie aufsteigen und sich abkühlen und der in ihnen enthaltene Wasserdampf kondensiert. Es bilden sich in den hohen Lagen und damit eben besonders im Brockengebiet Wolken. Die normale Sonnenscheindauer pro Jahr beträgt im Hochharz 1367 Stunden. Im Vergleich dazu haben Wernigerode mit 1665 und Magdeburg mit 1714 Stunden sonnigere Verhältnisse.

Die Jahresdurchschnitts-Temperatur des Brockengipfels beträgt 2,6 °C. Vergleichsweise ist es in einem der am höchsten gelegenen Orte des Harzes, in Schierke, mit 5,2 °C und am Harzrand im Wernigerode mit 8,4 °C wesentlich wärmer. Der Brocken weist im Jahr durchschnittlich nur 0,3 Sommertage (Maximum mehr als 25 °C) auf.

An 190–200 Tagen eines Jahres fällt Niederschlag. Der Brocken hat mit rund 1600 mm die höchste jährliche

Niederschlagsmenge im Harz. Nicht zuletzt ist das Klima durch eine große Anzahl von Stürmen geprägt. Am 24. November 1984 fegte ein Sturm mit einer Geschwindigkeit von 273 km/h über den Brocken hinweg.

Der Brocken hat schon sehr früh prominenten Gipfelbesuch erhalten. 1591 soll Herzog Julius von Braunschweig mit seiner Frau und seiner Mutter auf dem Gipfel geweilt haben. Zar Peter der Große ließ es sich nicht nehmen, im Juni 1697 auf den höchsten Berg des Harzes zu steigen. In den folgenden Jahren waren unter den Gipfelstürmern auffallend viele Angehörige der schreibenden, dichtenden und malenden Zunft vertreten, beispielsweise Hans Christian Andersen, Heinrich Heine, Joseph von Eichendorff, Theodor Fontane, Caspar David Friedrich und natürlich Johann Wolfgang von Goethe.

Lange Zeit bevor Goethe zur Winterbesteigung aufbrach, wurde der Brockengipfel schon von Bergwanderern und Gipfelstürmern aufgesucht. Im Jahre 1753 schlossen allein 198 Wanderer die Bergpartie erfolgreich ab. Die größte öffentliche Resonanz fand Goethes Winterbesteigung, als er am 10. Dezember 1777 28jährig in Begleitung des Försters Degen von Torfhaus aus den Brockengipfel erreichte. Die Winterbesteigung dauerte 3 Stunden. Bei Tiefschnee ist das schon eine ganz gute Leistung, falls er zu Fuß gegangen ist. Im ersten Jahr nach der Fertigstellung eines ersten Gasthauses auf dem Gipfel im Jahre 1800 kehrten 1000 Bergfreunde beim Wirt ein. Zu Beginn des 20. Jh. waren es schon 100 000 pro Jahr, die den Gipfel besuchten. Die Hälfte davon kam allerdings schon mit der Bahn, die am 27. 3. 1899 offiziell die Brockenfahrten aufnahm. Bald wurde eine jährliche Besucherzahl von 225 000 pro Jahr erreicht, was sich verheerend auf die Brockenflora auswirkte. Die Brockenanemone war bald fast ausgestorben. Im Jahre 1937 wurden der Brocken, die Achtermannshöhe und der Acker zum Naturschutzgebiet erklärt. Gegen Kriegsende 1945 zerstörten amerikanische Bomber noch schnell die Brockengebäude. Dann begann der Kalte Krieg. Die Anzahl der Brockenbesucher ging nach anfänglicher Freigabe (auch für Autofahrer) nach den Sperrmaßnahmen deutlich zurück. Aber der Pflanzenwelt bekam die Abnahme des Besucherstroms ganz gut. Nach der Öffnung im Jahre 1989 mußten konsequente Maßnahmen zum Schutze der Fauna und Flora ergriffen werden, denn an schönen Tagen werden bis zu 50 000 Besucher auf dem Brocken gezählt, die mit einem herrlichen Panorama belohnt werden.

Untergrund vermoort sind. So brauchen wir nicht weit zu gehen, um sogar einen kleinen Tümpel zu entdecken, hinter dem die Gipfelaufbauten des Brockens aufragen.

Noch besser ist der Brocken zu sehen, wenn man sich die Mühe zu einem kleinen **Abstecher** auf die Brockenkinder oder Renneckensteine macht (etwa 10 Minuten). Es sind Blockhaufen zwischen Heidelbeersträuchern, Ebereschen und kleinen Fichten, ein Platz, der zum Rasten geradezu geschaffen ist.

Der weitere Anstieg erfolgt nun über die Brockenstraße, vorbei an dem Quellgebiet der Ilse und den vermoorten Hängen der 1044 m hohen Heinrichshöhe. Der Fichtenwald ist stark aufgelichtet. Nach der Querung der Brockenbahntrasse am **Goetheweg** (2 Std.) passieren wir schließlich die nur wenig unterhalb des Gipfels befindliche Baumgrenze und erreichen den nur mit niedrig wachsenden Pflanzen bestandenen plateauartigen **Gipfel des Brockens** (2.30 Std.). Dort ist ein Besuch des Museums und des Brockengartens zu empfehlen.

Auf dem Rückweg verlassen wir das Gipfelgebiet an der ersten Kehre der Brockenstraße. Dort begeben wir uns unterhalb des Bahnübergangs (**Abzweigung Eckernloch,** 2.45 Std.) in ein mooriges Gelände hinein, das sich am Ostrand des amphitheaterförmigen Schluftwasser-Quellgebietes erstreckt. Die dichte Folge von Wasserläufen weist neben den Bohlenstegen und buckelreichen Flächen auf den moorigen Charakter des Untergrundes hin. Über »Stock und Stein« geht es auf direktem Weg abwärts durch eine an die Alpenregion erinnernde Waldlandschaft zur **Schutzhütte im Eckernloch** (3 Std.). Vor dem Bahnübergang erreichen wir die Tiefenlinie des Tales. Über mehrere mehr oder weniger parallele Wege kann man dem Bachlauf folgen und kommt schließlich nach Queren der Brockenstraße in Höhe des Schluftkopfes im **Bodetal** (3.30 Std.) am Wasserbehälter an. Den letzten Abschnitt der Wanderung bis nach Schierke setzen wir auf der Brockenstraße fort. Bis zum Ziel sind es noch etwa 3 km.

Zum Abschluß dieser Bergwanderung gibt es nun genügend Möglichkeiten in der **Ortsmitte** (3.45 Std.), zur Stärkung in einer Gaststätte oder Konditorei einzukehren und/oder eingedenk des Besuchs der Feuersteinklippe und des höchsten Harzgipfels einen »Schierker Feuerstein« zu sich zu nehmen.

AM WEGE

Ahrensklint: Der Ahrensklint (das mittelniederdeutsche Wort »Klint« ist dem griechischen *klíno* = neigen, beugen und dem lateinischen *clivus* = Abhang, Steigung, Hügel verwandt) und der Feuerstein sind Felsburgen, die bei den berühmten Harzwanderern Goethe und Caspar David Friedrich große Beachtung fanden. Goethe setzte sich mit der Struktur der Felsen schriftlich auseinander, und der aufmerksame Kunstfreund findet die Klippenlandschaft des Harzes mit dem Ahrensklint auf Friedrichs weithin bekanntem Gemälde »Der Watzmann« wieder, das er 1824–25, also 13 Jahre nach seiner Harzreise im Jahre 1811 malte.

Brockengarten: Ein Besuch des 1890 von der Universität Göttingen angelegten Brockengartens lohnt sich. Trotz der Verwilderung in den Nachkriegsjahren haben sich einige Pflanzen auf dem Gipfelplateau halten können. So kann man auf dem Brocken einigen Pflanzen begegnen, die man ansonsten nur in den Alpen zu finden glaubt.

26

Die reizvolle Felslandschaft der Hohneklippen

Ein Aufstiegsziel oberhalb Drei Annen Hohne

Nur noch die Felsgebilde über dem Okertal vermitteln mit ihrer Vielfalt einen ähnlich nachhaltigen Eindruck von der Felslandschaft im Granit wie die Hohneklippen südöstlich des Brockens. Aus einer moorigen Umgebung ragen in einer Höhe von über 900 m NN die Felsburgen auf, von denen man weit hinaus in das Land des östlichen Unterharzes schauen kann.

i

WEGVERLAUF: Rundwanderung. Drei Annen Hohne – Hohne-Eiche (15 Min.) – Wormkegraben – Trudenstein (30 Min.) – Leistenklippe (30 Min.) – Forsthaus Hohne (45 Min.) – Drei Annen Hohne (15 Min.)

DAUER: 2.15 Std.

LÄNGE: 8,5 km

HÖHENANGABEN: Anstieg von Drei Annen Hohne (545 m NN) zur Leistenklippe (901 m NN) mit Überwindung von 355 Höhenmetern

SCHWIERIGKEITSGRAD: mittel; Abstieg über den Beerenstieg etwas schwierig

WEGBESCHAFFENHEIT: meistens Forstwege und daher gut, unmittelbarer Anstieg zur Leistenklippe teilweise steinig; im oberen, moorigen Teil befindet sich ein Bohlensteg

AUSRÜSTUNG: festes Schuhwerk, an warmen Sommertagen Getränke

WANDERKARTE: TK 1:50 000 mit Wanderwegen; Wandern im Westharz, mittleren Harz (Wanderkarte des Harzklubs e.V.)

WEGMARKIERUNGEN: roter Balken, grünes Quadrat, roter Kreis

EINKEHRMÖGLICHKEITEN: unterwegs keine

AN- UND ABFAHRT: **Mit der Harzer Schmalspurbahn** ab Wernigerode und zurück, Fahrtzeit etwa 40 Min. Die Fahrt **mit der Buslinie** H-257 dauert von Wernigerode 23 Min. Eine Anreise von Braunlage erfordert ein Umsteigen in Elend, Fahrtzeit etwa 40 Min. **Mit dem** eigenen **Kfz** gelangt man von Braunlage bzw. Elbingerode nach Drei Annen Hohne über die B 27.

BESONDERE HINWEISE: Im Moorgebiet darf der Weg nicht verlassen werden.

DER WANDERWEG

Drei Annen Hohne liegt an der Strecke von Wernigerode nach Schierke. Es besteht aus einer Bahnstation, einem Na-

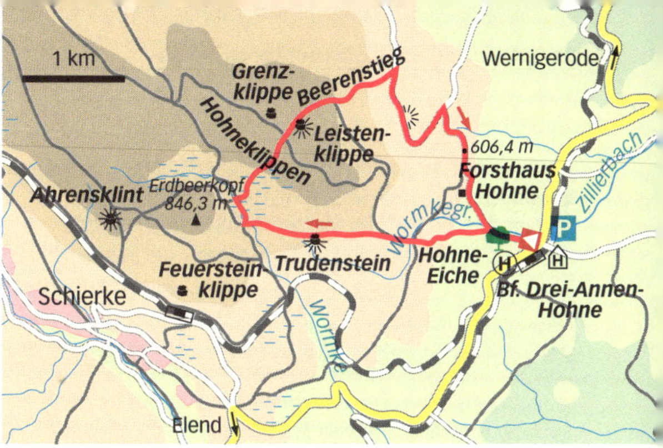

Wanderung 26:
Ein Aufstiegsziel
oberhalb
Drei Annen Hohne

tionalparks-Informationszentrum, einem Hotel und stellt mit einem großen Parkplatz die beste Basis für einen Aufstieg zu den Granitklippen im Südosten des Brockens dar.

Wenngleich kein Gipfel auf dieser Wanderung angestrebt wird, ist mit einer Überwindung von etwa 350 Höhenmetern die Wanderung schon nicht mehr als ein Spaziergang zu bezeichnen. Vom Ausgangspunkt, dem **Parkplatz von Drei Annen Hohne** bzw. der Bus- und Bahnstation, wendet man sich dem Eingang zum Nationalpark Hochharz mit den beiden Übersichtstafeln an der Westseite der Straße von Wernigerode nach Schierke zu.

Bereits etwa 300 m hinter dem Eingang sollte man einen **Abstecher** über die Wiese auf der linken Seite machen, denn erstens bietet sich gerade im Morgendunst eines Frühsommertages ein schöner Ausblick auf das Elbingeröder Feld und den Ostharz, und zweitens kann man ein Musterexemplar einer alten Eiche, die **Hohne-Eiche** (15 Min.), mit einem mehr als meterdicken Stamm bestaunen.

Wir kehren wieder zur Straße zurück, halten uns an der Abzweigung zum Forsthaus Hohne in der Mitte und queren, dem Wegzeichen mit dem roten Balken folgend, nach etwa 1,5 km den **Wormkegraben.**

Der Name dieses künstlichen Wasserlaufs ist vermutlich von *warm beke* = Warmwasser abgeleitet. Ein Graben mit diesem Namen wurde bereits im 12. Jh. erwähnt; er ist damit offensichtlich der älteste Wassergraben des Harzes. Er nimmt Wasser von der Wormke unterhalb des Erdbeerkopfes auf und führt es bei Drei Annen Hohne dem nach Wernigerode fließenden Zillierbach zu.

Wir halten uns an den beiden folgenden Verzweigungen der Wege jeweils links. Inzwischen herrscht unter den Waldbäumen die Fichte vor. An der ersten Granitklippe, dem **Trudenstein** (45 Min.), lassen wir uns nicht lange bitten und folgen der von den eisernen Stufen und dem Geländer ausgehenden Einladung zur Besteigung dieser Felsenburg. Bei kurzer Rast bieten sich uns gute Aussichtsmöglichkeiten über Schierke und die Wälder hinweg nach Süden bis zum 15 km entfernten Stöberhai. Den Aufbau der Klippe als Ansammlung wollsackförmiger Granitblöcke kann man am besten studieren, wenn man sie von ihrer Basis am Hang betrachtet.

Nach der Fortsetzung der Wanderung über eine flachere Wegstrecke begegnen wir dem Wormkegraben wieder. Er begleitet uns auf dem Weg durch hohen Fichtenwald. Etwa 500 m oberhalb des Trudensteins biegt noch vor dem Erdbeerkopf die Route nach rechts ab in das Wormketal. Der Graben hat hier seinen Anfang. Nach etwa 300 m verlassen wir schon wieder die gerade betretene Forststraße nach rechts, folgen einem gekennzeichneten Steig (grünes Quadrat) durch eine Schneise und gelangen schließlich, zum Teil über einen Knüppeldamm, auf die vermoorten Hänge unterhalb der Hohneklippen. Besonders linker Hand sind während der Sommertage die Hänge von den weißen, wie Wattebäusche aussehenden Blütenständen des Wollgrases bedeckt. In beeindruckender Weise erhebt sich auf der rechten Seite die aus riesigen Granitblöcken bestehende Felsburg der Bärenklippe. Weniger auffällig ist unser Tagesziel, die **Leistenklippe** (1.15 Std.). Vor einer kleineren Klippe biegen wir nach links ab und gelangen über eine gesicherte Route auf den höchsten Punkt der Granitfelsen. Der Name der Klippe ist wahrscheinlich aus dem althochdeutschen *listen* abgeleitet und bedeutet so viel wie Rand, Saum, Borte. Die Klippe ist unmittelbar vor dem Abhang gelegen. Man blickt von ihr auf den Harzrand und das Vorland. Nur wenige Kilometer von dieser ungewöhnlichen, nahezu baumfreien Granitlandschaft entfernt schmiegt sich Wernigerode an den Ausgang des Holtemmetales. In der Nähe des Zentrums ist das Schloß auf dem Westsporn des Agnesberges zu erkennen.

Der Abstieg von den Klippen erfolgt über den Beerenstieg (roter Kreis). Bis zu seinem Ende müssen wir auf einer Strecke von etwa 1,5 km auf unebenem Untergrund 250 m tief hinabsteigen. Einzelne Güterwege queren unsere Wegstrecke, so daß genau auf die Wegzeichen geachtet werden muß. Am Ende des Beerenstieges sind wir nur noch 100 m höher als Drei Annen Hohne. Wir befinden uns auf dem Oberen Hohneweg und biegen auf dieser Forststraße nach rechts ab. Nach etwa 300 m kann man über den jungen Fichtenbestand hinweg weit in den Unterharz schauen. Wir bleiben auf der Forststraße bis zum Ziel. Bald tauchen die Wintersporteinrichtungen des Hohnekopfes auf. Etwa 100 m dahinter biegt die Straße nach links ab und führt hinab zu einer Schutzhütte und einer als Wegweiser dienenden Steinsäule. Hier müssen wir rechts abbiegen und gelangen schließlich nach 1 km zum **Forsthaus Hohne** (2 Std.). Nun begleiten Kastanien unseren Weg. Nach weiteren 300 m erreichen wir wieder den Aufstiegsweg. Wir biegen nach links ab und befinden uns nach knapp 10 Minuten wieder auf dem **Parkplatz** (2.15 Std.).

AM WEGE

Drei Annen Hohne: Der Flecken war ein ehemaliger Viehhof, in dessen Nähe zwischen 1770 und 1800 eine Kupfer- und Silbererzgrube betrieben wurde. Die Bezeichnung »Hohne«, die auch in anderen deutschen Mittelgebirgen bekannt ist, kann von dem althochdeutschen *hun* (= hoch) abgeleitet worden sein. Mit den drei Annen sind wohl die Tochter des Grafen Christian Ernst zu Stolberg-Wernigerode und ihre beiden Patinnen gemeint. Alle drei Damen hießen Anna, wonach damals die Bergwerksanteile (Kuxen) benannt worden sind.

Eichen im Harz: Im östlichen Harz begegnet man häufig sehr alten Eichen. Sie stehen von alters her an markanten Wegkreuzungen und Plätzen. Wir kennen in der näheren Umgebung die Wegekreuzung »Alte Eiche« bei Benneckenstein. In Elend gehören in diese Aufzählung zwei Eichen auf der Kirchwiese. Was wäre die weithin bekannte kleine Holzkirche ohne sie? Besonders alte Bäume sind im Unterharz in der Umgebung von Allrode einmal mit dem wohl bekanntesten Exemplar, der Tausendjährigen Eiche, und außerdem auf den Höhe nordöstlich des Ortes mit der Hohlen Eiche und der Adlereiche (siehe S. 124) anzutreffen.

27

Geradewegs auf den Stöberhai

Aufstieg von Bad Sachsa auf einen der markantesten Berge des Südharzes

Von vielen Punkten des Harzes ist der markante Gipfel des Stöberhais zu sehen. Kastenförmig ragt er aus der etwa 100 m tiefer gelegenen Hochflächenlandschaft des Südharzes. Ein solcher Berg weckt natürlich das Verlangen, ihn zu besteigen und ins südliche Vorland hinein- oder auf den Hochharz hinaufzuschauen.

WEGVERLAUF: Rundwanderung. Bad Sachsa, Kurzentrum – Eulingswiese – Richtstieghütte (30 Min.) – Stephan-Hütte – Taternplatz (45 Min.) – Stöberhai (1.15 Std.) – Frankental – Wieda (1 Std.) – Ziegental (1.30 Std.) – Frühstücksplatz Moseberg (15 Min.) – Eulingswiese – Bad Sachsa, Kurzentrum (30 Min.).

LÄNGE: 18,5 km

DAUER: 5.45 Std.

HÖHENANGABEN: Von Bad Sachsa, Kurzentrum (350 m NN), bis zum Stöberhai (714 m NN) müssen ca. 365 Höhenmeter überwunden werden.

SCHWIERIGKEITSGRAD: leicht–mittel. Bis zur Richtstieghütte steigt der Weg kontinuierlich an, auf dem Abstieg ist unmittelbar unter dem Gipfel wegen des steileren Geländes achtsames Gehen bei Feuchtigkeit angebracht, sonst kaum Schwierigkeiten.

WEGBESCHAFFENHEIT: Im Übergang von Wieda zur Eulingswiese stellenweise feucht.

AUSRÜSTUNG: Wegen des längeren Anstieges und der möglicherweise fehlenden Einkehrmöglichkeit sollten auf die Wanderung unbedingt Getränke und Proviant mitgenommen werden.

WANDERKARTEN: TK 1:50 000 mit Wanderwegen; Wandern im Westharz oder Wandern im mittleren Harz (Wanderkarte des Harzklubs e.V.), Wanderkarte mit Stadtplan Bad Sachsa im Maßstab 1:30 000 (Atlasco, Blatt Nr. 289).

WEGMARKIERUNGEN: 12K grüner Balken, 12O blaues Kreuz, 29C rotes Dreieck, 30C rotes Dreieck, 31B gelbes Dreieck, 12P grüner Kreis.

EINKEHRMÖGLICHKEITEN: in Wieda und bei einem Abstecher auf den Ravensberg im dortigen Gasthaus

AN- UND ABFAHRT: Anfahrt **mit dem Bus** von Bad Lauterberg bis Rathaus mit Linie 455, Fahrtzeit: 45 Min. **Mit dem Kfz** bis zur Parkmöglichkeit am Kurpark oder Gesundungshaus. Ab Wieda oder Zorge kann der Rückweg mit dem Bus bzw. der Bahn angetreten werden. Die Fahrtzeit dauert 30 bzw. 40 Min. Allerdings fährt an Werktagen nach 18 Uhr kein Bus mehr. An Sonn- und Feiertagen muß die Rückfahrt nach Bad Sachsa schon um etwa 16 Uhr angetreten werden.

ANSCHLUSSWANDERUNG: Übergang von Wieda nach Zorge mit Querung des Kaiserweges, Rückfahrt nach Bad Sachsa über Walkenried

DER WANDERWEG

Die Rundwanderung beginnt im **Uffetal** oberhalb des **Kurzentrums von Bad Sachsa,** wo es auch genügend Parkmöglichkeiten gibt. Von der Bushaltestelle »Rathaus« erreichen wir den Ausgangspunkt über die Hindenburgstraße und Am Kurpark. Die Wanderung beginnt mit einem Anstieg zum Schützenplatz über die Ostertalstraße und wei-

Wanderung 27: Aufstieg von Bad Sachsa auf einen der markantesten Berge des Südharzes

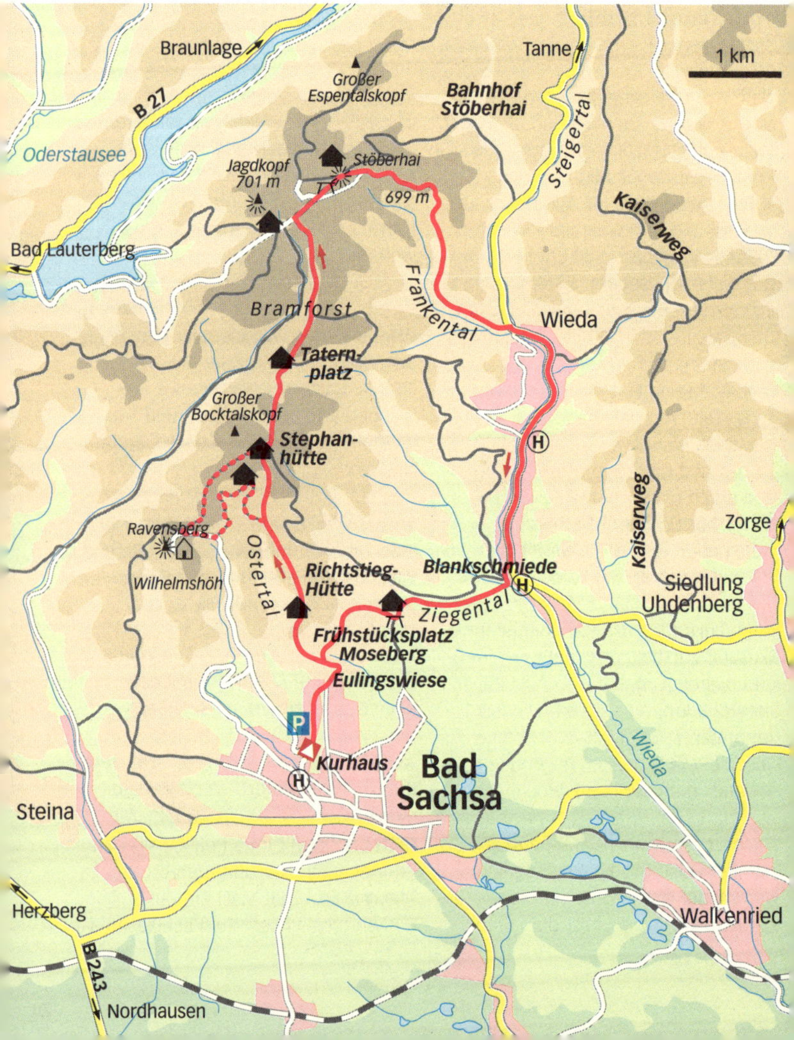

ter zur 1,2 km entfernten **Eulingswiese.** Dort wenden wir uns nach links, passieren das Berghaus und folgen nun der Markierung 12K mit dem grünen Balken Richtung Stöberhai. Es ist ein stetig ansteigender Weg, auf dem wir uns an der ersten Gabelung nach etwa 100 m links zu halten haben, wie es durch den dort befindlichen Wegweiser ausgewiesen wird. Wir befinden uns nun im Bad Sachsaer Stadtforst, der generell zu zwei Dritteln aus Nadel- und einem Drittel aus Laubwald besteht. Bereits nach 100 m folgt die nächste Weggabelung. Über den linken Abzweig, eine gut zu begehende Forststraße, verlassen wir das obere Borntal. Die auffälligste Krautpflanze am Wegesrand ist der Fingerhut. Auf den folgenden 3 km wird der Weg bis zu einer Höhe von 620 m NN stetig ansteigen.

Doch zunächst einmal erreichen wir die **Richtstieghütte,** (30 Min.). Hier verlassen wir den Stadtforst. Das Gelände wird nun flacher. Wir befinden uns jetzt auf der Wasserscheide zwischen dem Wieda- und dem Odertal. Der Wald löst sich in Parzellen mit Bäumen unterschiedlichen Alters auf. Auf dem ebeneren Teil endet der geschlossene Wald. Ältere Buchen- und Fichtenbestände mit einem Alter von fast 150 Jahren und einer Höhe über 20 m zeigen durch eine schüttere Beästung ein deutliches Schadensbild. Wo der Hochwald endet, teilt sich in einem Sattel an einem Bergahorn der Weg.

Nach links führt ein **Abstecher** in das Ostertal zur Uffequellenhütte (0,6 km) und weiter zum 659 m hohen Ravensberg (2,3 km, 12O blaues Kreuz). Dort kann man in ein Restaurant einkehren und die Weitsicht bis tief in das Harzvorland und bis zum Hochharz genießen. Es lohnt sich also, einen rund 3 km längeren Weg in Kauf zu nehmen. Von der Höhe des Ravensberges bis zu der wieder auf den rechten Weg führenden Kreuzung mit der Stephan-Hütte ist dann der Weg 29C (rotes Dreieck) zu benutzen.

Ohne Abstecher setzen wir die Wanderung vom Bergahorn aus auf dem geradeaus führenden Hauptweg fort. Er steigt über eine Stufe auf über 600 m Höhe an. Seit Betreten des offeneren Geländes oberhalb der Richtstieghütte säumen in weiten Abständen frisch gesetzte Laubbäume den Weg. Es handelt sich hierbei um Bemühungen, einheimische Laubgehölze an den Wegrändern wieder anzusiedeln. Weiden, Birken und Ebereschen sollen für eine größere Vielfalt sorgen.

Dieser Teil des Höhenweges endet an der Kreuzung mit der **Stephan-Hütte,** wo auch der Abstecher zum Ravensberg wieder auf die Normalroute stößt. Die Stephan-Hütte erinnert an den Generalpostmeister Heinrich von Stephan (1831–1897), den prominentesten Feriengast von Bad Sachsa.

Wir folgen dem Weg 12K (grüner Balken, auch 30C). Die Route führt weiterhin zwar über die Höhen, wechselt aber im Gefälle durch die sattelförmigen Einmuldungen oberhalb der rechts und links des Weges beginnenden Täler. Nach etwa 1 km taucht auf der linken Seite am **Taternplatz** (1.15 Std.) die Dr.-Hampe-Hütte auf. In der Höhe des Punktes Bramforst geht auf der rechten Seite der Fichtenwald in einen Buchenwald mit stattlichen Bäumen über. Hier bietet sich bei schlechtem Wetter als Abkürzung der Abstieg nach Wieda (12N grüner Kreis) an. Nach weiteren 1,3 km endet der gut begehbare Forstweg auf einer asphaltierten Straße. Rechts hinauf sind es noch 700 m, bevor wir das Gipfelplateau des **Stöberhai** (699 m NN, 2.30 Std.) erreichen. Wir befinden uns hier auf der Wasserscheide zwischen Weser und Elbe. Auf dem Gipfel befinden sich nur eine Schutzhütte und mehrere Sitzgelegenheiten mit Tischen, also keine Einkehrmöglichkeit. Zur Rast lassen wir uns auf den Sitzbänken nieder, packen unseren Proviant aus und genießen die Aussicht.

Der Rundblick ist beträchtlich. Im Westen taucht die Hanskühnenburg auf dem Acker auf, im Norden sind der 15 km entfernte Brocken und davor der Wurmberg und Braunlage zu sehen. Tief unten im Tal befinden sich im Osten Zorge und Wieda, unser nächstes Ziel. Im Süden breitet sich schließlich das Harzvorland aus, an dessen Übergang zu den bewaldeten Höhen des Harzes Bad Sachsa liegt, der Ausgangsort der Wanderung.

Der Gipfel ist hauptsächlich mit Laubbäumen bestanden. Dazu gehören die Linde, die Eberesche, der Bergahorn und vor allem die Esche. Von den krautartigen Pflanzen ist die Anwesenheit des Drüsigen Springkrautes *(Impatiens glandulifera)* mit seinen rosa, etwas an den Eisenhut erinnernden Blüten ungewöhnlich. Es ist ein Einwanderer aus Ostindien, der sich offensichtlich auch in dieser Höhe wohl fühlt.

Der Abstieg nach Wieda erfolgt auf dem kürzesten Weg (31B gelbes Dreieck) durch das **Frankental.** Noch im Bereich des stufenförmigen Abbruchs des Gipfelplateaus sehen wir im Osten die bewaldeten Höhen um Hohegeiß. Am Fuß der Stufe und zugleich am oberen Rand des Tales beginnt ein gleichmäßig abfallender, sehr gut begehbarer Forstweg durch Buchenwald direkt bis zum Nordrand von **Wieda** (3.30 Std.).

Im Ort bestehen mehrere Möglichkeiten einzukehren. Ohne Einkehr benötigt man etwa eine Stunde, um Wieda zu durchqueren. Dabei kann man die durch den Ort führende Talstraße oder einen Weg am Talhang benutzen. Die Abzweigung nach Bad Sachsa zurück beginnt unmittelbar südlich des Friedhofes. Dort befindet sich direkt an der Ecke ein Wegweiser. Wir biegen nach rechts auf die »Pfarrwiese« ab und folgen dem Weg 12P (grüner Kreis). Die Straße verläuft nach links zum Holzapfeltal. Hier ist zunächst der asphaltierte Forstweg zu benutzen. Diesen verlassen wir dann nach etwa 50 m wiederum nach links, um dann über eine Brücke auf den südlichen Talweg durch das **Ziegental** (5 Std.) zu gelangen. Der Weg folgt fast der Talsohle und wird nach etwa 1,2 km oberhalb einer Linkskurve steiler. Dieses Steilstück endet beim **Frühstücksplatz am Moseberg** (5.15 Std.). Auf dem Weg zur Eulingswiese folgen wir weiterhin dem grünen Kreis. Es ist ein sanft ansteigender Forstweg durch hohen Buchenwald. Er endet an der Eulingswiese, und damit sind wir schon fast am Ausgangspunkt der Wanderung angekommen. Über die bereits bekannte Ostertalstraße führt der Weg ins Uffetal am Schützenplatz vorbei zum **Kurzentrum** (5.45 Std.).

AM WEGE

Bad Sachsa: 1988 beging der Kurort sein 750jähriges Jubiläum, denn in einer Urkunde des Klosterortes Walkenried von 1238 wurden erstmals Ansiedler von Sachsa erwähnt. Es ist denkbar, daß der Ort bedeutend älter ist. Die Niederlassung der Kolonisten von Sachsa dürfte zur Grenzsicherung und -überwachung für die damalige Grafschaft Klettenberg-Hohnstein gedient haben, denn die Ortsgrenze von Sachsa war zugleich zu einem beträchtlichen Teil Landesgrenze. Der Dreiherrenstein erinnert in ähnlicher Weise wie im Hochharz der Dreieckige Pfahl an das Zusammenlaufen der Grenzen von drei ehemaligen deutschen Ländern, nämlich Preußen, Braunschweig und Hannover bzw. deren Vorläufer.

Kloster Walkenried, nicht weit von unserem Wanderweg gelegen, lohnt einen Abstecher

28

Ausflug in das kaiserliche Jagdrevier

Über die Höhen zwischen Warmer Bode und Rappbode

Während des späten Frühjahrs sind Talböden und Hänge mit einer Blütenpracht bedeckt, im Herbst überstrahlt das leuchtende Gelb der Laubbäume das Grün der Fichtenwälder. Man kann sich vorstellen, daß sich die königlichen Jäger des Mittelalters gern in dieser wildreichen Landschaft aufhielten. Wildbeobachter kommen hier auf ihre Kosten.

i

WEGVERLAUF: Rundwanderung. Tanne (»Braunschweiger Hof«) – Allerbachtal (30 Min.) – Hösekenhai – Königshütte – Königsburg (1.30 Std.) – »Die Lange« (45 Min.) – Trautenstein (Pension »Druidenstein« 1.30 Std.) – Kreuzung B 242 (45 Min.) – Tanne (»Braunschweiger Hof«, 1 Std.)

DAUER: 6 Std.

LÄNGE: 20,5 km

HÖHENANGABEN: weniger als 200 Höhenmeter

SCHWIERIGKEITSGRAD: leicht

WEGBESCHAFFENHEIT: gut

WANDERKARTE: TK 1 : 50 000 mit Wanderwegen: Wandern im Westharz oder Wandern im mittleren Harz (Wanderkarten des Harzklubs e.V.)

WEGMARKIERUNGEN: grüner Kreis, gelbes Dreieck, grünes Kreuz, grünes Quadrat

EINKEHRMÖGLICHKEITEN: in Trautenstein (Pension »Druidenstein«) und Königshütte

AN- UND ABFAHRT: **Mit dem** eigenen **Kfz** aus Richtung Braunlage sowie Ost- und Westharz über die B 242; aus Wernigerode über Königshütte sowie aus dem Süden über Benneckenstein; **Busse** verkehren von Schierke und Benneckenstein nach Tanne (Linie H-257b), Fahrtzeit: 35 bzw. 10 Min., von Wernigerode (Linie H-262) dauert die Fahrt 45 Min.

DER WANDERWEG

Tanne (480–540 m NN) ist ein ehemaliger Bergbau- und Hüttenort. Eine Eisenhütte bestand bereits im Jahre 1353, und bis 1964 wurde Eisenverhüttung betrieben.

Die Wanderung beginnt am **Parkplatz** der im Bodetal abknickenden B 242 gegenüber dem Gasthof **»Braunschweiger Hof«** (zugleich auch Bushaltestelle). An der Nordseite dieses kleinen Platzes steigen wir über die Kleine Bergstraße an und verlassen sie nach etwa 250 m nach links. Hier begeben wir uns auf einen Feldweg und queren auf einer Strecke von etwa 800 m ein Wiesengelände. Es sind die alten Tanner Feldfluren, deren interes-

Wanderung 28: Über die Höhen zwischen Warmer Bode und Rappbode

sante Flurnamen einem auch in anderen Gebieten des Harzes wieder begegnen, so z. B. Bratwurst, Pastorenkopf, Küchenhai, wobei die Bezeichnung *hai* (= kahle Fläche) schon andeutet, von welcher Qualität die Felder gewesen sein werden. Die einst vorhandenen 60 ha Ackerland waren sehr steinreich, so daß in schwerer Handarbeit mit Kuhgespannen auf den Böden nur Kartoffeln und Roggen angebaut werden konnten. Heute ist der Feldbau eingestellt. Auf den Wiesen verströmt der Bärwurz *(Meum anthamanticum)* seinen stark würzigen Duft. Es ist eine Arznei- und frühere Gemüsepflanze, die auch bei der Herstellung von hochprozentigen Destillaten Verwendung findet.

Wir verlassen das Wiesengelände und erreichen hinter einem Tälchen die Waldgrenze. Als Wegmarkierungen dienen auf dieser Strecke das gelbe Dreieck und der grüne Kreis. An einer Bank vor dem Wald halten wir uns links, durchqueren einen Fichtenwald und treffen auf eine Lichtung etwa 200 m oberhalb eines kleinen Fischteiches. Auf der hier querlaufenden Forststraße gehen wir nach rechts talauswärts bis zu einem großen Steinbruch auf der linken Seite. Hier im **Allerbachtal** (30 Min.) befindet sich der *locus typicus* für die Tanner Grauwacke, die nach dem Granit wohl die bekannteste Gesteinsart für den Harz ist. Sie erreicht als Sediment des vor mehr als 300 Mio.

Bergahorn am Wegesrand

Jahren existierenden Meerestroges Mächtigkeiten bis zu 500 m und bildet heute als »Tanner Grauwackenzug« die Grenze zwischen Mittel- und Unterharz.

In den frühen Sommertagen sollte man sich auch nach blühenden Kräutern umsehen. Dabei wird man so manche interessante Entdeckung machen. Auf den Halden und am Wegesrand blühen beispielsweise das Echte Labkraut *(Galium verum),* das Stiefmütterchen *(Viola tricolor),* die Rote Lichtnelke *(Silene dioica)* und viele andere Pflanzenarten.

Nach dem Abstecher zum Steinbruch gehen wir wieder ein Stück in das Tal hinein und setzen den Weg an der Gabelung auf der rechten Seite fort. Hinter der Rechtswendung verlassen wir die Forststraße über einen lehmigen und daher bei feuchter Witterung schmierigen Weg. Wir betreten das Gebiet des vorwiegend von Fichten bestandenen **Hösekenhais,** eines Höhenrückens zwischen zwei zur Warmen Bode entwässernden Seitentälern. Eine Schutzhütte am Rande lädt zum Verweilen ein. Bis zum Austritt des Weges aus dem Wald südlich von Königshütte werden zwei kleine Täler mit kurzen, aber steilen Hängen gequert. Am Ausgang des Waldes ist eine Gelegenheit gegeben zu rasten; hier kann man sich auf einer Informationstafel über die Prinzipien der Waldwirtschaft informieren und einen Ausblick auf die Landschaft um Königshütte genießen. Wiesenhänge begleiten uns auf dem Weg hinab zum Bodetal und zur Straße nach **Königshütte.** Wir folgen der Straße hier etwa 700 m, um über die nächste Brücke die Warme Bode nach rechts zu überschreiten. Ein Wegweiser geleitet uns zur Ruine der **Königsburg** (2 Std.), die wir nach einem Anstieg über einen Pfad erreichen. Die Überreste dieser Anlage, die sich vor dem Zusammenfluß der Kalten und Warmen Bode befindet, stammen aus dem 13. Jh. und gehörten zu einer mit Wällen und Gräben gesicherten Hauptburg. Beeindruckend ist die Aussicht auf das Brockenmassiv mit seinen bekanntesten Bergen: über dem Erdbeer- und dem Hohnekopf ragt im Hintergrund der Brocken hervor.

Anschließend steigen wir über denselben Weg wieder hinab und bleiben zunächst auf der östlichen Talseite der Warmen Bode. Das Tal ist als typisches und schönes Sohlental ausgebildet. Erlen und Weiden begleiten den kleinen, in der Aue pendelnden Fluß. Nach etwa 600 m verlassen wir das Bodetal nach links (Markierung grünes Kreuz) und steigen über eine Forststraße allmählich um 50 m auf die Höhen des Staatsforstes an. Ab und zu kann man zurückschauen auf das Brockenmassiv. Auf der Höhe ist das mit hohem Fichtenwald bestandene Gelände sehr eben. In Höhe der Kreuzung mit der **»Langen«** (2.45 Std.) wird zugleich auch die Wasserscheide zwischen der Warmen und der Rappbode passiert. Etwa 1 km südlich der Kreuzung folgen wir auf der Tiefenlinie einem Tälchen, das in das Allerbachtal, dieses Mal ein Seitental der Rappbode, einmündet. Wir queren den Bach nach rechts über eine Brücke und verlassen das Tal über einen rechten Seitenweg. Dort erreichen wir nach etwa 700 m ein weiteres Seitental mit Hohlwegen, die offensichtlich zur Rampe zu der alten Furt durch die Rappbode in Höhe der Trageburg gehören (siehe S. 194). Am höchsten Punkt des Anstiegs verlassen wir den Wald. Nun führt die Route am Waldrand entlang bis in das Schlehbornstal. Vor uns liegt **Trautenstein** mit seiner kleinen barocken Kirche (geweiht 1701) auf einer Anhöhe. Über die Sägemühlenstraße, die Rappbodebrücke und die Schützenstraße endet dieser Streckenabschnitt an der **Pension »Druidenstein«** (4.15 Std.).

Wir folgen der Bundesstraße in Richtung Süden und gelangen nach 300 m und einer weiteren Querung der Rappbode allmählich in den Ortsbereich von Tanne. Von der Mühlenstraße steigt der Weg links von einem kleinen Waldstück durch ein Tälchen in einer Wiesenlandschaft an. Auf der Höhe angekommen, kann man von einer Sitzbank noch einmal nach Süden auf die bewaldeten Randhöhen mit der Bärenhöhe und der Carlshaushöhe (627 m) blicken. Der Weg ist im Gegensatz zur Wanderkarte mit einem grünen Quadrat ausgewiesen. Mit dem Verlassen des Rappbodetals befinden wir uns wieder in der bequem zu begehenden Hochflächenlandschaft, deren Wiesen im Umfeld von Trautenstein dazu einladen, sich umzuschauen. An der nächsten Gabelung (Baumgruppe) nehmen wir den linken Weg, der in einem Fichtenhorst auf der Hälfte der Strecke nach Tanne die **B 242** (6 Std.) kreuzt. Am Weg bietet eine Hütte die Möglichkeit zu rasten. Westlich der Straße kreuzen wir wiederum die »Lange«; hier beginnt dann allmählich der Abstieg nach Tanne. Im Tal der Warmen Bode angekommen, nehmen wir den Uferweg nach rechts zum Ausgangspunkt in Tanne am **»Braunschweiger Hof«** (6 Std.).

AM WEGE

Königsburg oberhalb Königshütte: Von der um 1300 erbauten Königsburg sind die Ruine des Burgfrieds und Mauerreste sowie nur einige in den Fels gehauene Stufen und die Zisterne erhalten. Die Burg diente zum Schutz alter Handelswege (Susenburg).

Im Tal der Warmen Bode bei Königshütte

29

Von Rodungsinsel zu Rodungsinsel

Wanderung von Hasselfelde nach Benneckenstein

Die Wanderung kommt – trotz ihrer Länge – einem Spaziergang ins Grüne gleich. Die Landschaft ist geprägt von den Wiesen im Umland der Ortschaften, von Buchenwäldern auf den Hochflächen sowie von den Auen im Einzugsgebiet der Rappbode. Das Ziel, Benneckenstein, zeigt sich erst kurz vor dem Abschluß dieser abwechslungsreichen Wanderung.

i

WEGVERLAUF: Streckenwanderung. Hasselfelde Bhf. – Rasthaus am Waldesrand – Tännichen (45 Min.) – Parkplatz »Am Radewege« (15 Min.) – Carlshaus (1 Std.) – Walzenhütte (1 Std.) – Benneckenstein (1.15 Std.)

DAUER: 4.15 Std.

LÄNGE: 13,5 km

HÖHENANGABEN: keine bedeutenden Anstiege

SCHWIERIGKEITSGRAD: leicht

WEGBESCHAFFENHEIT: Im Bereich des Dammbachtales zum Teil sehr feuchter Wiesengrund

AUSRÜSTUNG: im Sommer Getränke

WANDERKARTE: TK 1:50 000 mit Wanderwegen; Wandern im Westharz, mittleren Harz (Wanderkarte des Harzklubs e.V.)

WEGMARKIERUNGEN: roter Kreis, gelber Balken, blaues Kreuz, grüner Balken, gelbes Quadrat

EINKEHRMÖGLICHKEITEN: keine

AN- UND ABFAHRT: **Mit dem Kfz** aus Umgebung Nordhausen und Magdeburg über die B 81, aus dem Westen von Braunlage über die B 242. Mit der Harzquerbahn von Nordhausen 1.30 Std. Mit der Buslinie H-261 von Blankenburg bzw. Halberstadt, Fahrtzeit: 20 Min. bzw. 1 Std. Busrückfahrt von Benneckenstein »Haus des Gastes« nach Hasselfelde Bhf. letzter Bus gegen 17.30 Uhr, Fahrtzeit: 20 Min.

Wanderung 29: Von Hasselfelde nach Benneckenstein

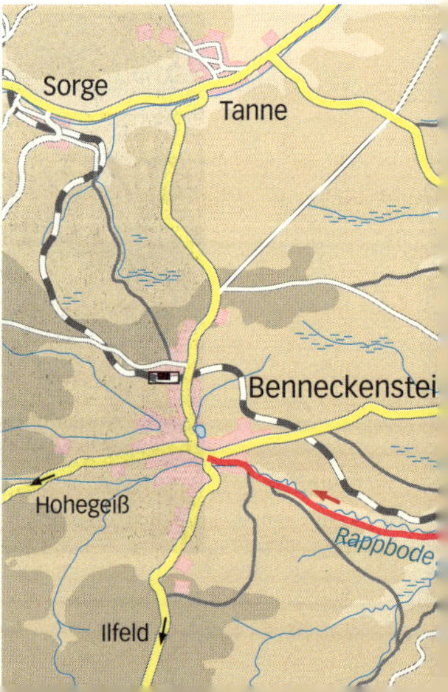

DER WANDERWEG

Die Wanderung beginnt am **Bahnhof von Hasselfelde** (460 m NN). Wir gehen auf der Bahnhofstraße rechts am Bahnhof vorbei nach Süden und folgen der Markierung mit dem roten Kreis durch Wiesenland über einen Pfad bzw. eine Schotterstraße in den Hasselfelder Stadtforst. Bis zum Forst steigt der Weg leicht an und bietet auf der rechten Seite einen schönen Ausblick über die Hochflächenlandschaft des Unterharzes und die kuppenförmigen Erhebungen des Hochharzes im Westen. Rechter Exponent ist der Hohnekopf mit den Granitklippen am Rande. Nach links schließen sich ihm Erdbeerkopf und der Brocken mit seinen Aufbauten sowie etwas abgesetzt der Wurmberg und der Rehberg an.

Am **Rastplatz** mit der Hütte verlassen wir die Rodungsinsel von Hasselfelde und betreten den Stadtforst. Die gut zu begehende Forststraße steigt leicht nach Süden an. Erstes Etappenziel ist die Wasserscheide zwischen den nach Norden und Süden entwässernden Flüssen dieser Region, der Hassel und der Behre, in der Höhe von **Tännichen** (45 Min.). Hier befinden wir uns in einer typischen, fast ebenen, schwach gegliederten Hoch- oder Rumpfflächenlandschaft zwischen 520 und 540 m NN mit flach eingesenkten, leicht vermoorten Quellmulden und muldenartigen Tälern. Die Formen betonen den Charakter einer flachwelligen Hochfläche, aus der nur vereinzelt kleine Kuppen herausragen. In den oberen Partien des Tännichen prägt außerdem der Buchenwald das Landschaftsbild. An der ersten großen Kreuzung biegen wir nach rechts auf eine Forststraße (gelber Balken) ab. Diese endet an der Bundesstraße 81 (Blankenburg–Nordhausen). Trotz der am **Parkplatz »Am Radewege«** (1 Std.) befindlichen Häuser besteht hier keine Einkehrmöglichkeit. Es ist bestenfalls eine Rast auf dem Parkplatz möglich.

Wir setzen den Weg fort und gehen von der Forststraße 100 m nach links auf die B81. 50 m vor dem ersten Gebäude biegen wir nach rechts ab und gehen auf dem »Fastweg« wieder in den Wald hinein. Die Route führt weiter über die Wasserscheide zwischen Behre und Hassel. Etwa 200 m vor der nächsten zu beachtenden Kreuzung lichtet sich der Wald in der Höhe eines Wildfutterplatzes mit einem hohen, mehr als 100 Jahre alten Buchenbe-

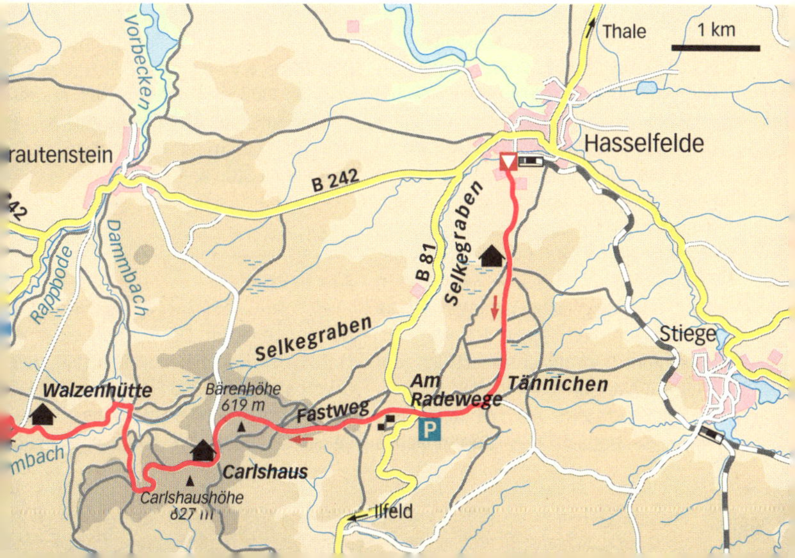

stand auf. Ein Ausläufer des Selkegrabens greift in einer flachen Mulde bis zur Höhe vor. Fichtenparzellen unterbrechen das Bild des Laubwaldes. An der nächsten Kreuzung biegt unsere Route links ab. Das Gelände steigt allmählich an, und etwa 700 m weiter kann man in einer Rechtskurve plötzlich in das obere Behretal mit seinen Ausläufern schauen. Am südöstlichen Horizont erhebt sich der 579 m hohe Große Auerberg mit dem Josephskreuz als markanteste Anhöhe. Der Blick reicht bis in das Thüringer Becken

Unser Weg verläuft nun am Südhang der Bärenhöhe (618,8 m NN) entlang und mündet in eine nach Trautenstein führende Straße. Ein kurzer Anstieg zur linken Seite, und das **Carlshaus** (1.45 Std.) ist erreicht. Die Fortsetzung des Weges führt am Carlshaus vorbei. Auf diesem Weg darf man die zum Dammbachtal führende Abzweigung nicht verpassen, sonst läuft man Gefahr, anstatt in Benneckenstein im Westen im Ilfelder Becken im Süden anzukommen. Wir bleiben nach dem Passieren des Carlshauses noch etwa 1 km auf der Forststraße. Dabei umrunden wir in einem weiten Linksbogen die Kuppe der 626,7 m hohen Carlshaushöhe. Dieser Bogen endet in der Tiefenlinie eines Dammbach-Seitentales. Nun bleiben wir auf der Forststraße bis in Höhe des nach links abzweigenden Wanderweges zum Sophienhof. Dort geht im spitzen Winkel nach rechts (Markierung blaues Kreuz an einer Fichte) unser Pfad ab, dem wir auf der linken Talseite folgen, bis wiederum die Markierung an einem Baum anzeigt, daß der Weg nach links fortzusetzen ist. Wir gehen auf einem Pfad über einen Sporn und kreuzen nach 300 m einen Forstweg. Dabei behalten wir die Richtung bei und setzen den Weg hinunter zum Dammbachtal fort. Es geht weiter hinab durch einen Wald mit vielen Moospolstern, bis wir schließlich einen Seitenbach des Dammbaches über zwei Brücken queren müssen. Direkt hinter der zweiten Brücke biegen wir nach links ab; nach wenigen Metern öffnet sich der Wald zur etwa 100 m breiten Talsohle des Dammbachtales. Der Weg über den ansprechenden, aber etwas unbequemen und feuchten Talboden ist mit hohem Gras bestanden. Wir durchschreiten hier eines der schönen Harztäler, das wie das untere Selke- oder das Wippertal Ruhe ausstrahlt und sich nicht so dramatisch darstellt wie die Engtäler am Nordrand des Harzes. Den Lauf des Dammbaches begleiten besonders schöne Exemplare von Schwarzerlen mit ihren spitz zulaufenden Kronen. Am Gegenhang führt nun eine Forststraße nach links hinauf zu einer Kreuzung mit dem Rastplatz **Walzenhütte** (3 Std., grüner Balken).

Hier sollte man die Gelegenheit zu einem kleinen **Abstecher** nutzen und wegen der Brockensicht 200 m nach links bis zur Bahnbrücke vorgehen.

Vom Rastplatz führt eine Forststraße hinunter in das Rappbodetal, ein weiteres Sohlental. Vor dem Erreichen des Talbodens biegen wir nach links ab (gelbes Quadrat) und folgen dem Lauf der in der Aue mäandrierenden Rappbode bis nach Benneckenstein. Zunächst führt er unter der Bahnlinie der Harzquerbahn her. 500 m weiter verläuft der Weg über das Stauwehr des Krugbergwassers und dann am Südhang der Rappbode entlang. Schließlich queren wir das Flüßchen in Höhe der ersten Häuser und steuern die etwa 300 m entfernte Ortsmitte von **Benneckenstein** (4.15 Std.) an.

AM WEGE

Benneckenstein: Der zentral gelegene Ort in der Hochflächenlandschaft des Unterharzes hat 2800 Einwohner und ist bei einer Lage von 563 m NN die höchstgelegene Stadt in Sachsen-Anhalt.

Den Tierschützern ein Dorn im Auge: das traditionelle Finkenmanöver in Benneckenstein

Benneckenstein befindet sich in unmittelbarer Nähe zu den Landesgrenzen nach Thüringen und Niedersachsen. Nach der Sage hat Benneckenstein seinen Namen von einer alten, schwer beladenen Frau erhalten, die sich erschöpft auf dem Boden niedergelassen hatte. Als ein junger Jäger sich aus Versehen auf sie setzte, soll sie ausgerufen haben: »Ben-eck-en-stein?«. Namentlich und urkundlich belegt wird Benneckenstein das erste Mal im Jahre 1319 in einem Lehnsbrief der Äbtissin von Gandersheim. Die Anfänge gehen aber sicherlich auf das 11./12. Jh. zurück. Zeitweise war es auch im Besitz des Klosters Michaelstein. Da der Ort Benneckenstein im Laufe der Geschichte von mehreren Bränden heimgesucht wurde, stammt das älteste Gebäude erst aus dem Jahre 1656. Es ist immerhin fast 200 Jahre älter als die 1852 erbaute St. Laurentiuskirche, die als einzige Kirche auf der Welt falsch herum stehen soll, d. h. nicht mit dem Altar der aufgehenden Sonne im Osten zugewandt sein soll. Natürlich trifft das genauso zu wie die Geschichte über die Namensgebung von Benneckenstein. Nach dem Anschluß an die Harzquerbahn im Jahre 1887 entwickelte sich der Fremdenverkehr; dieser ist heute die wirtschaftliche Grundlage des charmanten Harzortes.

30

Klippen, eine Burg und ein alter Handelsweg

Von Hasselfelde an den Rappbodestausee

Die Wanderung führt an den größten Stausee des Harzes, soll aber nicht die technische Arbeitsleistung mit Staumauer und Überflutungsbecken vorführen, sondern bewußt machen, welche geschichtliche Bedeutung das Rappbodetal besaß und welche ökologischen Veränderungen durch den Bau des Stausees in der Lebewelt eingetreten sind.

i

WEGVERLAUF: Rundwanderung. Hagenmühle – Großes Mühltal – Trageburg (1.15 Std.) – Kleine Rabenklippe (45 Min.) – Hassel-Vorsperre (30 Min.) – Hagenmühle (1 Std.)

DAUER: 3.30 Std.

LÄNGE: 12,5 km

HÖHENANGABEN: weniger als 100 m Höhenmeter

SCHWIERIGKEITSGRAD: leicht; einzelne etwas unbequemer zu begehende Pfade

WEGBESCHAFFENHEIT: meistens Forstwege oder -straßen

AUSRÜSTUNG: Fernglas zur Vogelbeobachtung, bei warmem Wetter Getränkevorrat mitnehmen

WANDERKARTE: TK 1:50 000 mit Wanderwegen; Wandern im mittleren Harz (Wanderkarte des Harzklubs e.V.)

WEGMARKIERUNGEN: rotes Quadrat, gelber Balken

EINKEHRMÖGLICHKEITEN: nach der Wanderung in der Hagenmühle

AN- UND ABFAHRT: Anfahrt **mit dem Kfz** zur Hagenmühle, **mit dem Bus** und **der Bahn** verlängert sich die Strecke um 2,4 km für den Weg von und bis zur Haltestelle.
Mit dem Kfz aus Umgebung Nordhausen und Magdeburg über die B 81, aus dem Westen von Braunlage über die B 242. **Mit der Harzquerbahn** von Nordhausen 1.30 Std. **Mit der Buslinie** H261 von Blankenburg bzw. Halberstadt, Fahrtzeit: 20 Min. bzw. 1 Std.

ANSCHLUSSWANDERUNG: Wanderung Nr. 29

DER WANDERWEG

Wir folgen von der **Hagenmühle** (450 m NN) der Markierung rotes Quadrat in Richtung Großes Mühltal und wandern zunächst durch eine Birkenallee. Vor uns breitet sich mit der Umgebung von Hasselfelde eines der größeren inselförmigen, waldfreien Gebiete im Unterharz aus. So befindet sich südlich des Weges eine flach gewellte Wiesen- und Weidelandschaft mit einzelnen Talanfängen, die zur Rappbode-Talsperre entwässern.

Als Krautpflanzen wachsen und blühen am Wegrand vor allem das Echte Johanniskraut *(Hypericum perforatum)*, der Gewöhnliche Hornklee *(Lotus corniculatus)*, die Tauben-Skabiose *(Scabiosa columbaria)*, das Echte Labkraut *(Galium verum)*, das Gewöhnliche Leinkraut *(Linaria vulgaris)*, die Zypressen-Wolfsmilch *(Euphorbia cyparissias)* und die Wiesen-Schafgarbe *(Achillea millefolium)*, also alles Pflanzen, die einen trockenen und sonnigen Standort am Wegesrand lieben. An besonders ausgesetzten Stellen tritt als Pflanze des Mager- und Trockenrasens sogar der Gewöhnliche Thymian *(Thymus pulegioides)* auf. Von den Glockenblumen leuchtet die Rundblättrige Glockenblume *(Campanula rotundifolia)* oder die Wiesenglockenblume *(Campanula patula)* mit ihren zerbrechlich erscheinenden Blüten und feinen Trieben aus dem Gras heraus.

Bereits nach etwa 1,5 km führt der Weg in den offenen Wald; freie, mit Wiesen oder Jungbäumen bestandene Flächen geben immer wieder den Blick frei. Wir passieren den Beginn des nach rechts entwässernden Sautals und begeben uns an der nächsten Weggabelung nach links hinab in das **Große Mühltal,** das von der Größe her seinem Namen aber nicht gerecht wird. Mit Annäherung an den Stausee wird der Talweg abschüssiger. Der Bewuchs kündet von dem feuchteren Charakter des Untergrundes. Auf den Blüten der Sumpfkratzdistel finden sich häufig Schmetterlinge, vor allem die bunten Pfauenaugen, ein.

Pfauenauge im Mühltal

Unmittelbar vor dem Rappbode-Vorbecken biegt der Weg nach rechts ab und führt über einen schmalen Pfad direkt in den Wald hinein. Er verläuft etwa 30–50 m über dem See und führt an einzelnen kleinen Klippen aus Grauwacke vorbei. Hin und wieder wird der Blick auf den See frei, u. a. an der **Trageburg** (1.15 Std.), von der keine Gemäuer mehr zu erkennen sind.

Die heutzutage nahezu vollständig verschwundene Trageburg besaß als Schutzburg für einen mittelalterlichen Weg durch das Harzinnere eine besondere Bedeutung. Der Weg ist eine Nord-Südverbindung und soll als »Trockweg« bereits im 10. Jh. existiert haben. Urkundliche Erwähnung findet er als »Königsstieg« in der zweiten Hälfte des 13. Jh., denn er wurde offensichtlich benutzt, wenn die Könige ihre Jagdhöfe Bodfelde oder Hasselfelde aufsuchten. Für die durchziehenden Gespanne hielten sich Anwohner der Furt zur Flußdurchquerung bereit, um Vorspanndienste zu leisten. So befanden sich an der Furt durch die Rappbode kleine Höfe mit Pferden. Von der noch in einer Urkunde von 1654 als »Darburg« bezeichneten Anlage ist nichts mehr erhalten. Auch die alte Straße und die Furt sind verschwunden und heute durch den Stausee überflutet.

Nördlich der Trageburg endet der Waldpfad und wird von dem festen Untergrund eines kiesigen Forstweges abgelöst. Wir wandern zunächst weiter über die Höhen am Südufer des Stausees und steigen schließlich hinab zu einer kleinen Bucht. Der befestigte Uferweg führt uns bis zu einem kleinen Seitental. Hier biegen wir nach der Querung des Baches rechts ab und gehen auf nicht markiertem Weg über die Tallinie hinauf zu den flachen Anhöhen der Rabensteine. Etwa am höchsten Punkt, in Höhe der auf der linken Seite im Wald stehenden Schutzhütte, teilt sich der Weg, nachdem wir kurz zuvor schon eine Kreuzung geradeaus passiert haben. Wir halten uns links und gehen noch etwa einen Kilometer bis zur gekennzeichneten Abzweigung zum nächsten Ziel, der Kleinen Rabenklippe auf der linken Seite. Der Zugang mündet in einen Pfad ein. Erst unmittelbar vor der Klippe öffnet sich der Wald. Der Untergrund wird steiler und felsiger. Ohne Schwierigkeiten erreichen wir schließlich die steil zum See abfallende **Kleine Rabenklippe** (2 Std.). Von hier aus schaut man direkt auf den Brocken und die Hohneklippen im Westen.

Nach dem Verlassen der Klippe kehren wir über den Stichweg wieder zum Hauptweg zurück, biegen auf diesem dann nach links ab und gelan-

Wanderung 30: Von Hasselfelde an den Rappbodestausee

gen so zum Oberhang des ehemaligen Hasseltals. Diesem Weg folgen wir bis zur 2 km entfernten Hassel-Vorsperre. Es lohnt sich, weiter den Weg nach Süden bis zur **Hassel-Vorsperre** (2.30 Std.) zu verfolgen. Wir entschließen uns zu diesem kleinen Umweg um die Hassel-Vorsperre und gelangen in eine Seenlandschaft, deren Vogelwelt bemerkenswert ist. Über die Staumauer der Vorsperre gelangen wir zum gegenüberliegenden Ufer. Nachdem wir einen kleinen Anstieg mit aufgeschlossener Grauwacke überwunden haben, erreichen wir nach einem weiten Bogen das östliche Ufer.

Man sollte am Ostufer den **Abstecher** über den Lehrpfad machen, der mit Schaubildern den interessierten Wanderer über die ansässige Flora, Fauna und den Gesteinsuntergrund aufklärt. Neben den mit viel Fachwissen angereicherten Hinweisen erhält man auf einem Abstecher zum Hütteberg einen schönen Überblick über die Seenlandschaft.

Wenn man sich still verhält, kann man einem Reiher beim Fischen zuschauen oder beobachten, wie gerade Haubentaucher ihre Jungen füttern. Der Haubentaucher ist zwar auf der Welt weit verbreitet, jedoch an unseren Seen nicht so häufig zu beobachten. Nach 1940 nahmen die Bestände zu, was mit der Anlage von Stauseen zusammenhängt. Dieser dekorative Vogel hält sich im Bereich der Seen auf, solange sie nicht zufrieren, und wandert bei strengem Frost an die Küsten und bis zum Mittelmeerraum ab. Seine Nahrung besteht aus Insekten und kleinen Fischen.

Ab und an taucht eine Gabelweihe oder Roter Milan auf. Dann suchen Enten und Bleßhühner mit ihren Jungen den mit hohem Gras bestandenen Ufersaum auf. Der Rote Milan hält sich gern in der Nähe größerer Gewässer

Am Rappbodestausee in der Nähe der Trageburg

auf. Seltener zu beobachten ist der Wanderfalke. Er war ursprünglich in ganz Europa verbreitet und betrachtete im Harz gerade das Bodetal als seinen Lebensraum. Nach dem Aussterben im Bodetal im Jahre 1973 konnte er Anfang 1980 wieder eingebürgert werden. 1982 brütete er zum ersten Mal wieder erfolgreich in diesem Raum.

Zum Abschluß nähern wir uns allmählich dem Versumpfungsbereich der aufgestauten Hassel. Die ursprüngliche Talform hat in diesem Abschnitt einen asymmetrischen Querschnitt mit einem steileren Nordosthang. Mit ihrer flachen und von hohen Gräsern gesäumten Uferzone im auslaufenden Stauraum ist die Vorsperre ein idealer Brutplatz der hier am und auf dem Wasser lebenden Vögel.

Die Wanderung kann mit einer Einkehr in die **»Hagenmühle«** (3.30 Std.) abgeschlossen werden.

31

Wo das Wandern zum Wandeln wird

Von Stiege über Allrode und Güntersberge wieder zurück nach Stiege

Die Wanderung führt durch die Hochflächenlandschaft im Westen des Unterharzes. Bewaldete Höhen gehen in eine mit Einzelbäumen bestandene Wiesenlandschaft über, in deren flachmuldigen Taleinschnitten kleine Bäche plätschern. Wer die Abwechslung in der Vegetation und in den Formen liebt, kommt bei dieser Wanderung auf seine Kosten und wird obendrein Ruhe und Entspannung finden. Er muß zwar voranschreiten, kann aber seine Seele baumeln lassen.

i

WEGVERLAUF: Rundwanderung. Stiege – Staatsforst Stiege – Schillingshai (1.15 Std.) – Allrode (45 Min.) – Luppbodetal (30 Min.) – Netherköpfchen (1.15 Std.) – Güntersberge – Hohe Straße (15 Min.) – Parkplatz »Kanonenplatz« (1 Std.) – Stiege (1.15 Std.)

DAUER: 6.15 Std.

LÄNGE: 22,3 km

HÖHENANGABEN: kein erwähnenswerter Anstieg

SCHWIERIGKEITSGRAD: leicht

WEGBESCHAFFENHEIT: im Bereich der Niederungen eventuell feucht und dann glatt

WANDERKARTE: TK 1:50 000 mit Wanderwegen; Wandern im mittleren Harz (Wanderkarte des Harzklubs e.V.)

WEGMARKIERUNGEN: rotes Quadrat, gelber Kreis, roter Balken, grünes Quadrat, rotes Dreieck

EINKEHRMÖGLICHKEITEN: Allrode, Güntersberge, Stiege

AN- UND ABFAHRT: **Anfahrt mit dem Kfz,** dem Bus oder **der Harzquerbahn.** Der Bahnhof befindet sich am Südrand des Ortes, etwa 800 m vom Gondelteich entfernt. Fahrtzeit von Nordhausen 1.10 Std.; Parkmöglichkeit besteht am Gondelteich in Stiege. **Anreise mit dem Kfz** über die B 242 aus dem östlichen und westlichen Harz; **Buslinien** H261, H263 von Blankenburg 35 Min. Man kann auch den Rückweg nach Allrode vorzeitig zwischen Güntersberge und Stiege antreten (Schweinshöfe).

ANSCHLUSSWANDERUNG: Friedrichsbrunn, Treseburg (Nr. 15); außerdem Besuch der tausendjährigen Eiche an der Straße von Allrode nach Stiege, etwa 3 km westlich von Allrode, möglich.

Wanderung 31: Von Stiege über Allrode und Güntersberge wieder zurück nach Stiege

DER WANDERWEG

Die Wanderung beginnt am schönsten Platz von **Stiege.** Hinter dem idyllisch gelegenen **Gondelteich** erhebt sich aus der bewaldeten Anhöhe des Schenckenberges die Burg (1203 erstmals erwähnt), und seitlich etwas abgesetzt schaut der hölzerne Turm der zu Beginn des 18. Jh. erbauten Kirche hervor. Wir gehen zunächst über die B 242 in Richtung Osten. In Höhe des Restaurants »Seeterrasse« verlassen wir die Bundesstraße und gehen über eine alleeartige Schotterstraße in weitem Bogen hinter Kirche und Schloß auf die Höhen des Schenckenbergs hinauf. Als Wegzeichen gilt bis nach Allrode das rote Quadrat. Hinter der letzten Behausung, der »Kreuzwegbaude«, nimmt uns der hohe Buchenwald des **Staatsforstes Stiege** auf. Es geht über eine Forststraße, die schon nach 400 m in einer weiten Linkskurve nach rechts wieder verlassen werden muß, wie es der Wegweiser an einem Baum anzeigt.

Auf einem schmalen Pfad steigen wir allmählich durch Schonungen auf den Höhenrücken zwischen Hassel und Luppbode. Dieser Weg durch den Jungwald endet an einer Forststraße, die zu queren ist. Etwa 200 m hinter der Kreuzung endet der Anstieg. Auf dem Weg in das Tal des Steinhornsbaches werden einzelne hangparallele Forstwege gequert. Wir gehen durch unterholzfreien Buchenwald, auf dessen Boden sich im Frühjahr ein weißer Blütenteppich aus Buschwindröschen ausbreitet. Die Strecke verläuft nun den Hang hinunter auf einen Rastplatz mit Hütte zu. Davor ist noch eine Brücke zu überschreiten. Nachdem wir hinter der Brücke nach rechts abgebogen sind, umgibt uns auch weiterhin noch Buchenwald, allerdings lichtet sich das Kronendach. Zwischen Steinhorn und Schillingshai befinden wir uns in einer offenen Waldlandschaft mit großen Einzelbäumen, die offensichtlich auch vom Rotwild geschätzt wird. Hier wird man mit einiger Sicherheit sogar kapitale Hirsche sehen können. Nach etwa einer Stunde verlassen wir das Waldgebiet des **Schillingshai** (1.15 Std.) wieder. Vor uns breitet sich nun eine parkähnliche Wiesenlandschaft aus. Wir stehen auf einer Hochfläche, aus der einzelne Bäume oder Baumgruppen aufragen. Quer über die Wiesen verläuft unser Weg und mündet auf einem

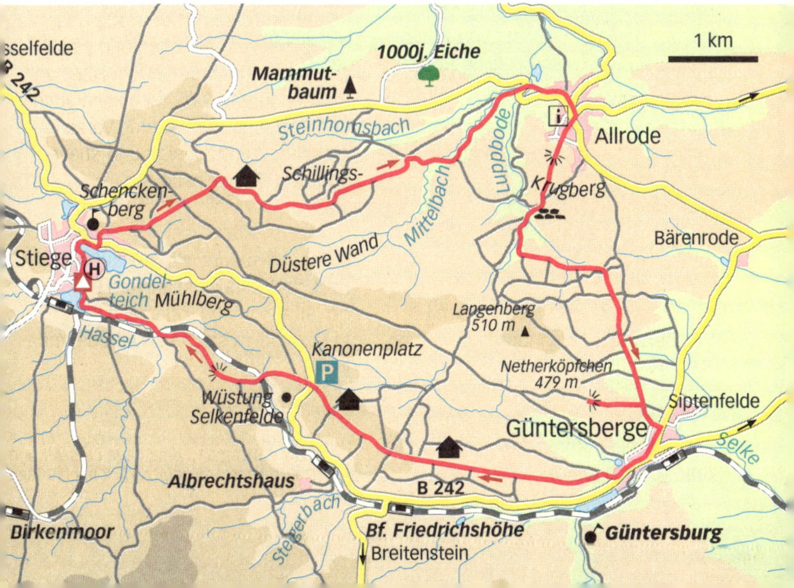

Stiege: der Gondelteich mit Schwan und Schloß

Sporn über dem Tal des Steinhornsbaches ein. Fast als Hohlweg, begleitet von Birken, strebt er dem Luppbodetal zu. Seine bucklige Oberfläche mahnt zu vorsichtigem Gehen. Nach der Querung des Luppbode-Talbodens über einen Holzsteg beginnt der Anstieg zum ersten Zielort der Wanderung, Allrode. Zuvor kann man noch einen Blick in das schöne Tal werfen, wo einzelne Weiden aus der Talsohle herausragen. Pfadartig schlängelt sich der Weg zur Straße und zum Zentrum von **Allrode** (2 Std.) hinauf, das bei einer Eiche auf einer Verkehrsinsel erreicht ist.

Allrode existiert bereits mehr als 1000 Jahre und ist aus morphologischer Sicht ein für den Harz günstiger Siedlungsstandort. Diese ursprüngliche Rodungsinsel wurde 961 erstmals erwähnt.

Wir verlassen den Ort auf der Langen Straße nach Süden in Richtung Güntersberge. Nach etwa 600 m biegen wir vor einer Telefonzelle nach rechts in die Blanker Straße in Höhe der Informationsstelle abbiegen und begeben uns, am Friedhof vorbei, zum Krugberg. Den Ort im Rücken, stehen wir auf der Höhe oberhalb des Luppbodetals und lassen die Harmonie und Ruhe der Landschaft mit den Wäldern auf dem rückenartigen Langenberg zwischen Güntersberge und Stiege und den ausgedehnten Wiesen auf uns einwirken.

Hier im Zentrum des Unterharzes bereitet der Abstieg, von den Höhen in die Flachmuldentäler hinunter, keine Schwierigkeiten. Wir folgen dem gelben Kreis hinab in das obere **Luppbodetal** (2.30 Std.). Dort geht es nach rechts weiter über eine Schotterstraße in das Tal hinein und an einer Felsnase mit einem alten Grauwacke-Steinbruch vorbei. Unmittelbar hinter einem kleinen Staubecken müssen wir auf einen Pfad durch die Aue eines Seitenbachs der Luppbode nach links abbiegen. Der Bach wird über einen Holzsteg gequert. Vor einem Jungfichtenwald ragt eine sehr schöne Einzelbirke mit einem Wegweiser auf. Auf den Feuchtwiesen blüht im Frühjahr in großen Büscheln in leuchtendem Gelb die Sumpfdotterblume, und nur wenig später erscheinen die kugelförmigen gelben Blüten der Trollblume. Nun betreten wir rechts abbiegend den »Branntweinweg«, der uns durch Fichtenwald ein paar hundert Meter weiter in das Tal hineinführt. Linker Hand befindet sich an einer Gabelung des Weges ein Wegweiser. Wir bleiben auf der linken Seite. Dabei werden zwei kleine Täler mit weiteren Feuchtwiesen gequert (kein Wegweiser). Im letzteren führt der Weg an einem Hochsitz vorbei. Danach tritt der Wald zurück. Wir sind wieder auf der Hochfläche und stehen auf der Wasserscheide zwischen den beiden bekannten Harzflüssen Luppbode und Selke. Auf dem folgenden Wegstück passieren wir stellenweise feuchten Untergrund am Waldrand, bis ca. 200 m vor einer Kieferngruppe der rote Balken als Wegmarkierung anzeigt, daß wir nach rechts in das waldige und moorige Gelände des Langenberges einbiegen müssen. Zehn Minuten später öffnet sich plötzlich der Wald.

Durch eine Eschenallee gelangen wir zu einem kurzen **Abstecher** auf den nächsten Höhenrücken, das **Netherköpfchen** (3.45 Std.). Wir steigen zu den Gebäuden des Umsetzers nach rechts hinauf und sehen den östlichen Harz vor uns. Auf der linken Seite erhebt sich die flache Kuppe des Ramberges. Vor einem breitet sich das Quellgebiet der Selke aus. Rechts steigt am Horizont das Gelände zum Auerberg an.

Nach dem Abstecher biegen wir über die Schulter dieser fast kuppenförmigen Anhöhe nach rechts ab, um hinunter nach Güntersberge zu gelangen. Der Weg endet fast im Zentrum.

Die weitverzweigte Rodungsinsel **Güntersberge** ist jünger als Allrode und heute mit 1200 Einwohnern die kleinste Stadt von Sachsen-Anhalt. Güntersberge wurde 1281 erstmalig erwähnt und erhielt 1491 die Stadtrechte. Seit dem 14. Jh. wurde Bergbau auf Flußspat betrieben. Ein alter Handelsweg, die Hohe Straße, spielte vom 10. Jh. an als Verkehrsader und als Handelsweg eine wichtige Rolle, denn an ihr lagen Orte wie Bodfeld, Hasselfelde, Selkenfelde (heute Wüstung) und Siptenfelde. 913 fand sie Erwähnung im Gandersheimer Lehnsbrief mit folgenden Worten: *»von der Hochstrate bovem der Guntersberche«*. Sie verläuft von Güntersberge über die Alte Schanze, einem alten Kontrollpunkt, nach Stiege.

Güntersberge wird fast parallel zur B 242, aber eben über die Höhen verlassen. Wir verfolgen dabei die Streckenführung der Hohen Straße auf dem letzten Abschnitt der Wanderung nach Stiege. Die **Hohe Straße** (4 Std.) beginnt in Höhe der Telefonzelle am westlichen Ortsausgang (grünes Quadrat) und steigt nach einer Linkswendung an den letzten Häusern zum Staatsforst über einen alleeartig bepflanzten Güterweg an. Auf der Wanderung durch die Wiesenlandschaft ist der Blick frei auf die Randhöhen dieser Hochflächenlandschaft. Herausragender Berg ist die Kuppe des Ramberges im Nordosten. Nach knapp 2 km sind wir am Waldrand angelangt und setzen den Weg über eine Forststraße fort, die an der B 242 am Parkplatz **»Kanonenplatz«** (5 Std.) endet. Die Waldstrecke ist etwa 2 km lang und bietet mit zwei Schutzhütten Möglichkeit zur Rast.

Unterhalb des Parkplatzes befindet sich im Waldgelände auf der anderen Straßenseite über der Selke die mittelalterliche Wüstung Selkenfelde. Wir gehen nun die B 242 600 m nach rechts hinauf (Richtung Stiege, keine Markierung). Dort endet ein Fahrweg auf der linken Seite an der Straße. In Windungen führt die Strecke zunächst durch freies Gelände. Im Bereich der Bahnquerung und des dort befindlichen Birkenwäldchens befinden wir uns im Quellgebiet der Selke. Hier oben hat man einen sehr schönen Blick auf den Hochharz im Nordwesten. Sämtliche hohen Berge, vom Wurmberg über den Brocken bis zu den Hohneklippen, sind zu sehen. Über einen kleinen Rücken führt der Weg hinab ins Hasseltal. Unterhalb einer Sitzbank mit Blick über das Hasseltal verläuft der Weg (rotes Dreieck) in einer Kehre auf die Trasse der Harzer Schmalspurbahnen zu. Parallel zur Hassel und zum Südhang des Mühlenberges mit anstehender Grauwacke kommen wir Stiege näher. Die Hassel mündet in den Oberteich. An seinem Ende geht der Weg in die Oberteichstraße über, von der die erste Seitenstraße rechts am Gondelteich endet. Man kann aber auch den Uferweg bis zum Ziel in **Stiege** (6.15 Std.) benutzen.

32

Auf geschichtlichen Wegen durch den Südharz

Von Neustadt über Burg Hohnstein nach Stolberg

Die Wanderung entlang des Harzsüdrandes streift nicht nur die Geschichte des besiedelten Harzes mit dem Besuch einer der bedeutendsten Burganlagen und einer der geschichtsträchtigsten Städte, sondern vermittelt auch den landschaftlichen Charakter der Randregion. In einem der tief eingeschnittenen Täler liegt der Höhepunkt der Wanderung: einer der schönsten Orte des Harzes, das bezaubernde Stolberg.

i

WEGVERLAUF: Rundwanderung. Neustadt (Parkplatz) – Burg Hohnstein (30 Min.) – Alte Poststraße (30 Min.) – Nordhäuser Talsperre (15 Min.) – Jägerstieg – Hainfeld (1 Std.) – Hunrod-Eiche – Luther-Buche – Stolberg (Marktplatz, 45 Min.) – Rittergasse – Rittertor – Hainfeldstraße – Hainfeld (45 Min.) – Ronnebachtal (45 Min.) – Gasthaus »Sägemühle« (45 Min.) – Grillplatz Petersberg (30 Min.) – Neustadt-Parkplatz (15 Min.)

DAUER: 6 Std.

LÄNGE: 22 km

HÖHENANGABEN: Auf dem Anstieg zur Burg Hohnstein (403 m NN) werden vom Parkplatz (275 m NN) 128 m Höhenunterschied bewältigt.

SCHWIERIGKEITSGRAD: leicht

WEGBESCHAFFENHEIT: Die Alte Poststraße ist wegen der starken Neigung und der buckeligen Oberfläche unbequem.

WANDERKARTE: Auto- u. Wanderkarte »Der ganze Harz«, 1 : 50 000

WEGMARKIERUNGEN: roter Balken, blauer Kreis, grünes Quadrat

EINKEHRMÖGLICHKEITEN: Burg Hohnstein, Stolberg, Sägemühle

AN- UND ABFAHRT: **Mit dem Kfz** über Ilfeld und B 4 aus Richtung Erfurt, Nordhausen bzw. Braunlage, Braunschweig; **Mit dem Bus** aus Richtung Nordhausen.

ANSCHLUSSWANDERUNG: Abstecher auf den Großen Auerberg

DER WANDERWEG

Die Wanderung beginnt in **Neustadt** am **Parkplatz** in der Schafgasse nahe des Gondelteiches. Hinter der Klippe auf der rechten Seite gehen wir im Laubmischwald am Gondelteich vorbei und treffen auf einen befestigten Fahrweg, der sich direkt im Wald teilt. Hier müssen wir uns rechts halten. Ein erster Halt kann an den Vogteiruinen gemacht werden. Dort steht als Naturdenkmal ein etwa 130 Jahre alter Mammutbaum *(Sequoia gigantea)*. Die Ruine in seiner Nachbarschaft war das ehemalige Amtshaus und die Kanzlei der Grafschaft Hohnstein. Wir setzen den Weg durch den engen Taleinschnitt fort.

Weiter oben ragen rötliche Klippen aus dem Untergrund. Das Gestein der Klippen stammt aus einer Epoche, die wegen der Rotfärbung ihrer Gesteine als das »Rotliegende« bezeichnet wird. Während dieser Zeit – vor rund 270 Millionen Jahren – prägten am Südrand des Harzes neben mächtigen Flußablagerungen Vulkane, u. a. der Vulkan des Großen Auerberges, das Landschaftsbild.

Von dem Hauptweg biegt links in Höhe der ersten Klippen ein bequemer, auf die Burgstraße führender Pfad ab. Wir nutzen diese Abkürzung und steigen über die Straße weiter an. Hinter der nächsten Linkskurve taucht in einem Sattel weiter oberhalb der Zugang zur Burg auf. Von einem terrassenartigen Platz auf der **Burg Hohnstein** (30 Min., 402,9 m NN) kann man weit nach Süden auf die Schichtstufenlandschaft des Thüringer Beckens und auf den Kyffhäuser im Südosten schauen.

Nach einer kurzen Besichtigung und einer eventuellen Einkehr verlassen wir die Burg über den Anstiegsweg bis zum Sattel und gehen durch einen nahezu unterholzfreien Buchenwald über den Sattel hinaus (Markierung bis Hainfeld roter Balken) weiter zu einer Wiese, die wir an ihrem unteren Rand passieren. An den Kuppen des Grasebergs und Hagens vorbei gelangen wir zu einer tiefer gelegenen Lichtung. Unser über die Lichtung führender Weg endet an der **»Alten Poststraße«** (1 Std.). Dieser historische Weg über den Harz wurde bis zum Jahre 1820 zwischen Braunschweig und Nordhausen benutzt. Wir biegen nach rechts ab auf die unebene Poststraße und verlassen sie nach etwa

Das Pfarrhaus in Neustadt

Wanderung 32: Von Neustadt über Burg Hohnstein nach Stolberg

500 m wieder nach links. Der Weg mündet in das enge, V-förmige Krebsbachtal. An einem Feldahorn mit Wegweiser führt die Route auf die östliche Talseite hinüber auf eine schmale, sanft ansteigende Asphaltstraße. Etwa nach einem Kilometer taucht auf der linken Seite die Mauer der **Nordhäuser Talsperre** (1.15 Std., 446,3 m NN) auf. Die Trinkwassersperre wurde 1904/05 angelegt. Wir bleiben in der Nähe des Wassers und gehen etwa 10 Minuten am Ostufer des Stausees entlang, bis wir das Krebsbachtal über den **Jägerstieg** verlassen. Der Anstieg führt auf die Hochfläche. In einer Höhe von 513 m NN treffen wir auf die Breitensteiner Chaussee, auf der wir unseren Weg nach links fortsetzen. Nach rechts beginnt auf der gleichen Straße ein Naturlehrpfad, auf dem die wichtigsten Bäume des Waldes vorgestellt werden. An dieser Stelle verläuft parallel zur Chaussee die Landesgrenze zwischen Thüringen und Sachsen-Anhalt. Die Grenze ist zugleich Wasserscheide. Wir verlassen bereits nach 400 m die Straße nach rechts in das Einzugsgebiet des Ronnebachs und betreten damit den Boden Sachsen-Anhalts. Uns umgibt eine flachwellige, parkähnliche Hochebenenlandschaft mit einem aufgelockerten Baumbewuchs im Flachmuldental unterhalb des gerade überschrittenen Bielingskopfes. Am Wegrand gedeihen die einen trockeneren Standort liebende Skabiosen-Flockenblume, der Gewöhnliche Hornklee und das Echte Johanniskraut. Der Reiz der bisher durchwanderten Landschaft liegt in ihrer Einsamkeit und wohltuenden Stille.

Auf dem östlich des Ronnebachs in einer Höhe um 500 m NN durch Wald führenden Weg begegnen wir einem besonders schönen Exemplar einer Lärche. Ca. 500 m vor der Streusiedlung Hainfeld öffnet sich der Wald und geht in Weideland über. Nach wenigen Minuten erreichen wir die ersten Häuser von **Hainfeld** (2.15 Std.). Hier beginnt der Abstieg nach Stolberg; wir folgen der auf dem Wegweiser ausgewiesenen Markierung blauer Kreis. Die Route führt nun über eine Asphaltstraße am ehemaligen Kinder-Erholungszentrum und der tausendjährigen **Hunrod-Eiche** vorbei an den Oberrand des Thyratales. Im Scheitelpunkt der Kurve, am Kreuzweg, zweigt nach links der Weg nach Stolberg über die Lutherbuche ab. Es ist zunächst ein etwas unbequemer Kiesweg im Buchenwald mit zunehmendem Gefälle. In der Höhe der **Luther-Buche** wird urplötzlich der Blick auf Stolberg frei. Dies ist eine der schönsten Aussichten auf die malerische Kleinstadt mit dem auf einem Bergsporn thronenden Schloß. Eine Inschrift an der Buche erinnert an den Besuch Martin Luthers:

»Als Anno 1525 freitags nach Ostern Dr. Martin Luther Stolberg besuchte und mit seinem Freunde Melanchthon auf diesen Berg spazierte, verglich er die Stadt Stolberg gar füglich mit einem Vogel. Das Schloß, meinte er, wäre der

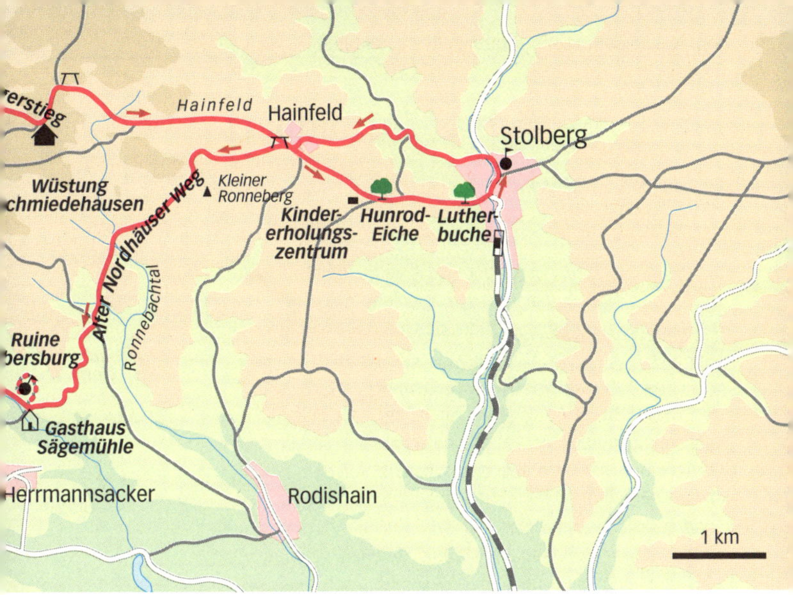

Kopf, der Markt der Rumpf, die beiden Gassen die Flügel, die Niedergasse der Schwanz.«

Die Vorstellungen Luthers von Stolberg sind nachvollziehbar. Wir steigen über einen Pfad zur Stadt hinab und stehen nach etwa 10 Minuten in **Stolberg** (3 Std.) auf dem Marktplatz. Für eine Besichtigung dieses sicher zu den schönsten Harzorten zählenden Städtchens sollte man sich mindestens eine Stunde Zeit nehmen.

Es ist angebracht, den Rückweg nach Neustadt zu Fuß über Hainfeld anzutreten. Dazu verlassen wir Stolberg über die **Rittergasse,** durch das **Rittertor** und über die **Hainfeldstraße** (roter Balken). Der etwa 2 km lange Anstieg aus dem Ludetal beginnt etwa 500 m oberhalb des Rittertors und endet an den ersten Häusern von **Hainfeld** (3.45 Std.). Vom Picknickplatz aus benutzen wir den »Alten Nordhäuser Weg« (blauer Kreis) über die Hochflächenlandschaft in der Umgebung des Kleinen Ronneberges. Südlich der Wüstung Schmiedehausen bricht das ebene Gelände über einen Waldweg zu einem Seitentälchen des **Ronnebachtales** (4.30 Std.) ab.

Schmiedehausen hat nach Urkunden aus dem Jahre 1371 als nahezu selbständiger Ort auf der Höhe mit eigener Kirche existiert. Es wurde 1412 von den Fleglern (siehe S. 206) verwüstet und ist damit von der Landkarte verschwunden.

In der Talaue überschreiten wir mit dem Ronnebach zugleich wieder die Grenze nach Thüringen und treffen nach etwa 1 km auf die Breitensteiner Chaussee, die auch als Hermannsacker Chaussee ausgewiesen ist. Auf dieser alten Straße gelangen wir schließlich an den Harzrand und zum **Gasthaus »Sägemühle«** (5.15 Std).

Hier ist ein **Abstecher** zur Ruine der Ebersburg möglich. Sie wurde um 1200 vom Landgrafen Hermann von Thüringen erbaut und später von den Stolberger Grafen übernommen. Seit einer Pest-Epidemie im 16. Jh. steht die Burg leer.

Nun befinden wir uns wieder im Harzvorland und folgen 200 m unterhalb der »Sägemühle« dem grünen Quadrat als Wegzeichen. Zunächst gehen wir das Krebsbachtal aufwärts und verlassen es nach der Querung der Niede-

Stolberg – Kleinod im Südharz

Der Standort Stolberg war in gleicher Weise für eine Besiedlung prädestiniert wie der des benachbarten Hohnstein. Eingebettet zwischen den Tälern der Lude, der Großen und Kleinen Wilde, bot die mit der Vereinigung der Flüsse verbundene Talweitung ideale Voraussetzungen für eine Ansiedlung. Den Ausschlag für die Niederlassung gab die Entdeckung von Silber-, Kupfer-, Zinn- und Eisenerzen. Stolberg soll schon im Jahre 794 als Bergbauort erwähnt worden sein. Auf einer sich etwa 30 m über den Tälern der Großen Wilde und der Lude befindlichen Verebnung entstand im 10. Jh. eine erste Burg. Verbürgt ist die Existenz des Stolberger Grafengeschlechts seit dem Jahre 1201 (siehe Seite 206). Im 13. und 14. Jh. wurde die Burg zu einer quadratischen Kernburg mit einer dreieckigen Vorburg ausgebaut. Weitere Ergänzungen erfolgten zwischen 1539 und 1547, so daß die Burg bald zum Schloß avancierte. Seine heutige Gestalt erhielt das Schloß gegen Ende des 17. Jh.

Blick auf Stolberg

Die Anfänge des Ortes Stolberg liegen ebenso wie der Ursprung des Namens im Dunkel der Geschichte. Um 1000 soll Stolberg schon als Bergmannssiedlung existiert haben. Bergbau und Hüttenwesen brachten dem sich im späteren Mittelalter zu einer Stadt entwickelnden Ort (1253 erstmals urkundlich im Zusammenhang mit der Kirche St. Martini erwähnt, Erlangung des Stadtrechts 1300) besonders durch die Förderung von Silbererzen vom 12. bis 14. Jh. Wohlstand. Im gleichen Jahrhundert ist der Saigerturm (1282) errichtet worden. Allerdings wurde dieser ursprüngliche Bestandteil der im 13. Jh. angelegten Stadtbefestigung 1875 wegen Baufälligkeit eingerissen und wieder erneuert. Zur Stadtbefestigung zählte auch das am Nordausgang im Ludetal befindliche Rittertor, das 1347 als »Eselgässer Tor« erstmals urkundlich erwähnt wurde.

Eines der bekanntesten Gebäude Stolbergs, das Rathaus, erhielt sein heutiges Aussehen im Jahre 1482. Die Anzahl

Stolberg, Rathaus

einzelner Gebäudeelemente war auf Zeitabschnitte innerhalb eines Jahres bezogen. So besaß das Rathaus ursprünglich 12 Türen, 52 Fenster mit 365 Fensterscheiben. Heute hat sich die Anzahl der Fenster und Scheiben erhöht. Zu den das Stadtbild verändernden Baumaßnahmen gehörte auch der im Jahre 1484 vorgenommene Umbau der Kirche St. Martini, wo Luther 1525 die Bauernerhebungen im Harz verurteilte. An diesen Unruhen war maßgeblich Thomas Müntzer, einer der bekanntesten Söhne Stolbergs und Gegenspieler Luthers, beteiligt. Er wurde hier wahrscheinlich am 20. oder 21. Dezember 1489 geboren, aber schon im Jahre 1500 verließ die Familie die Stadt, um sich in Quedlinburg niederzulassen. Berühmtheit erlangte auch der Stolberger Hofmedicus Johannes Thal. Er stellte mit der *Sylva Hercynia* zwischen 1572 und 1580 das erste Verzeichnis der wildwachsenden Pflanzen des Harzes fertig. Daß in dieser Zeit auch äußerst geschickte und fähige Handwerker in der Stadt lebten, stellen die mit wundervollem Schnitzwerk versehenen Fachwerkhäuser aus dem 15. und 16. Jh. unter Beweis. Als schönstes gilt das ehemalige fürstliche Konsistorium und heutige Heimatmuseum in der Niedergasse .

Bis in das 17. Jh. warf der Bergbau noch so große Gewinne ab, daß über andere Möglichkeiten des Broterwerbs nicht nachgedacht werden mußte. Nach der Aufgabe des Silbererzbergbaus im frühen 18. Jh. stellte sich die Stadt schnell auf Weberei um. 1711 existierten in der Stadt schon mehrere Damastwebereien. Immerhin waren 1837 in diesem Berufszweig in Stolberg 127 Meister und 66 Gesellen beschäftigt. Gegen Ende des 19. Jh. kam die Weberei zum Erliegen. Der Bergbau wurde im Raum Stolberg im Jahre 1874 endgültig eingestellt. Heute beherbergt Stolberg 1750 Einwohner, vor 150 Jahren waren es noch 1000 Bewohner mehr.

rung vor einem Bergsporn. Dort biegen wir nach links auf die nach Neustadt führende Straße (Ende der markierten Strecke in Höhe des Transformators) ab. Sie verläuft in der Niederung am Gebirgsrand entlang und erreicht in Höhe des **Grillplatzes »Petersberg«** (5.45 Std.) die ersten Häuser des Ortes. An ihrer Einmündung wenden wir uns nach rechts, passieren die Kirche und gelangen nach rechts abbiegend über die Burgstraße zum **Parkplatz** (6 Std.).

AM WEGE

Burg Hohnstein: Scherbenfunde aus der Zeit um 730 belegen, daß bereits lange vor den Grafen von Hohnstein Menschen auf dem steil über dem Hardbachtal aufragenden Schloßberg lebten.

Eine erste urkundliche Erwähnung fand die Burg im Jahre 1130. Im Jahre 1201 erfolgte die erste Erbteilung zwischen Hohnstein und Stolberg. Graf Heinrich von Hohnstein erbaute die Burg Stolberg und wurde damit zum Gründer des Geschlechts der Grafen und Fürsten zu Stolberg. Um 1300 setzte eine rege Bautätigkeit auf der Burg Hohnstein ein, in die der Bau der Burgkirche einbezogen war. Es ist verständlich, daß das Gedeihen und der Wohlstand die Mißgunst anderer Landesherren auf den Plan rief. 1380 kam es zu Auseinandersetzungen zwischen den Hohnsteinern und verschiedenen Adelshäusern, die schließlich zur Anerkennung der Thüringer Lehnsherrschaft führten. Spannungen zwischen den gemeinschaftlichen Besitzern der inzwischen zum Schloß ausgebauten Burg entluden sich im Jahre 1412, als Friedrich von Heldrungen in Auftragsarbeit mit angeheuerten Abenteurern, den »Fleglern« (benannt nach den mitgeführten und zum Einsatz gebrachten Dreschflegeln), in die Grafschaft einfiel und auch Hohnstein nicht verschonte.

Torbogen der Ruine von Burg Hohnstein

Nach dem Tod des Grafen Heinrich IX. von Hohnstein-Heldrungen erwarb 1417 Graf Botho von Stolberg Burg und Amt Hohnstein, das aber wegen hoher Schulden der neuen Eigentümer laufend verpfändet werden mußte.

Hohnstein wurde von den Bauernunruhen kaum behelligt. In den folgenden Jahren war es Streitobjekt zwischen den Gläubigern und den Stolbergern. 1603 konnte der Herzog von Braunschweig durch Ablösung der Pfandsumme Alleinbesitzer von Hohnstein werden. Im Dreißigjährigen Krieg dienten die leerstehenden Gebäude Soldaten, Freischärlern, Räubern sowie den Harzschützen als Unterschlupf. Weihnachten 1627 brannte die Burg vollständig nieder. Erste Restaurationsarbeiten begannen vor 150 Jahren. Vor den erhaltenen Teilen der Vorburg ließen 1908 die Grafen von Stolberg ein Jagdschloß erbauen, das später zu einem Ausflugslokal umfunktioniert wurde. Nach längeren Unterbrechungen wurden die Restaurationsarbeiten 1994 wieder aufgenommen.

33 Rund um Dankerode

Rundgang von der Hochebene in das Tal der oberen Wipper und zurück

Im Gegensatz zu den tiefen und manchmal spektakulären, fast schluchtartigen Tälern des Ober- und Mittelharzes wirkt die Szenerie des Wippertales mit einer breiten Talsohle beruhigend auf den Besucher. Die Landschaft um Dankerode bietet sich förmlich für einen geruhsamen Ausflug an einem Frühlingswochenende an.

WEGVERLAUF: Rundwanderung. Dankerode Gasthof »Linde« – Marktalsmühle (30 Min.) – Mühlenquelle – Neue Mühle (15 Min.) – Forsthaus »Schiefergraben« (1.15 Std.) – Schutzhütte – Wasserbehälter – Dankerode Gasthof »Linde« (1 Std.)

DAUER: 3 Std.

LÄNGE: 12 km

HÖHENANGABEN: weniger als 100 Höhenmeter

SCHWIERIGKEITSGRAD: leicht

WEGBESCHAFFENHEIT: Anstiege in Seitentälern steinig

WANDERKARTE: TK 1:50 000 mit Wanderwegen; Wandern im Ostharz (Wanderkarte des Harzklubs e.V.)

WEGMARKIERUNGEN: gelbes Dreieck, grüner Balken, grünes Kreuz

EINKEHRMÖGLICHKEITEN: Erfrischungen nur an einem Kiosk am Anfang des Stausees (Campingplatz)

AN- UND ABFAHRT: **Mit dem Kfz; Anreise mit öffentlichen Verkehrsmitteln** von Harzgerode möglich. Erste Busse verkehren an Sonn- und Feiertagen nach Dankerode erst nach 8 Uhr. Fahrtzeit etwa 20 Min.

ANSCHLUSSWANDERUNG: Es ist möglich, den Weg durch das Wippertal am Nordufer des Stausees entlang bis zur Staumauer fortzusetzen. In diesem Falle muß ein 11 km längerer Weg in Kauf genommen werden. Dabei benutzt man den steiler ansteigenden Pfad von der Staumauer zum Eichberg und wandert über einen geradlinigen Höhenweg am Forsthaus »Schiefergraben« und der Jugendherberge vorbei nach Dankerode.

DER WANDERWEG

Dankerode befindet sich auf einer in etwa 400 m Höhe gelegenen, ackerbaulich genutzten Hochfläche, die nach Norden durch die Schmale Wipper und nach Süden durch die Wipper begrenzt wird.

Die Wanderung beginnt in der Ortsmitte, wo wir uns von dem **Gasthof »Zur Linde«** nach rechts wenden und den Weg hinunter in das Markbachtal (Nebenbach der Wipper) nehmen. Bis zur 1 km entfernten Marktalsmühle bleiben wir auf der rechten Talseite, d. h. wir halten uns an der ersten Gabelung, etwa 200 m hinter dem Gasthof, rechts. Dieser mit gelbem Dreieck markierte Weg (bis Neue Mühle) führt in das Tal hinein. An einzelnen Stellen ist der anstehende Schiefer aufgeschlossen. Den Weg säumen vor allem Hainbuchen. Zwischendurch tauchen auch vereinzelte große Feldahorn- und Bergahornbäume sowie Eschen in schönen Exemplaren auf.

An der Abzweigung zu den Wochenendhäusern halten wir uns links, ohne den Bach zu überschreiten. Der Weg ist vernäßt und nicht ganz eben. Bei höherem Wasserstand dient er dem Bach als Abflußrinne. Im breiteren Talgrund angekommen, taucht auf der rechten Seite die **Marktalsmühle** (30 Min.) auf. In Höhe der Mühle überqueren wir den Markbach über einen Steg. Der Weg führt nun in einem leichten Auf und Ab an der linken Talseite durch Laubmischwald schießlich in das Wippertal. Die mit Erlen bestandene Talsohle erreicht eine Breite von etwa 80 m. An der gefaßten **Mühlenquelle** kann der Durst gelöscht werden. Vor der **Neuen Mühle** (45 Min.) sorgen zwei von beiden Seiten in das Tal einmündende Schuttfächer für eine morphologische Unausgeglichenheit auf dem sonst ebenen Talboden und für eine Verzweigung der Wipper. Unterhalb der Neuen Mühle wird durch einen weniger in das Landschaftsbild passenden Fichtenbestand die Sicht auf den Talboden genommen.

Der Weg ist wegen der Befestigung steiniger und daher beschwerlicher geworden. Etwa 1 km unterhalb der Neuen Mühle trifft im spitzen Winkel die Wolfsberger Wipper auf die Wipper. Ihre mitgeführten Schwemmassen haben das Tal im Eiszeitalter bis zu einer Breite von 300 m aufgefüllt. Fast unmittelbar unterhalb einer über die Wipper führenden Brücke lädt eine Hütte mit Sitzplatz zur Rast ein.

Nun pendelt der Fluß in einer bezaubernden Landschaft durch die Aue. Etwa 0,5 km (Hinweis auf Wegweiser) vor dem Stausee und einem Campingplatz verlassen wir durch ein Seitental (grüner Balken) die Flußaue der Wipper

Wanderung 33: Von der Hochebene in das Tal der oberen Wipper und zurück

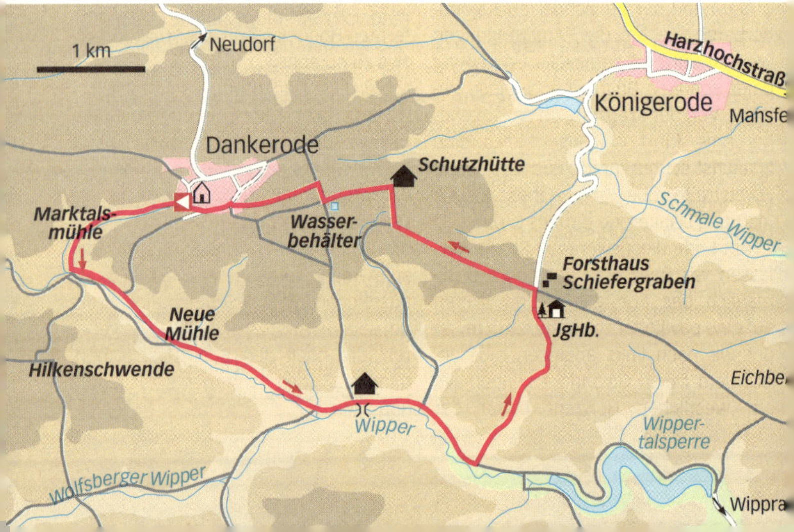

Wippertal, Hang mit Ginster

in Richtung Hochfläche. Es ist der dritte Weg in einem Seitental der Wipper unterhalb der Neuen Mühle. Über eine Forststraße beginnt nun der etwas beschwerlichere Anstieg zum ca. 2 km entfernten und etwa 100 m höher gelegenen **Forsthaus »Schiefergraben«** (2 Std.) und der benachbarten Jugendherberge. Aber die Anstrengungen werden durch die reizvolle Umgebung eines schönen Buchenhochwaldes belohnt. Von der Kreuzung an der Jugendherberge führt nun nach links eine zunächst schnurgerade und fast ebene Forststraße über die Höhen zurück Richtung Dankerode (grünes Kreuz).

Am Ende dieser geraden Straße verlassen wir über eine Rechtskurve allmählich das Forstgebiet und treffen auf eine pavillonartige **Schutzhütte,** an der wir nach links abbiegen müssen. Auf dem freien Gelände erkennen wir am westlichen Horizont hinter der Silhouette von Dankerode den etwa 10 km entfernten kastenförmigen Auerberg. In Höhe eines **Wasserbehälters** taucht im Nordwesten als weiterer markanter Berg am Rand des Unterharzes die Viktorshöhe des Ramberg-Massivs auf (mit Sendemast). Bei klarer Sicht sind sogar die etwa 40 km entfernten Hohneklippen des Brockenmassivs zu erkennen.

Nun liegt Dankerode fast unmittelbar vor uns. Wir biegen am Wasserbehälter nach rechts ab. Nach etwa 300 m gehen wir auf einem links beginnenden Feldweg direkt auf das Dorf zu. Die Wanderung endet schließlich wieder am **Gasthof »Zur Linde«** (3 Std.). Hier kann man, vorausgesetzt es ist noch ausreichend Zeit, gemütlich einkehren, um seinen Durst zu stillen. Ist Eile geboten, um noch den Bus zu erreichen, dann muß man nach rechts zur Kirche abbiegen.

34

Die Schönheit der Selke-Aue

Durch das Selketal auf die Burg Falkenstein

Die Wanderung durch das Selketal ist an Herbsttagen besonders reizvoll. Wenn sich das Laub der Buchen, vor allem der selten gewordenen Ahornbäume, der Eschen und der Kastanien färbt, dann gestaltet sich eine Wanderung durch die Flußaue zu einem Spaziergang voller Entspannung und Erholung. Ein Aufstieg zur Burg Falkenstein verschafft nicht nur einen Überblick über die erhabene Waldlandschaft des Unterharzes, bei einem Besuch der Burg erfährt man auch vieles über seine Vergangenheit.

i

WEGVERLAUF: Rundwanderung. Selkemühle – Schutzhütte »Am Mettenberg« (1 Std.) – Gaststätte »Zum Falken« – Burg Falkenstein (1.15 Std.) – Selkemühle (2.15 Std.)

DAUER: 4.30 Std.

LÄNGE: 16,5 km

HÖHENANGABEN: Anstieg aus der Niederung (210 m NN) zur Burg (320 m NN) mit Überwindung von 110 Höhenmetern

SCHWIERIGKEITSGRAD: leicht

WEGBESCHAFFENHEIT: gut

WANDERKARTE: TK 1 : 50 000 mit Wanderwegen; Wandern im Ostharz (Wanderkarte des Harzklubs e.V.)

WEGMARKIERUNGEN: blauer Kreis, roter Balken,

EINKEHRMÖGLICHKEITEN: Burg Falkenstein; Selkemühle, außer Mo täglich 10–17 Uhr

AN- UND ABFAHRT: **Mit dem Kfz** von Quedlinburg über die B 185 oder die B 242 von Mansfeld, Halle; **mit Buslinie** 15 von Alexisbad, Fahrtzeit 15 Min. Anreise **mit der Selketalbahn** über Mägdesprung.

ANSCHLUSSWANDERUNG: Abstecher zum Jagdschloß Meiseberg und zur Burg Anhalt

DER WANDERWEG

Die Wanderung beginnt und endet an der **Selkemühle**. Abgesehen vom Auffinden des Anstieges zur Burg Falkenstein stellt die Streckenführung keine Anforderungen an den Orientierungssinn des Wanderers, denn er hat auf dem Hin- und Rückweg jeweils etwa 8 km Talstrecke ohne Abzweigung zu bewältigen.

Auf der gesamten Wanderstrecke (blauer Kreis, roter Balken) ist das Selketal ein ideal ausgebildetes Kastental. Wiesen bedecken den bis zu 200 m breiten Talboden. Der bis an den Fuß der Burg Falkenstein führende Talweg ist eine unbefestigte Straße bzw. ein Fahrweg. Streckenweise begleiten Kastanien den Weg. Zu Beginn säumen einzelne kuppenförmig erscheinende Höhen den südlichen Talrand. Auf einer von ihnen befindet sich Burg Anhalt. Bis zur **Schutzhütte »Am Mettenberg«** (1 Std.) wird die Selke zweimal gequert. Nach etwa 5 km Wegstrecke taucht über dem rechten Oberhang der Turm der Burg Falkenstein auf. Unmittelbar unter der Burg verengt sich die Talsohle im Bereich eines Mäanderhalses von 200 m Breite auf etwa die Hälfte. Die Hänge sind versteilt und mit Klippen besetzt. Vor dem Talausgang wird der Weg zu einer Allee. Schließlich erreichen wir die ersten Häuser. Etwa in Höhe der **Gaststätte »Zum Falken«** befindet sich auf der rechten Talseite der Zugang zur Burg. Zunächst geht es durch einen dichten Jungwald, den schließlich ein mit Buchen bestandener Hochwald ablöst. Der letzte Teil des Aufstiegs ist am steilsten und geht in eine Treppe über. Wenn man aus dem Wald heraustritt, steht man schon fast unmittelbar vor der **Burg Falkenstein** (2.15 Std.) mit der hohen Schildmauer und dem alles überragenden, behelmten Bergfried. Besonders im Herbst ist der Ausblick auf die Laubwälder in der Umgebung der Burg mit seinen gelben bis braunen Farbtönen eine Augenweide. Auf dem Rückweg zur Selkemühle genießen wir noch einmal die ruhevolle Tallandschaft.

AM WEGE

Die Selkemühle: Die Mühle existiert seit einigen Jahrhunderten als Leimufermühle (*leuim* = Lehm). An dieser Stelle des Selketales wurde Lehm als sog. Auenlehm im Bereich des Talbodens für die Ziegelherstellung abgebaut. Ziegelsteine aus dem im Selketal gewonnenen Rohstoff wurden auch auf der Burg Anhalt verarbeitet. Der Lehm wurde über die Leimuferstraße nach Ballenstedt zur Verarbeitung gebracht.

Im Bereich der Selkemühle soll nach der Überlieferung Markgraf Ekbert von Meißen, ein unversöhnlicher Gegner von König Heinrich IV., am 3. Juli 1090 ermordet worden sein, und zwar vermutlich durch die Kriegsleute der Quedlinburger Äbtissin Adelheid, einer Schwester des Königs. Solange die Burg und das Dorf Anhalt bestanden (12.–14. Jh.), wurde die Mühle von dort genutzt.

Heute ist die Selkemühle ein Restaurant und Hotel. Man kann sie von Harzgerode über die schmale Talstraße erreichen.

Burg Anhalt: Vorwiegend mit Buchenwald bestanden ist die Umgebung der Burg Anhalt, von der sich nur noch ein

Wanderung 34: Durch das Selketal auf die Burg Falkenstein

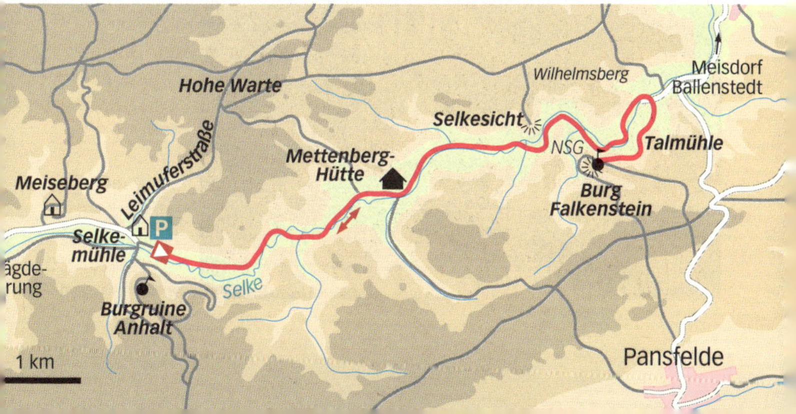

Trümmerhaufen auf dem 398 m hohen Hausberg in einer Spornlage befindet. Der Burgberg erhebt sich damit um etwa 180 m über dem Selketal.

Die Burg Anhalt wurde vom Grafen Esiko von Ballenstedt um das Jahr 1040 auf dem Hausberg gegründet. Während der Auseinandersetzung zwischen Albrecht dem Bären und Heinrich dem Löwen wurde sie 1139 zerstört und im romanischen Stil 1150 wieder aufgebaut. Sie diente bis in das Jahr 1315 als Stammsitz der Askanier (Fürstengeschlecht, nach der Stammburg Askanien bei Aschersleben benannt). Zur Burg gehörten ein Jägerhof und das Dorf Anhalt, eine 1,2 km von der Burg entfernte Wüstung. Es wurde ebenso wie die Burg im 14. Jh. aufgegeben.

In den Jahren 1902–1907 legte der Bauingenieur Starke die 2 ha große Burganlage frei und restaurierte sie teilweise. Sie ist von Wällen und Gräben umgeben.

Burg Falkenstein: Diese sich inmitten der Laubwälder des Unterharzes auf einem Bergsporn über der Selke erhebende Burg ist die am besten erhaltene Burg im gesamten Harz. Nach der Überlieferung soll sie von Egeno von Konradsheim im Jahre 1080 erbaut

Burg Falkenstein, Erker

Burg Falkenstein, Gesamtansicht

worden sein. Die Grafen von Falkenstein, deren Geschlecht während des 12. und 13. Jh. eine herausragende Machtstellung im Harzraum einnahm, machten die Burg 1120 zu ihrem Wohnsitz. Sie starben 1334 aus. Die an das Halberstädter Hochstift übereignete Burg mußte 1427 an die Mansfelder Grafen verpfändet werden. Seit 1437 war sie Eigentum der Asseburger, denen sie bis 1945 gehörte.

Zwischen den Jahren 1120 und 1180 wurde sie mehrfach ausgebaut und erweitert. Beeindruckend ist die 17 m hohe und 4 m dicke Mauer auf der Ostseite. Die Kernburg mit dem ursprünglich 23 m hohen und 1592 auf 36 m erhöhten Bergfried (mit Haube) nimmt nur ein Fünftel des ummauerten Terrains ein.

Die wechselnden Besetzungen der Burg während des Dreißigjährigen Krieges führten zu einer Verarmung der Eigentümer. Die Folge war eine Vernachlässigung der Bauunterhaltung und ein Verfall von Teilen der Burg, die schließlich abgerissen werden mußten. Dazu gehörten Wirtschaftsbauten der Vorburg und des Mittelhofes, des Amtshauses sowie die Wehrgänge auf den Mauern und dem Burgfried.

Seit 1946 kann sie besichtigt werden. Alljährlich wird sie von etwa 80 000 Besuchern aufgesucht.

Eines der wichtigsten Ausstellungsstücke ist eine aus dem Jahre 1569 stammende Kopie des »Sachsenspiegels«, der auf der Burg Falkenstein verfaßt wurde. Der im Auftrag des Grafen Hoyer von Falkenstein von Eicke von Repkow (1180–1233) verfaßte »Sachsenspiegel« ist das bedeutendste deutsche Gesetzbuch des Mittelalters. Er wurde zunächst in Latein niedergeschrieben und später ins Niederdeutsche übertragen.

35

Durch die Einsamkeit des Ostharzes

Von Rammelburg nach Schloß Mansfeld

Im Gegensatz zu einer Wanderung durch den Hochharz oder gar im Brockengebiet, wird man auf dem Weg durch diese Landschaft bis zur Annäherung an Mansfeld fast vollständig allein sein und eine Umgebung genießen können, die gar nicht so sehr den landläufigen Vorstellungen vom Harz entspricht. Hochflächen mit Äckern und bewaldete Talhänge kennzeichnen diese ruhige Landschaft.

i

WEGVERLAUF: Streckenwanderung. Rammelburg – Biesenrode (1.30 Std.) – Linde, Wimmelrode (45 Min.) – Klippmühle – Vatteröder Teich (1.15 Std.) – Vatterode (30 Min.) – Rabenkuppe – St. Georgskirche (30 Min.) – Schloß Mansfeld – Bahnhof Leimbach (30 Min.) – mit der Bahn nach Rammelburg

DAUER: 5 Std.

LÄNGE: 19,3 km

HÖHENANGABEN: weniger als 100 Höhenmeter

SCHWIERIGKEITSGRAD: leicht, etwas steilerer Pfad zum Schloß

WEGBESCHAFFENHEIT: gut

WANDERKARTE: TK 1:50 000 mit Wanderwegen; Wandern im Ostharz (Wanderkarte des Harzklubs e.V.)

WEGMARKIERUNGEN: grüner Balken, gelber Balken, grünes Quadrat, grüner Kreis, gelber Kreis

EINKEHRMÖGLICHKEITEN: Biesenrode, Vatteröder Teich

AN- UND ABFAHRT: **Anfahrt mit dem Kfz** auf der B 242 aus der Richtung Halle bzw. dem Westen des Harzes, Anfahrt **mit dem Bus** (Linie 322) von Harzgerode bzw. Halle, Fahrtzeit 30 bzw. 55 Min., Rückfahrt mit der gleichen Buslinie von Mansfeld-Unterstadt nach Rammelburg, Fahrtzeit 15 Min. **Empfehlenswert** ist die Benutzung **der Bahn**.

DER WANDERWEG

Das Wandergebiet befindet sich fast am Ostrand des Harzes. Die Höhendifferenzen zwischen den Hochflächen und den Talgründen sind weitaus geringer als im Ober- oder im Hochharz. So besitzt der Harz in dieser Region mehr den Charakter eines Hügellandes als den eines Mittelgebirges. Die Wanderung führt von dem wichtigsten Tal des Unterharzes an den aus geologischer, geschichtlicher und bergbaulicher Sicht interessanten Ostrand in die Umgebung von Mansfeld.

Wir brechen in **Rammelburg** am **Parkplatz gegenüber der »Burgschenke«** auf, folgen dem grünen

Balken in Richtung Nordosten und wandern durch Laubwald, bis nach etwa 700 m die Sohle des Wippertals erreicht ist. Bei einem Blick zurück sehen wir die Rammelburg auf einem bewaldeten Sporn. Der Weg verläuft unmittelbar am Rand der Talsohle. Etwa auf der halben Wegstrecke nach Biesenrode weitet sich die Talaue auf mehr als 200 m. Hier sind während der Eiszeit gewaltige sich in Serpentinen aus dem Tal herauswindet. Auf der Höhe angekommen, sehen wir im Osten das Mansfelder Land mit den Halden als Wahrzeichen des ehemaligen Kupferschieferbergbaus. Über Mansfeld erhebt sich das Schloß, unser Tagesziel. Die Landschaft auf der Höhe ist vom Ackerbau geprägt. Felder sind ein für den Harz eher ungewöhnlicher Anblick. Im Wei-

Gefalteter Tonschiefer im Wippertal nahe Klippmühle

Schuttmassen in das Tal transportiertworden. Solche Schuttmassen liegen etwa 1 km vor Biesenrode.

Bald passieren wir die ersten Häuser von **Biesenrode** (1.30 Std.) auf dem Rammelburger Weg. An dessen Ende biegen wir nach rechts auf die Dorfstraße. In Höhe der Kirche gehen wir wieder nach rechts auf die Brücke zu und queren sie. Ein Wegweiser zeigt an, daß bis zum nächsten Ziel, Wimmelrode, 3 km zurückzulegen sind. Wir benutzen auf der anderen Talseite den Wimmelroder Weg (gelber Balken), der ler **Wimmelrode** gibt es keine baulichen Sehenswürdigkeiten, kein Gasthaus und auch keine Einkaufsmöglichkeit. Wir gehen also von der **Linde** (2.15 Std.) auf der Höhe direkt auf die Landstraße zu und biegen nach links ab. Nach ca. 800 m treffen wir vor der Einmündung der Straße in den Wald auf der linken Seite auf der linken Seite auf einen Pavillon. An dieser Stelle verlassen wir die Straße nach links und gehen zunächst am Waldrand entlang. Über ein freies Gelände mit Blick auf die Landschaft im Norden und auf den Vat-

Wanderung 35: Von Rammelburg nach Schloß Mansfeld

teröder Teich führt nun die Route talwärts in eine Wochenendsiedlung, wo wir uns an der nächsten Verzweigung links halten müssen, um in das Durchbruchstal der Wipper in der Höhe von Gräfenstuhl-**Klippmühle** zu gelangen. Dort ist an den steilen Wänden beim Bahnhof besonders intensiv gefalteter Tonschiefer aufgeschlossen.

Wir passieren den Bahnhof und gehen den Weg weiter, bis wir Fluß und Bahn überqueren können. Talauswärts ist noch etwa 1 km bis zum **Vatteröder Teich** (3.30 Std.) zurückzulegen. Der Teich diente seit über einem Jahrhundert der Hüttenindustrie während trockener Sommermonate zur Wasserversorgung. Heute dient er den Anwohnern als Naherholungsgebiet und seltenen, am Wasser lebenden Vögeln wie beispielsweise dem Haubentaucher, der Zwergdommel, dem Eisvogel oder dem Flußregenpfeifer als Lebensraum.

Wir verlassen das Gebiet des Teiches über das Nordufer und wenden uns dem Kiosk in der Feriensiedlung zu. Soweit nicht Einkehr gehalten wird, gehen wir 80 m weiter zu einem Schuppen mit zwei Garagen. Dort beginnt hinter einer rotweißen Barriere (Markierung grüner Kreis an einer Birke) der weiter zu benutzende Pfad im Buchenwald. Nach etwa 200 m teilt sich der Weg. Wir stei-

Schloß Mansfeld

gen über den rechten Abzweig an zum Bahndamm, überschreiten die Bahngleise, folgen links dem Pfad parallel zur Bahnlinie und queren diese noch einmal nach etwa 300 m über eine Brücke. Vor uns ist nun Vatterode zu sehen. Im Rechtsbogen gehen wir auf die Kirche und den Friedhof zu und treffen schließlich auf die Dorfstraße von **Vatterode** (4 Std.). Dieser folgen wir nach links ins Tal und biegen nach etwa 200 m nach rechts auf die Bergstraße ab. Auf dem weiteren Weg benutzen wir die Schulstraße, die auf dem Weg zur Rabenkuppe die Bahnlinie quert. Nach etwa 400 m beginnt der Anstieg auf die **Rabenkuppe** auf der rechten Seite.

Bezüglich der geologischen Verhältnisse haben wir mit dem Verlassen der Teichzone das Verbreitungsgebiet jüngerer, aus rötlichen Sandsteinen und Konglomeraten bestehender Sedimente (Rotliegendes, 270 Mio. Jahre alt) betreten. Auf diesem nährstoffarmen Untergrund der **Rabenkuppe** hat sich eine Heidelandschaft entwickelt. Es ist ein Trockenrasenstandort mit Birken, Hundsrosen, Kiefern und Besenheide, ein in dieser Ausbildung seltenes Vorkommen im Harz.

Das Ziel, Mansfeld mit dem Schloßberg, liegt nun unmittelbar vor uns. Wir verlassen die Rabenkuppe und setzen den Weg auf der Straße nach rechts fort. Am Ende dieser Straße biegen wir nach rechts ab auf die Rabenhorststraße, queren das Tälchen mit dem Flutgraben vor dem Anstieg zum Zentrum von Mansfeld und gehen dann auf die **St.-Georgs-Kirche** (4.30 Std.) von Mansfeld zu.

Martin Luther verbrachte einen Teil seiner Jugend in Mansfeld. Er lebte dort von 1484 bis 1497. In der auf romanischen Grundmauern in den Jahren 1497–1520 erbauten Kirche hängt ein Bildnis Martin Luthers aus dem Jahre 1520. Gegenüber der Kirche, in der Franz-Junghuhn-Str. 2, ging er zur Schule, und in der Lutherstr. 26 steht sein Elternhaus, ein einfaches, aus Bruchsteinen gefertigtes zweistöckiges Gebäude.

Nach diesem Ausflug in die Reformationsgeschichte gehen wir wieder zurück auf die Hauptstraße; wir queren die B 86 und den dahinter befindlichen Bach. Rechts von der Brücke beginnen wir vom Bachufer aus den Aufstieg zum **Schloß Mansfeld** (gelber Kreis).

Der Abstieg erfolgt über dieselbe Route zum **Bahnhof Leimbach** (5 Std.). Wir passieren also wieder das Mansfelder Zentrum mit der St.-Georgs-Kirche über die Rabenhorststraße, gehen aber nun über die Einmündung des Weges von Vatterode hinaus bis zum Bahnhof, von wo aus wir nach Rammelburg zurückfahren.

Der Kupferschiefer-Bergbau und die Verhüttung des Erzes im Mansfelder Land

Ursprünglich war das Mansfelder Land am Ostrand des Harzes an Rohstoffen reich gesegnet. Beherrschend und landschaftsprägend war der Kupferschiefer-Bergbau, dessen Erlöse diesem Landstrich einen gewissen Wohlstand bescherten. Dabei konzentrierte sich über Jahrhunderte der Einsatz der Bergleute auf eine nur etwa 30–50 cm mächtige Kalkmergelschicht, den sog. Kupferschiefer. Von der Oberfläche aus wurde der Kupferschiefer bis in Tiefen von 1000 m von den Bergleuten unter Einsatz ihrer Gesundheit, des öfteren auch ihres Lebens verfolgt. Aber nicht so sehr das Kupfer war ursprünglich das Ziel der bergmännischen Aktivitäten, sondern das Silber, das im Mittelalter das wichtigstes Währungsmetall war.

So setzte um Mansfeld etwa vom Jahre 1200 an eine rege Bergbautätigkeit ein, die bis 1969 andauerte und in der Sangerhäuser Mulde erst 1990 eingestellt wurde. Anfänglich war es nicht sonderlich schwierig, den Kupferschiefer zu fördern, denn am Rand sowohl der Mansfelder als auch der Sangerhäuser Mulde trat der Kupferschiefer als steil aufgerichtete Schicht an die Oberfläche. In zahlreichen, mit Handhaspeln (= handgetriebene Seilwinden) ausgerüsteten kleinen Schächten wurde das Erz innerhalb eines nur kleinen Grubenfeldes aus geringer Tiefe an die Oberfläche gebracht. Das taube (= erzfreie) Gestein wurde unmittelbar neben den Gruben auf kleine Halden geworfen. Heute sind dies die Zeugnisse des mittelalterlichen Bergbaus. Im 18./19. Jh. waren die Lagerstätten nahe der Oberfläche längst ausgebeutet. In der Tiefe weg konnte der Kupferschiefer nur noch angefahren und rentabel gefördert werden, wenn der Abbau in größeren Grubenfeldern über eine längere Zeit hinweg höhere Förderleistungen garantierte. Zeugnisse dieser Abbauperiode mit tieferen Schächten sind die sich an die kleinen Halden mittelalterlicher Gruben anschließenden größeren und höheren Flachhalden. Weithin sichtbare Wahrzeichen des Kupferschiefer-Bergbaus aus dem 19./20. Jh. sind die z.T. über 100 m hohen Spitzhalden, die zu einer solchen Höhe im Mansfelder und Sangerhäuser Revier aufgeschüttet wurden, da Flachhalden zu große landwirtschaftliche Nutzflächen in Anspruch genommen hätten.

Bergbaulehrpfad Wettelrode: Handhaspel

Die vom Erz gestellten Arbeitsbedingungen waren im Untertagebetrieb im vorindustriellen Zeitalter größtenteils unmenschlich. Das Erz wurde in einem Arbeitsraum (Streb) von etwa 60 cm Höhe, also etwa in Schulterbreite, verfolgt. Um den Anfall von taubem Gestein oder Versatz zu verringern, war man bestrebt, mit niedrigster Höhe eine hohe Schieferproduktion zu erzielen. Das bedeutete, daß der Mansfelder Bergmann etwa acht Stunden auf der Seite liegend arbeitete, dem kalten Grubenwasser und dem Rauch des Feuersetzens ausgesetzt, beim Schein und Qualm einer Grubenleuchte. Es war also ganz und gar keine Tätigkeit für Zeitgenossen, die unter Klaustrophobie litten. Diese Arbeitshaltung führte im Laufe der Zeit zu einer Verkrümmung des Rückgrats. Aus diesem Grunde wurden die Mansfelder Bergleute auch als »Krummhälse« bezeichnet. Die Verhältnisse im Streb waren so eng, daß das mit der Keilhaue freigelegte und mit Schlägel und Fäustel gelöste Erz in Schlepptrögen aus geflochtenen Ruten gefördert wurde. Ließ sich das Gestein nicht lösen, mußte es durch Feuersetzen aufbereitet (vgl. S. 60), zermürbt werden.

In den Anfängen der Metallproduktion war der Kupferschiefer mit den metallurgischen Allgemeinverfahren nicht zu verarbeiten. Feinstkörnige Verwachsungen des Gesteins mit den Erzmineralen verhinderten eine Abtrennung des Gesteinsanteils. Sie konnte nur im Schmelzfluß aufgrund unterschiedlicher Dichte von schwerer metallhaltiger Phase und der leichteren flüssigen Schlacken vorgenommen werden. Im Hüttenwesen muß um 1190 ein Verarbeitungsverfahren zur Anwendung gekommen sein, das zur Erzielung höherer Temperaturen die Verwendung durch Wasserkraft betriebener Blasebälge und die den Schmelzpunkt erniedrigende Wirkung von Flußspat einschließt. Erst diese Aufbereitungsprozesse ermöglichten und förderten letztendlich die Nutzung der Kupferschieferlagerstätten. Wie hoch der Holzkohleverbrauch eines Schachtofens mit einem Durchsatz von 1,5 t Kupferschiefer war, kann man daran ermessen, daß für die Erstellung von fertigem Kupfer aus der o. a. Menge Kupferschiefer auch 1,5 t Holzkohle erforderlich waren. Ein Schachtofen verbrauchte rund 400 t Holzkohle/Jahr. Man geht davon aus, daß in den ersten 200 Betriebsjahren im gesamten Revier mit den 3 »Bergen«, dem Eislebener, dem Mansfelder und dem Hettstedter Berg, alljährlich etwa 10 000 t Schiefer verschmolzen wurden, was dem Verbrauch von 10 000 t Holzkohle entspricht. Zur Herstellung dieser Holzkohlenmenge waren 100 000 Festmeter Holz, der Bestand auf 2,5 km^2 Hochwald oder der Nachwuchs auf 250 km^2 Waldfläche nötig. Die Transportwege bzw. Transportkosten bestimmten den Holzkohlepreis. Kohle aus einer größeren Entfernung als 15 km von den Hütten war schon so teuer, daß ihre Verwendung keinen Gewinn aus der Kupferschieferverarbeitung ergab; die innerhalb dieser Zone vorhandene Waldfläche legte die Höhe der Kupfererzeugung fest.

Allein für die Unterhaltung des Hüttenbetriebes im Mansfelder Revier – nicht zur Deckung des Grubenholz- und Bauholzbedarfs – mußte fast ein Zehntel des gesamten Harzwaldes bereitstehen. Man kann sich vorstellen, daß die Wälder des Unterharzes durch die Holzkohleproduktion so sehr in Mitleidenschaft gezogen wurden, daß sie verschwanden.

1510 betrug bei einer Kupfererzeugung von 23 000 Zentnern der Kohlebedarf 62 500 Fuhren (Fuder) oder 45 000 Tonnen, die den Totalverhieb von 11,5 km^2 Hochwald oder den laufenden Zuwachs auf 120 000 Hektar oder 1200 km^2 erforderten. Das ist also fast das Fünffache des Bedarfs als um 1200. Wegen der Kohle fuhr man schon 50 km weit, fast in das Zentrum des Harzes hinein bis nach Stiege.

Die Beschaffung und der Transport der Holzkohle sind, vor allem in Hinblick auf Gegebenheiten der Kommunikation, als organisatorische und logistische Meisterleistungen anzusehen. Im Durchschnitt waren es 250 Kohlefuhren, die werktäglich die Kohlestraßen, hauptsächlich die heutige B 242, die sogenannte Clausstraße, befuhren. Da jedoch der Kohletransport über die Hälfte des Jahres wegen Unpassierbarkeit der Wege im Spätherbst, Winter und zeitigem Frühjahr sowie während der Saat und der Ernte stark eingeschränkt war, können in Saisonzeiten 500 Fuhren/Tag die »Claus« herabgekommen sein, also bis zu 40 Fuhrwerke/Stunde, was einem gegenseitigen Abstand der Gespanne (3 km/h) von 80 m entspricht. Die Reihe der pausenlos hintereinander fahrenden Kohlefuhrwerke ist unvorstellbar; alle $1\frac{1}{2}$ Minuten passierte ein Fuhrwerk die Zollstelle bei der Rammelburger Klause und auf der anderen Straßenseite die gleiche Dichte der zurückfahrenden Leergespanne. In Deutschland dürfte es keine Straße mit einer annähernd hohen Verkehrsdichte gegeben haben.

In der Zeit zwischen 1450 und 1500 boomten der Bergbau und das Hüttenwesen, denn die Zahl der Hütten stieg auf 51 mit insgesamt 110 Öfen, die 1150 t Kupfer produzierten. Der Expansion wurden durch die Holzversorgung Grenzen gesetzt. Der Bauernkrieg bewirkte wegen eines geringeren Kupferbedarfs eine Absatzkrise, die letztendlich Produktionseinschränkungen erforderlich machte. Als die Betriebe in den 1560er Jahren wieder erstarkten, blieb die Kohleversorgung problematisch, denn der Hauptteil des Brennstoffs kam inzwischen aus der 60 km entfernten Umgebung Wernigerodes oder fast aus dem Mittelharz, aus dem Raum nördlich von Nordhausen. Weitere Verbesserungen in der Verfahrenstechnik reduzierten den Holzkohlebedarf im Jahre 1570 um 56% gegenüber 1500.

Die nächste Krise stellte sich mit dem Dreißigjährigen Krieg ein. In der Zeit um 1630/31 fand das Kupfer keinen Absatz mehr. Das war das vorläufige Ende des Bergbaus. Der Vorteil der zeitweiligen Stillegung während des Krieges lag darin, daß das Holz nachwuchs, so daß nach den furchtbaren Geschehnissen im 17. Jh. der Betrieb der Hütten wieder aufgenommen werden konnte.

Im folgenden 18. Jh. wurden aber trotz Einführung der »hohen Öfen« und der Reduktion des Kohleverbrauchs die Produktionszahlen des 16. Jh. nicht erreicht. Die großen Hütten produzierten weniger als die Hälfte als etwa 200 Jahre zuvor. Schließlich wurde gegen Ende des 18. Jh. der Verhüttungsprozeß mit Steinkohlenkoks erfolgreich eingeführt. Trotz der hohen Kosten war es möglich, auf die Holzkohle aus den entfernteren Gebieten zu verzichten. Im Jahre 1830 hatte Steinkohlenkoks schließlich bei den Schachtöfen die Holzkohle abgelöst. Viele technische Neuerungen im Hüttenwesen erhöhten die Produktion um ein Vielfaches. In den 70er Jahren des 19. Jh. war der Durchsatz der modernen Öfen auf 150 t Schiefer/Tag angestiegen.

36

Auf den Spuren des Kupferschiefer-Bergbaus

Wanderung über den Bergbau-Lehrpfad von Wettelrode mit Abstecher nach Morungen

Auf dieser Wanderung geht es nicht so sehr um landschaftliche Schönheiten; wir begegnen Zeugnissen aus etwa 800 Jahren Bergbaugeschichte, die uns vor Augen führen, in welch gravierender Weise unsere Vorfahren bereits im Mittelalter die Landschaft veränderten, um Bodenschätze zu bergen.

i

WEGVERLAUF: Rundwanderung. Parkplatz »Schacht Röhrig« – Kämpfer-Revier (15 Min.) – Wüstung Ennickenrode – Kunstteich (30 Min.) – Geologischer Aufschluß – Morungen (30 Min.) – Schacht »Johann« – Parkplatz »Schacht Röhrig« (1 Std.)

DAUER: 2.15 Std.

LÄNGE: 8,5 km

HÖHENANGABEN: weniger als 100 Höhenmeter

SCHWIERIGKEITSGRAD: leicht

WEGBESCHAFFENHEIT: Im allgemeinen gut. Nur bei feuchtem Wetter besteht an einzelnen Streckenabschnitten Rutschgefahr. Vorsicht ist beim Abstieg vom Kunstteich geboten.

WANDERKARTE: TK 1:50 000 mit Wanderwegen; Wandern im Ostharz (Wanderkarte des Harzklubs e.V.) und Freizeitkarte (Maßstab 1:50 000) mit Rad- und Wanderwegen Kreis Sangerhausen mit Kyffhäusergebirge.

WEGMARKIERUNGEN: Hammer und Schlägel auf gelbem Untergrund, roter Balken

AUSRÜSTUNG: Für den Besuch der ausgebauten und gesicherten Schächte und Pingen ist es angebracht, Taschenlampen mitzunehmen.

EINKEHRMÖGLICHKEITEN: am Schacht Wettelrode und in Morungen

AN- UND ABFAHRT: **Mit dem Kfz** von Sangerhausen über die Landstraße nach Wippra und dann der Beschilderung »Zum Bergbaumuseum« bis zum Vorplatz des Schachtes »Röhrig« folgen, **mit dem Bus** bis Wettelrode

ANSCHLUSSWANDERUNG: Burgruine Morungen

BESONDERE HINWEISE: Eine Beschreibung des Bergbau-Lehrpfades ist am Schalter des Bergbau-Museums erhältlich. Besichtigung des Schachtes Röhrig und Bademöglichkeit im Kunstteich. Es ist gefährlich, außerhalb des Lehrpfades die Vertiefungen der Pingen zu betreten.

Bergbaumuseum mit Schacht »Röhrig«

DER WANDERWEG

Aus geologischer Sicht befinden wir uns in einer Landschaft, in der parallel zum Südrand Gips- und Dolomitgesteine anstehen. Der Charakter der Landschaft, d. h. die Ausbildung ihrer Elemente und Formen ist von der Löslichkeit dieser Gesteine, vom Karst, geprägt. Zugleich stellt dieses Gebiet den Übergang von den geschlossenen Forsten des östlichen Unterharzes zum waldfreien thüringisch-sächsischen Altsiedlungsraum dar. Die Wälder sind in der Regel Buchenwälder.

Der einst betriebene Bergbau ist unter der Bezeichnung »Mansfelder Kupferschiefer-Bergbau« bekannt. Er besaß eine große Tradition und kam erst 1990 zum Erliegen. Zum Studium dieser besonderen Landschaft ist das 5 km nördlich von Sangerhausen gelegene Wettelrode mit seinem im Jahre 1991 eröffneten Schaubergwerk »Schacht Röhrig« und dem 1987 eröffneten Bergbaumuseum vorzüglich geeignet. Zu empfehlen ist für diese Tagesunternehmung der Besuch des Besucherbergwerkes und anschließend die Begehung des sehr informativen Bergbau-Lehrpfades.

Die Wanderung über den Bergbau-Lehrpfad beginnt auf dem Weg links vom Eingang des **Schachtes »Röhrig«** und führt nach Norden. Wir folgen Hammer und Schlägel als Markierung, biegen nach etwa 250 m links ab und erreichen einen Aussichtspunkt nach Süden über das Sangerhäuser Kupferschieferrevier mit Schacht »Röhrig« (links) und der etwa 140 m hohen Halde von Schacht Sangerhausen (ehemaliger Thomas-Müntzer-Schacht, rechts).

Im Vordergrund stehen nun auf unserem Gang durch die Bergbaugeschichte die bergbaulichen Aktivitäten des Mittelalters. Auf der Fortsetzung des Weges kommen wir in das sog. **»Kämpfer-Revier«** (15 Min.). An einem Schürfgraben tritt der Kupferschiefer zutage. Etwa 30 m davon entfernt sind Schachtanlagen rekonstruiert, in denen das Erz aus wenigen Metern Tiefe gefördert wurde. In diesem Teil wird die Untertage-Situation des Altbergbaus im 14.–15. Jh. beschrieben und dargestellt.

In der Umgebung Anlagen ist an dem mit Pingen übersäten Waldboden zu

Wanderung 36: Über den Bergbau-Lehrpfad von Wettelrode mit Abstecher nach Morungen

erkennen, mit welcher Intensität nach Kupferschiefer gegraben wurde. Frühere Siedlungen sind inzwischen verschwunden, wie ein Hinweisschild auf die **Wüstung Ennickenrode** anzeigt. Die erste Erwähnung dieser Wüstung erfolgte bereits 1517. 1534 war diese aufgegebene Siedlung als zum Bergamt Grillenberg gehörige Wüstung aufgeführt.

Die nächsten Zeugnisse des Bergbaus sind jünger und stammen aus dem 18. bzw. 19. Jh. In geringer Entfernung von der Wüstung befinden sich mit einem Kunstgraben und dem Kunstteich die ältesten noch vorhandenen wasserwirtschaftlichen Bauten des Sangerhäuser Bergbaus. Sie wurden 1720 zum Betreiben der Förderanlagen angelegt. In wasserarmen Jahreszeiten wurde vom Teich Wasser in den alten Wiesenschacht geleitet. Von dort aus floß das Wasser über den *Gonnaer Stollen* in das Flüßchen Gonna und wurde in der Sangerhäuser Kupferhütte (Nähe Walkmühle) als Aufschlagwasser genutzt.

Die Vegetation, die diese Zeugnisse des Bergbaus umgibt, setzt sich entsprechend den Gesteinsverhältnissen aus Laubwald mit Buchen und Eichen, wenigen Hainbuchen und sehr vereinzelten Bergahorn-Bäumen zusammen. In der Krautschicht wachsen neben Maiglöckchen und Türkenbundlilie das Waldbingelkraut und das Salomonssiegel.

Einen beschaulichen Charakter hat die Umgebung des **Kunstteiches** (45 Min.), der im Jahre 1728 als Wasserreservoir für den Bergbau angelegt wurde. Der Wettelröder Kunstteich ist das einzige vollständig erhaltene Bauwerk dieser Art. 1842 wurde er erweitert. 1939 ereignete sich ein Dammbruch, wobei die abfließenden Wassermassen in Großleinungen Häuser zum Einsturz brachten.

Nach dem Besuch des Teiches begeben wir uns auf die andere Straßenseite. Dort im Wald sind weitere Kunstgräben angelegt. Die Nutzung der Grabensysteme endete mit der Stillegung des Bergbaubetriebes 1874 bzw. 1880.

Besonders sehenswert ist ein **Aufschluß** des Gesteinsuntergrundes nahe der Straße von Wettelrode nach Morungen. Das sonst mit 5–15° geneigte Kupferschieferflöz tritt hier fast senkrecht an die Oberfläche. Im Untergrund ist es weniger stark geneigt, so daß es sich 160 m weiter auf der gegenüberliegenden Seite des Morunger oder Erlbachtales in einer Tiefe von 100 m befindet.

Der Weg nach Morungen führt als Pfad parallel zur Straße und ist nicht markiert. Er windet sich durch ein vollständig umgewühltes, sehr altes Berggebiet. Der Pfad stößt nun auf den Karstwanderweg (roter Balken). Auf der Südseite des Morunger Tales sind Abraumhalden zu erkennen.

Hier geht man links von der Tafel am Zaun entlang, der in eine mit einem Lattenzaun begrenzte Schonung übergeht. Wichtig ist es, auf dem Weg in der Nähe der Straße zu bleiben. So darf man im letzten und größten der zu querenden Täler (500 m vor Morungen) auf der Forststraße nur 50 m nach rechts in das Tal hineingehen, muß dann nach links abbiegen und den Weg bzw. Pfad rechts von der großen Buche und links vom Feld benutzen. Der zwischen beiden Buchen hindurchführende Weg führt auf die Randhöhen des Harzes und nicht nach Morungen oberhalb des Erlbaches. **Morungen** (1.15 Std.) ist bekannt durch den Minnesänger Heinrich von Morungen (1150-1222).

Empfehlenswert ist von hier aus der 1 km lange **Abstecher** (R2) zur Burgruine. Von dort hat man eine schöne Aussicht auf die Goldene Aue mit Kelbra und die Hainleite. Morungen ist bekannt durch den Minnesänger Heinrich von Morungen (1150–1222).

Von Morungen gehen wir wieder auf dem gleichen Weg zurück bis zum Bergbau-Lehrpfad. Nun folgen wir wieder dem mit Hammer und Schlägel markierten Weg, also dem Lehrpfad, und queren die Straße. Wir wenden uns nach links, passieren einen Eichenhain mit schönem Baumbestand und gehen nach rechts auf die Höhe. Am südlichen Hang des Erlbachtales sind Überreste bergbaulicher Aktivitäten aus dem 19. Jh. zu sehen. Der **»Johann«-Schacht** wurde 1853–1864 bis in eine Tiefe von 130,6 m abgeteuft, wegen des geringen Kupfergehaltes des Erzes im Jahre 1874 jedoch schon wieder stillgelegt.

Wir verlassen das Gebiet im Osten und queren, dem Wegweiser folgend, die Straße. Der Weg führt nun durch eine parkähnliche Landschaft mit den sanft ansteigenden Hängen des als Flachmulde ausgebildeten Erlbachtales. Am Ende des Pfades müssen wir nach rechts abbiegen und sind nach etwa 15 Minuten wieder auf dem **Parkplatz des Schachtes »Röhrig«** (2.15 Std.).

Blick auf die Umgebung des Schachtes »Röhrig«

Literatur

Buddée, G., Harz, München 1994.
Ebel, F. & W. Richter, Der Brockengarten, Halle 1991.
Eisenächer, W. et al., Zwischen Saale und Harz – Mansfelder Land, Horb/Neckar 1993.
Gerig, U., Stolberg, Königstein 1991.
Hofmann, H., Deutsche Nationalparks: Harz und Hochharz, Werl 1995.
Knappe, H., Auf dem Brocken – Ausblicke und Einsichten, Wernigerode 1990.
Kortländer, B., Die Harzreise – Auf den Spuren Heinrich Heines, Freiburg 1996.
Lagatz, U., Wernigerode – die bunte Stadt am Harz, RV Verlag 1991.
Mohr, K., Harz, Westlicher Teil, Sammlung Geol. Führer 58, Berlin – Stuttgart 1984.
Mucke, D. und Hase W., Rübeland und seine Tropfsteinhöhlen, Berlin 1990.
Nationalparkforstamt Hochharz (Hrsg.), Nationalpark Hochharz, Wernigerode 1990.
Reidt, L., Der Nationalpark Harz – Ein Natur- und Wanderführer, Berlin 1995.
Unger, Ch., Rübeland – Harzjuwel im Bodetal, Wernigerode 1994.
Walz, J., Der Harz, DuMont-Kunstreiseführer, 2. Aufl., Köln 1995.

Abbildungsnachweis

Bausenhardt, A., St. Andreasberg Titelvignette unten links, Titelvignette unten rechts, S. 92/93, 141

Kiedrowski, R. (Ratingen) S. 1, 72, 130, 172/173

Koshofer, G., (Kiedrowski) (Ratingen) S. 9, 21, 78, 126, 183, 213

Schnütgen, A., Hürth Titelbild, Titelvignette oben, S. 10, 15, 22, 25, 26/27, 35, 51, 59, 63, 64, 70, 76, 77, 83, 87, 111, 122/123, 128, 149, 155, 157, 158, 162, 169, 186, 187, 193, 195, 198, 201, 206, 209, 212, 215, 219, 223, 225

Sperber, A., Hamburg S. 36, 119, 136, 216

Spitta, W., Loham Titelvignette unten Mitte, S. 16, 29, 32, 39, 45, 48, 97, 100, 101, 104, 107, 113, 135, 152, 191, 204, 205, 226/227

Kartographie: Berndtson & Berndtson Productions GmbH, © DuMont Buchverlag

Wanderinfos von A bis Z

ANREISE

... mit dem Kraftfahrzeug

Über die Autobahn A 7 kann der Harz vom Norden aus Richtung Hamburg/Hannover und vom Süden aus Richtung Kassel bequem erreicht werden. Aus der Umgebung von Braunschweig führt die A 395 direkt an den Rand des Gebirges nach Bad Harzburg. Dort geht die Autobahn in die gut ausgebaute B 4 über, auf der man die wichtigsten Ziele des Hochharzes schnell erreichen kann. Auch Anreisende aus dem aus dem Thüringer Raum sollten diese Bundesstraße wählen. Von besonderer Bedeutung für die Anreise aus der Umgebung Göttingens ist für Harzbesucher die B 27. Von Halle und Leipzig erreicht man den Harz über die B 242, die den Harz in Ost-/Westrichtung von Mansfeld bis nach Bad Grund quert. Harzbesucher aus der Umgebung von Magdeburg benutzen am besten die B 81 zur Anreise.

... mit der Bahn

Wichtige Stationen für die Anreise mit der Deutschen Bahn sind vor allem die im Norden gelegenen Orte Thale, Blankenburg, Wernigerode, Bad Harzburg und Goslar. Über sie bestehen Bahnverbindungen vor allem zu den Ballungsräumen im Norden und Nordosten. Größere Bedeutung für die Anreise aus dem Süden aus der Richtung Erfurt und Kassel kommt im wesentlichen Nordhausen zu, wo zugleich die Reise in den Harz mit der Harzer Schmalspurbahn fortgesetzt werden kann. Von Northeim im Westen besteht eine Verbindung zu den Städten Bad Sachsa, Bad Lauterberg und Herzberg. Aus dem Osten erreichen Harzbesucher aus der Umgebung Halle den südlichen Harzrand über Sangerhausen.

AUSKÜNFTE

Harzer Fremdenverkehrsverband
Marktstr. 45, 38640 Goslar
✆ 0 53 21/3 40 40
Fax 0 53 21/34 04 66

Harzer Schmalspurbahnen GmbH
Forkestraße 14, 38855 Wernigerode
✆ und Fax 0 39 43/3 20 74

Nationalpark Hochharz
Nationalparkverwaltung Hochharz
Lindenallee 35, 38855 Wernigerode
✆ 0 39 43/5 50 20
Fax 0 39 43/55 02 37

Tourismusverband »Region Nordhausen« e. V.
Grimmelallee 23
99734 Nordhausen
✆ 0 36 31/91 12 29

BESUCHERBERGWERKE/ BERGBAUMUSEEN UND HÜTTEN

Bad Grund
Bergbaumuseum am Knesebeck-Schacht
37539 Bad Grund
✆ 0 53 27/28 26 oder 28 58
Fax 0 53 27/28 26 oder 5 81 11
Öffnungszeiten: 1. April–31. Okt. tägl. 10–16 Uhr außer Mo, 1. Nov.–31. März Do u. So 10–16 Uhr; Führungen jew. 10, 11, 14 15 Uhr. Nach Absprache sind Gruppenführungen auch zu anderen Zeiten möglich.

Clausthal-Zellerfeld
Oberharzer Bergwerks- und Heimatmuseum, Bornhardtstr. 16
38678 Clausthal-Zellerfeld
✆ 0 53 23/8 25 02
Fax 0 53 23/8 37 13
Öffnungszeiten: tägl. 9–17 Uhr

Mineralogische Sammlung der Technischen Universität, Adolph-Römer-Str. 2A
38678 Clausthal-Zellerfeld
✆ 0 53 23/72 27 37
Öffnungszeiten: Mo 14–17 Uhr, Di–Fr

9–12 Uhr, Sa und während der Ferien geschlossen

Elbingerode
Schaubergwerk »Büchenberg«,
38875 Elbingerode
✆ und Fax 03 94 54/4 22 00
Öffnungszeiten: Führungen Mo– Fr, 10, 12, 14 und 15 Uhr; Sa, So und an Feiertagen ab 10 Uhr stündlich, letzte Einfahrt 16 Uhr

Besucherbergwerk
»Drei Kronen und Ehrt«
38875 Elbingerode, Mühlental 13
✆ und Fax 03 94 54/4 29 10
Öffnungszeiten: Führungen Di–So 9, 11, 13 und 15 Uhr; Mo geschlossen; Gruppen nach Vereinbarung

Goslar
Rammelsberger Bergbaumuseum
Goslar GmbH, Bergtal 19,
38640 Goslar
✆ und Fax 0 53 21/34 36 22
Öffnungszeiten: tägl. außer 24. 12. 10–18 Uhr (letzte Grubenbahnfahrt 16.15 Uhr)

Hettstedt
Mansfeld-Museum, Schloßstr. 7
06333 Hettstedt-Burgörner
✆ 0 34 76/7 33 88
Öffnungszeiten: Di–So 10–17 Uhr (letzter Einlaß 16 Uhr)

Ilfeld
Rabensteiner Stollen, Steinkohle-Besucherbergwerk, Netzkater 8
99768 Ilfeld
✆ und Fax 03 63 31/81 53
Öffnungszeiten: tägl., auch sonn- und feiertags 10–17 Uhr, Mo Ruhetag

Ilsenburg
Hüttenmuseum, Marienhöferstraße
38871 Ilsenburg
✆ 03 94 52/22 22
Öffnungszeiten: Di–Fr 10–17 Uhr, Sa 9–12 Uhr, So 13.30–16 Uhr

Fürst-Stolberg-Hütte Ilsenburg GmbH
Schmiedestr. 16–18
38871 Ilsenburg
✆ 03 94 52/24 94
Fax 03 94 52/81 80
Besichtigung und Schaugießen Mo–Fr 10 und 14 Uhr

Lautenthal
Historisches Silberbergwerk »Lautenthals Glück«, Niedersächsisches Bergbaumuseum, Wildemanner Straße
38685 Lautenthal
✆ 0 53 25/44 90
Öffnungszeiten: tägl. 9–18 Uhr
Das Niedersächsische Bergbaumuseum ist mit dem historischen Besucherbergwerk »Lautenthals Glück« verbunden.

Sankt Andreasberg
Besucherbergwerk Grube »Samson«
37442 St. Andreasberg
✆ und Fax 0 55 82/12 49
Öffnungszeiten: für Gruppen Mo–Sa 8.30–12 und 14–16 Uhr, Führungen für Einzelpers. Mo–Sa 11 und 14.30 Uhr

Straßberg
Schaubergwerk und Bergwerksmuseum Grube Glasebach
06493 Straßberg
✆ 03 94 89/276
Öffnungszeiten: 1. Mai–15. Nov. Di–Fr 10–16, Sa und So 10–18 Uhr, letzte Grubeneinfahrt 1 Std. vor Schließung; in der Zeit vom 16. Nov.–30. April sind Besichtigungen durch geschlossene Gruppen nach Absprache möglich.

Wettelrode
Bergbaumuseum »Röhrigschacht«
06528 Wettelrode
✆ 0 34 64/57 26 49
Öffnungszeiten: Mi–So 9.30–17 Uhr, letzter Einlaß 16 Uhr, Seilfahrten 10, 11.15, 12.30, 13.45, 15 Uhr

Wildemann
Besucherbergwerk »Der 19-Lachter-Stollen«

38709 Wildemann/Harz
✆ 0 53 23/61 11
Fax 0 53 23/61 12
Öffnungszeiten: 20. Dez. bis 15. Okt. tägl., Führungen um 10, 11, 14 und 15 Uhr. Gruppen können gesonderte Besichtigungstermine vereinbaren.

CAMPING

Informationen über die Campingplätze im und am Harzrand kann man beim Harzer Fremdenverkehrsverband in Goslar erhalten. Von den 17 gut ausgestatteten Campingplätzen sind einzelne ganzjährig geöffnet.

GEFAHREN

Achtung! Im ehemaligen Grenzsperrgebiet dürfen entlang der Landesgrenze Sachsen-Anhalt zu Niedersachsen (auf etwa 2 km Breite) die Wanderwege nicht verlassen werden, da noch immer nicht alle Minen der ehemaligen Grenzanlagen entfernt sind.

HÖHLEN

Bad Grund
Iberger Tropfsteinhöhle an der B 242 bei Bad Grund
✆ 0 53 27/82 93 91
Öffnungszeiten: Febr. und März Di–So 10–15.30 Uhr, April–Okt. tägl. 9–16.30, Nov. Mi und Do 10–12.30 sowie Fr–So 10–15.30, Dez. und Jan. Do und So 10–15.30, 25. Dez.–6. Jan. tägl. 10–15.30 Uhr, Gruppen auch außerhalb der Öffnungszeiten nach Absprache

Rübeland
Baumannshöhle, Tropfsteinhöhle
Blankenburger Straße 36
✆ 03 94 54/4 91 23
Öffnungszeiten: 15. Mai–15. Sept. tägl. 8.30–12 und 13–16 Uhr, sonst 9–17 Uhr.

Hermannshöhle, Tropfsteinhöhle
Hasselfelder Straße 2
✆ 03 94 54/91 10
Öffnungszeiten: 15. Mai–15. Sept. tägl. 8.30–12 und 13–16 Uhr, sonst tägl. 9–17 Uhr

Scharzfeld
Einhornhöhle
✆ 0 55 21/36 16
Öffnungszeiten: 1. April–31. Okt. tägl. 9–17 Uhr

Uftrungen
Schauhöhle Heimkehle (Gipshöhle)
✆ 03 46 53/305
Öffnungszeiten: 1. Mai–31. Okt. tägl. 10–17 Uhr, 1. Nov.–30. April 10–16 Uhr

JUGENDHERBERGEN

Die Jugendherbergen können von jedem in Anspruch genommen werden, der einen gültigen Jugendherbergsausweis besitzt. Ein komplettes Jugendherbergsverzeichnis erhält man im Buchhandel oder bei

Deutsches Jugendherbergswerk
Bismarckstraße 8, 32756 Detmold
✆ 0 52 31/7 40 10
Fax 0 52 31/74 01 49

Deutsches Jugendherbergswerk
Landesverband Hannover e. V.
Ferdinand-Wilhelm-Fricke-Weg 1
30169 Hannover

Deutsches Jugendherbergswerk
Landesverband Sachsen-Anhalt e. V.
Bleckenburgstraße 12
39104 Magdeburg

KARTENMATERIAL

Grundlage für die Wanderungen im Harz ist das dreiteilige Kartenwerk »Wandern im Westharz«, »Wandern im mittleren

Harz« und »Wandern im Ostharz« im Maßstab 1:50 000. Herausgeber sind das Landesamt für Landesvermessung und Datenverarbeitung Sachsen-Anhalt, Barbarastr. 2, 06110 Halle (Saale), ✆ 03 45/77 52–555, Fax 03 45/77 52–997, und das Niedersächsische Landesverwaltungsamt, Abt. Landesvermessung, Warmbüchenkamp 2, 30159 Hannover, ✆ 05 11/36 78–2 88, Fax 05 11/36 73–540.

Das Kartenwerk erfaßt leider den Süden der Region nicht vollständig. Daher muß man für diesen Bereich auf andere Karten zurückgreifen (Anfragen bei den entsprechenden Touristinformationen). Die Wanderkarten der Landesämter lassen wegen der hervorgehobenen Darstellung der Wanderwege nicht erkennen, ob die Route über eine Forststraße oder nur einen Pfad führt.

Recht gut kann man sich auf der Wanderschaft auch mit der nicht ganz so informativen Auto + Wanderkarte »Der ganze Harz« im Maßstab 1:50 000 zurechtfinden (Kommunalverlag Hans Tacken, Essen).

Einzelne Harzregionen sind auf Karten in dem ungewöhnlichen Maßstab 1:30 000 dargestellt. Sie geben zwar umfangreiche Information über interessante Punkte am Wegesrand, dafür fehlen aber die Höhenlinien.

KLIMA

Der Harz befindet sich in einer Übergangszone zwischen den ozeanisch (subatlantisch) und subkontinental geprägten Klimabereichen Norddeutschlands. Als erste große Erhebung südlich des Meeresraumes und der norddeutschen Tiefebene stellt sich der Gebirgsblock des Harzes den feuchten atlantischen Luftmassen entgegen. Im maritim beeinflußten Oberharz fallen daher mit durchschnittlich 800 bis 1500 mm/Jahr wesentlich mehr Niederschläge als im Regenschatten des Unterharzes, wo östlich des Brockenmassivs mit 600–800 mm die Verhältnisse wesentlich trockener sind. Die meisten Niederschläge fallen wegen seiner exponierten Lage mit etwa 1600 mm/Jahr auf dem Brocken (vgl. S. 173f.), wobei ihm der ebenfalls sehr exponierte Acker-Bruchberg-Zug nur wenig nachsteht.

Die Temperaturen hängen von der Höhenlage ab und sind bei der beträchtlichen Vertikalausdehnung des Harzes von etwa 800 Höhenmetern sehr unterschiedlich. Abgesehen von mikroklimatischen Besonderheiten nimmt die Temperatur mit zunehmender Höhenlage ab. Im Unterharz betragen die Lufttemperaturen im Jahresmittel etwa 9 °C, auf dem Brocken hingegen nur 2,6 °C.

Schwüle erlebt man im Sommer selten, da meistens tagsüber ein Wind auffrischt. Abends kühlt es sich ab. Der Mai und der August sind oft sehr trocken, der Herbst ist meist sonnig. Wenn im Frühjahr und Herbst die Ebene nebelverhangen ist, bildet der Harz eine Sonneninsel mit weitem Fernblick über das Nebelmeer.

MUSEEN

Allstedt
Burg- und Schloßmuseum
06542 Allstedt
✆ 03 46 52/519
Öffnungszeiten: 1. April–31.Okt. Di–So 10–17 Uhr; 1. Nov.–31. März Di–Fr 10–16.30; Sa und So 13–17 Uhr

Altenbrak
Heimatstube; Rolandseck 11
38889 Altenbrak
✆ 03 94 56/205 oder 281
Öffnungszeiten: 1. Mai–31. Okt. jeweils Mi 15–17 Uhr; Sonderführungen sind nach vorheriger Absprache möglich.

Bad Grund
Uhrenmuseum, Elisabethstr. 14 (im Kurpark)

37539 Bad Grund
✆ 0 53 27/10 20 oder 42 96
Öffnungszeiten: Di–So 10–18 Uhr, Mo geschl.; 1. Nov. bis 24. Dez. nur So 10–18 Uhr

Bad Harzburg
Haus der Natur, Unter den Eichen
38667 Bad Harzburg
✆ 0 53 22/17 74, Fax 0 53 22/17 94
Öffnungszeiten: tägl. außer Di, 1. März–31. Okt. 10–17 Uhr, 1. Nov.–28. Febr. 10–16 Uhr. Führungen im Haus und durch die umgebende Natur sind nach vorheriger Absprache möglich. Das Haus beherbergt das regionale Umweltbildungzentrum. Im »Haus der Natur« wird die Waldgeschichte des Harzes dargestellt. Darüber hinaus stellen regelmäßig Künstler aus dem Harz ihre Werke zum Thema »Natur« aus.

Bad Lauterberg
Heimatmuseum, Ritscherstr. 13
37431 Bad Lauterberg
Öffnungszeiten: Fr und Sa 9.30–12.30 und 14.30–17 Uhr, So 9.30–12.30 Uhr

Ballenstedt
Städtisches Heimatmuseum, Allee 37
06493 Ballenstedt
✆ 03 94 83/88 66
Öffnungszeiten: tägl. außer Mo, 1. Nov.–30. April 10–16, Sa und So. 11-16 Uhr, 1. Mai–31. Okt. 10–17, Sa und So 11–17 Uhr.

Blankenburg
Heimatmuseum »Kleines Schloß«
Schnappelberg 6
38889 Blankenburg
✆ 0 39 44/26 58
Öffnungszeiten: Di–Sa 10–17 Uhr, So 14–17 Uhr

Braunlage
Heimat- und Skimuseum Am Kurpark
38700 Braunlage
Schwerpunkte sind neben der Darstellung der Stadtentwicklung der geologische Aufbau des Harzes, die Steinlagen auf dem Wurmberg, Forstwirtschaft, Köhlerei, Bergbau, Hüttenwesen, Geschichte des Skis. Öffnungszeiten: Di und Fr 10–12 Uhr.

Elbingerode
Brockenmuseum der GFN
Paul-Selke-Str. 37
38875 Elbingerode
✆ 03 94 55/202 (Brocken)
Öffnungszeiten: tägl. 9.30–17 Uhr (im Winter bis 18 Uhr)

Ermsleben
Museum Burg Falkenstein (Bau- und Kulturgeschichte des Mittelalters)
06543 Burg Falkenstein
✆ 03 47 43/81 35
Öffnungszeiten: 1. April–31. März Di–Fr 9–17, Sa und So 9–18 Uhr, 1. Nov.–31. März Di–Fr 9–16, Sa und So 9–17 Uhr, Mo Ruhetag.

Goslar
Stadtmuseum; Königstr. 1
38640 Goslar
✆ 0 53 21/4 33 94
Öffnungszeiten: April bis Okt. tägl. 10–17 Uhr; Nov. bis März 10–16 Uhr, Mo geschl.

Harzgerode
Heimatmuseum im Schloß, Schloßplatz
06493 Harzgerode
✆ 03 94 84/23 24
Öffnungszeiten: Di–Fr 10–12 und 13–16, Sa und So 10–15 Uhr; neben dem Heimatmuseum beherbergt das Schloß noch einen Festsaal und eine Galerie, die wechselnde Ausstellungen präsentiert.

Herzberg
Heimatmuseum im Schloß
37412 Herzberg
✆ 0 55 21/47 99
Im Welfenschloß wird die Ausstellung »Der Harz – Land und Leute – einst und jetzt« (1000 Jahre Harzer Forst-

und Bergbaugeschichte) gezeigt. 1985 wurde ein Zinnfigurenmuseum eröffnet. Öffnungszeiten: 1. April–31. Okt. Di–Fr 9.45–13 und 14–17 Uhr, Sa und So 9.15–13 und 14–17; 1. Nov.–31 März Di–Fr 11–13 und 14–16, Sa und So 11–13 und 14–17 Uhr, Mo ganzjährig Ruhetag

Langelsheim
Heimatmuseum, Mühlenstraße 10
38685 Langelsheim
✆ 0 53 26/50 40
Ein besonderer Schwerpunkt sind Ausstellungsstücke aus der bäuerlichen Welt des nördlichen Harzrandes. Öffnungszeiten: jeden 1. und 3. So im Monat 10.30–12 Uhr sowie jeden 2. und 4. Sa 15–17 Uhr. Weitere Termine für Gruppen auf Anfrage

Mansfeld
Martin-Luther-Elternhaus, Lutherstr. 26
06343 Mansfeld
✆ 03 47 82/2 02 10 (Fam. Tondera)
Öffnungszeiten: 1. April–31. Okt. Di–Sa 9–17, So 11–16 Uhr, 1. Nov.–31. März Di–Sa 10–16, So 11–16 Uhr, Mo ganzjährig geschlossen

Michaelstein
Instrumentenmuseum im
Kloster Michaelstein
38889 Michaelstein
✆ 0 39 44/27 95
Fax 0 39 44/27 96
Öffnungszeiten: 1. Mai–31. Okt. Di–Sa 14–17 Uhr und So 10–17 Uhr; 1. Nov.–30. April Mi–So 14–17 Uhr

Molmerswende
Gottfried-August-Bürger-Museum
Hauptstr. 14
06543 Molmerswende
✆ 03 47 79/2 05 80 (im Geburtshaus von Gottfried August Bürger, dem Schöpfer des Münchhausens), Öffnungszeiten: Di–Fr 9–12 und 14–16 Uhr, Sa 1416 sowie So 9–11 Uhr, Mo geschl.

Osterode
Museum im Ritterhaus, Rollberg 36
37520 Osterode
✆ 0 55 22/31 83 51
Das Museum erinnert an Tilman Riemenschneider und seine sakralen Kunstwerke im Harz. Daneben werden außer Ur- und Frühgeschichte auch Geologie sowie Forst- und Weidewirtschaft im Harzraum dargestellt. Öffnungszeiten: Di–Fr 9–12, 14–17 Uhr, Sa und So 14–17, Mo geschl.

Quedlinburg
Schloßmuseum, Schloßberg 1
06494 Quedlinburg
✆ 0 39 46/27 30
Öffnungszeiten: Mai–Sept. Di–So 10–18 Uhr, Okt.–April 9–17 Uhr, Mo geschl.

Sangerhausen
Spengler-Museum, Ur- und Frühgeschichtliches Museum (mit vollständigem Mammutskelett), Bahnhofstr. 33
06526 Sangerhausen
✆ 0 34 64/30 48
Öffnungszeiten: 1. Sept.–30. April Di–Fr 8–17 Uhr, So 14–17 Uhr; 1. Mai–31. Aug. Di–Fr 8–17 Uhr, Sa 10–12 Uhr, So 10–17 Uhr

Rosarium (sorten- und artenreichster Rosengarten der Welt), Steinbergerweg 3, 06526 Sangerhausen
✆ 0 34 64/25 22 oder 25 75
Öffnungszeiten: 1. Mai–15. Okt. tägl. 8–19 Uhr, Juli und Aug. bis 20 Uhr.

Seesen
Städtisches Museum, Wilhelmsplatz 4
38723 Seesen
✆ 0 53 81/4 88 91
Das Museum bietet neben einer mineralogisch-geologischen Sammlung Erinnerungsstücke an die Familie Steinweg/Steinway. Der Gründer der Pianofortefabriken in New York baute 1836 in Seesen sein erstes Klavier. Öffnungszeiten: Di–So 15–17 Uhr, Mo. geschl., zusätzl. Termine auf Anfrage

Stolberg
Heimatmuseum, Niedergasse 19
06547 Stolberg
✆ 03 46 54/4 16
Öffnungszeiten: Di–Fr 9–11.45 Uhr und 13–16 Uhr

Thale
Hüttenmuseum
Walter-Rathenau-Straße 1
06502 Thale
✆ 0 39 47/7 22 56
Dargestellt wird im Hüttenmuseum die Geschichte der Eisenverhüttung, daneben gibt es wechselnde Ausstellungen aus Kunst und Kunsthandwerk mit Bezug zum Harz. Öffnungszeiten: tägl. 9–17 Uhr, Mo geschl.

Walpurgishalle (am Hexentanzplatz)
06502 Thale
✆ 0 39 47/28 02
Permanente Ausstellung zum Thema Hexenglauben sowie von Gemälden des Malers H. Hendrich. Öffnungszeiten: 1. April–31. Okt. 9–17 Uhr, Rest des Jahres geschl.

Wernigerode
Harzmuseum Wernigerode
Am Klint 10, 38855 Wernigerode
✆ 0 39 43/3 28 56
Öffnungszeiten: Mo–Sa 10–16 Uhr (letzter Einlaß 15.30 Uhr), So geschl.

Schloßmuseum
Am Schloß 1, 38855 Wernigerode
✆ 0 39 43/2 33 03
Fax 0 39 43/2 33 25
Öffnungszeiten: Mai–Sept. 9–12 und 13–17 Uhr; Okt. bis April 9–13 und 14–16 Uhr, Mo geschl.

Wippra
Heimatstube, Fleckstr. 42
06543 Wippra
✆ 03 47 75/2 00 16
Öffnungszeiten: auf Anfrage

NATIONALPARK

Nationalparkverwaltung Hochharz
Lindenallee 35, 38855 Wernigerode,
✆ 03943/5502-0, Fax 03943/5502-37

Nationalparkverwaltung Harz
37444 St. Andreasberg, OT Oderhaus,
✆ 05582/9189-0, Fax 05582/8625

Besuchsanmeldungen für den Brockengarten:
Nationalparkforstamt »Hochharz«
Lindenallee 32, 38855 Wernigerode
✆ 03943/3 63 10

NATUR- UND LANDSCHAFTSSCHUTZ

Da der gesamte Harz seit 1968 als Landschaftsschutzgebiet ausgewiesen ist, und mehrere kleinere Gebiete wegen ihrer geowissenschaftlichen und ökologischen Bedeutung unter Naturschutz stehen, sind besondere Verhaltensregeln zu beachten.

Naturschutzgebiete (NSG) sind als charakteristische und noch vorwiegend naturnahe Teile einer Landschaft durch ein Schild mit einer Eule gekennzeichnet und streng geschützt. In den Naturschutzgebieten ist streng verboten, was man auch in anderen Teilen der Landschaft unterlassen sollte: nämlich Feuer anzuzünden, zu zelten, Müll zu hinterlassen, Pflanzen jeglicher Art zu entnehmen oder zu beschädigen, Tiere zu beunruhigen, zu fangen oder zu töten.

Landschaftsschutzgebiete (LSG) zeichnen sich durch ihre besondere Schönheit aus und sollen den Erholungssuchenden erhalten werden. Aus diesem Grunde sind auch in diesen Gebieten besondere Verhaltensregeln und Schutzmaßnahmen zu beachten. Zur Erhaltung der Umwelt und oft zum eigenen Schutz ist es nicht gestattet,

- auf gesperrten Straßen, Wegen und Plätzen mit Kraftfahrzeugen zu fahren, zu kampieren oder zu zelten;

• Forstkulturen, Pflanzschulen, Flächen, auf denen Holz eingeschlagen wird, Wiesen und Weiden während der Aufwuchs- und Weidezeit zu betreten;
• Einmündungen von Waldwegen an öffentlichen Straßen durch parkende Fahrzeuge zu versperren;
• Kraftfahrzeuge an Fließgewässern, Teichen und Feuchtbiotopen zu waschen;
• Jungtiere anzufassen. Sie riskieren sonst, daß sich die Elterntiere nicht mehr um sie kümmern. Das gilt vor allem in der Zeit der Jungtieraufzucht Anfang März bis Ende Juni. Stören Sie die Wildtiere nicht durch Fotografieren. Ahnungslose Fotografen haben schon so manche verlassenen Gelege oder Bruten seltener Vogelarten auf dem Gewissen.
• Es ist selbstverständlich, daß keine Abfälle, Müll und Schutt deponiert werden dürfen. Es geht nicht nur um die Verschandelung der Landschaft, sondern auch um Gefahren für Wildtiere, z. B. durch Plastiktüten oder Blechdosen.
• Ungebührliches Lärmen stört nicht nur die anderen Wanderer, sondern vielmehr noch das scheue Wild.
• Fließgewässer sollen in ihrem natürlichen Zustand belassen werden. Das Aufstauen und eine Entnahme von Steinen aus Gewässern stört die empfindliche Mikrofauna erheblich.
• Pflanzen dürfen weder entnommen noch beschädigt oder gar zerstört werden. Zerstören Sie nicht sinnlos Pilze, denn sie haben eine wichtige Funktion im Naturkreislauf.
• Genauso dürfen Tiere weder beunruhigt noch gefangen, verletzt oder getötet werden.
• Gelege, Nester, Baue oder andere Wohnstätten sind in ihrem natürlichen Zustand zu belassen.
• Hunde müssen an die Leine genommen werden. Denken Sie daran, daß in jedem Hunde Jagdinstinkte schlummern. Durch Berührung Ihres Hundes mit tollwutkranken Wildtieren können Sie selbst in Lebensgefahr geraten.
• Rauchen und offenes Feuer sind in der Zeit vom 1. März bis 31.Okt. verboten. Durch weggeworfene Zigarettenkippen oder Zigarrenstummel sind schon viele verheerende Waldbrände verursacht worden. Das Grillen im Wald ist nur auf den eigens dazu hergerichteten und bezeichneten Grillplätzen erlaubt.
• Wegbeschilderungen, Bänke und Schutzhütten dürfen nicht beschädigt werden. Sie werden zumeist in ehrenamtlicher Arbeit durch den Harzklub geschaffen und stellen einen großen Vermögenswert dar.

Die Wanderer werden gebeten, Beobachtungen und Feststellungen über unterbrochene und zerstörte Markierungen, Wegzeichen und Wegweiser an die
Geschäftsstelle des Harzklubs e. V.
Bahnhofstr. 5a
38678 Clausthal-Zellerfeld
✆ 0 53 23/8 17 58
Fax 0 53 23/8 12 21
zu melden.

ÖFFENTLICHE VERKEHRSMITTEL

Busse
Regionalbus Braunschweig GmbH (RBB)
Münchenstr. 12, 38118 Braunschweig
✆ 05 31/70 44 63
Fax 05 31/8 09 27 80

Geschäftsstelle Goslar (im Bahnhof)
Hildesheimer Str. 53
38640 Goslar
✆ 0 53 21/34310

Kraftverkehrsgesellschaft mbH Braunschweig
Bismarckstr. 10
38667 Bad Harzburg
✆ 0 53 22/5 20 17

Halberstädter Bus-Betrieb GmbH
Schützenstr. 3–4, 38806 Halberstadt
✆ 0 39 41/5 83 11
Fax 0 39 41/60 53 90

Kreisverkehrsbetriebe Osterode a. H.
Katzensteiner Str. 139–141
37520 Osterode am Harz
✆ 0 55 22/80 31

Kreisbus Nordhausen GmbH
Spangenbergstr. 17
99734 Nordhausen
✆ 0 36 31/53 90
Fax 0 36 31/27 65

Q-Bus Nahverkehrsgesellschaft mbH
Hoymer Str. 21, 06493 Ballenstedt
✆ 03 94 83/63 46
Fax 039483/6201

Wernigeröder Verkehrsbetriebe GmbH
Dornbergsweg 7
38842 Wernigerode
✆ 0 39 43/3 63 31
Fax 0 39 43/3 63 37

Harzer Schmalspurbahnen GmbH
Forkestr. 17, 38855 Wernigerode
✆ 0 39 43/3 20 74
Fax 0 39 43/3 21 07

Harzer Schmalspurbahnen GmbH
Selketalbahn, Informationsbüro Gernrode
Bhf. Gernrode, Bahnhofstr. 1
06507 Gernrode
✆ und Fax 03 94 85/3 09

UNTERKÜNFTE

Es ist angebracht, sich vor langen Wochenenden und in der Hauptsaison rechtzeitig um eine Übernachtungsmöglichkeit zu bemühen. Die für die verschiedenen Orte zuständigen Fremdenverkehrsämter sind gerne bei der Suche behilflich. Ein Verzeichnis sämtlicher Fremdenverkehrsämter, Touristinformationen und Kurverwaltungen ist erhältlich bei: Harzer Verkehrsverband e.V., Marktstraße 45 (Gildehaus), 38640 Goslar, ✆ 05321/34040, Fax 05321/340466

WANDERHEIME

Bad Lauterberg
Lönsweg 12, 37431 Bad Lauterberg
Anmeldung über: Jürgen Bäcker
Hauptstr. 37, 37431 Bad Lauterberg
✆ 0 55 24/25 33

Sonnenberger Wegehaus und Torfhaus, Goetheweg
Anmeldung über: H.-D. Harnisch
Nachtigalstr. 2, 30173 Hannover
✆ 05 11/88 17 02, Mo u. Do 17–19 Uhr

Wildemann
Im Schwarzewald 21
38709 Wildemann
✆ 0 53 23/66 10
Anmeldung: Geschäftsstelle Harzklub e. V.

WANDERVEREINE

Harzklub e. V., Bahnhofstr. 5a
38678 Clausthal-Zellerfeld
✆ 0 53 23/8 17 58
Fax 0 53 23/8 12 21

GLOSSAR

Auffaltung	Zusammenschieben von Gesteinsmassen mit der Ausbildung von Falten
Chlorit	feinblättriges grünes Mineral, das der Grauwacke die grüne Farbe verleiht
Diabas	(griech. *dia* = durch) basaltisches Ergußgestein aus dem Erdaltertum (Paläozoikum, siehe dort)
Granit	(lat. *granum* = Korn); häufigstes Tiefengestein (siehe dort), hell, bestehend aus Feldspat, Quarz und Glimmer
Grauwacke	Gesteinsbezeichnung aus dem Harzbergbau (mindestens seit dem Jahre 1718) für einen grauen bis graugrünen Sandstein, bestehend aus Mineral- und Gesteinsbruchstücken verschiedenster Art. Der Begriff wird meistens nur für diese spezielle Sandsteinart aus dem Paläozoikum (siehe dort) gebraucht
Grundgebirge	im weiteren Sinne: die unter einer geschichteten Gesteinsbedeckung befindlichen Gebirgskomplexe
Hochfläche	in den oberen Teilen eines Mittelgebirges gelegene Verebnungen mit einer signifikanten Verbreiterung
Hornfels	feinkörniges Gestein, das durch den Kontakt mit heißen Schmelzmassen in der Tiefe verändert wurde. Es ist splittrig, die ursprüngliche Schichtung ist unter der Hitzeeinwirkung verwischt, einmal vorhandene Fossilien sind verschwunden.
Keratophyr	(griech. *kéras* = Horn; *phyro* = durcheinanderwerfen, vermengen), hartes, helles vulkanisches, feldspatreiches Gestein mit einem Alter von mehr als 66 Mio. Jahren
Konglomerat	(lat. *conglomerare* = zusammenballen), verfestigter Fluß- oder Brandungsschotter
Mäander	(nach Menderes, griech. *Maiandros,* Fluß an der Westküste Kleinasiens), in Schlingenform gewundener Flußlauf
Paläozoikum	Erdzeitalter, das etwa von 600 Mio. bis 250 Mio. vor unserer Zeit dauerte
Porphyrit	vulkanisches Gestein mit zwei Generationen von Feldspatkristallen
Quarzit	ursprünglicher quarzhaltiger Sandstein, der durch Druck und Temperatur verändert worden ist
Roteisenstein	Eisenerz
Schalstein	ein im Laufe von Jahrmillionen veränderter basaltischer Tuff
Schiefer	durch Druck und Temperatur verändertes feinkörniges Sedimentgestein
Suspensionsstrom	ein sich unter der Meeresoberfläche bewegendes Sedimentgemisch
Tertiär	geologische Formation, die von 66 Mio. bis etwa 1,8 Mio. Jahre vor unserer Zeit dauerte
Tiefengestein	ein in der Tiefe der Erdkruste erstarrtes Gestein
variszisches Gebirge	(nach *Curia Variscorum* = Hof in Bayern), ein etwa 500 km breiter, alter Gebirgsgürtel (mehr als 290 Millionen Jahre alt) von Südengland bis zur Elbe
Vulkanit	(nach dem römischen Feuergott *Vulkanus*) ein Gestein, das durch Vulkanausbrüche entstanden ist

Register

Ortsregister

Personenregister

Bitte schreiben Sie uns, wenn sich etwas geändert hat!

Alle in diesem Buch enthaltenen Angaben wurden vom Autor nach bestem Wissen erstellt und von ihm und dem Verlag mit größtmöglicher Sorgfalt überprüft. Gleichwohl sind – wie wir im Sinne des Produkthaftungsrechts betonen müssen – inhaltliche Fehler nicht vollständig auszuschließen. Daher erfolgen die Angaben ohne jegliche Verpflichtung oder Garantie des Verlags oder des Autors. Beide übernehmen keinerlei Verantwortung und Haftung für etwaige inhaltliche Unstimmigkeiten. Wir bitten dafür um Verständnis und werden Korrekturhinweise gerne aufgreifen.

DUMONT Buchverlag GmbH & Co., Mittelstraße 12-14, 50672 Köln